KB140201

플라톤 철학과
회의주의

플라톤 철학과 회의주의

The Philosophy of Plato and Skepticism

박규철 지음

■ 책을 내며

서양철학사에서 플라톤 철학과 회의주의 철학은 상호 모순 관계 내지는 상호 대립 관계로 설정되어 왔다. 학자에 따라서는 플라톤 철학과 회의주의 철학을 병렬시키는 것 자체를 불경한 시도로 이해하기도 한다. 하지만 두 철학 사조는 모순적인 관계로 이해되어서도 안 되고 극단적인 대립 관계로 이해되어서도 안 된다. 왜냐하면 고대 아카데미 회의주의의 대표자인 아르케실라오스와 카르네아데스 모두 플라톤 아카데미의 후계자들이며, 피론주의 회의주의의 대표자인 아이네시데모스 역시 아카데미학파 출신이기 때문이다. 이런 점에서 볼 때, 플라톤 철학과 회의주의 철학은 그 명확한 불연속성에도 불구하고, 철학사적 연속성을 가지고 있는 것이 사실이다.

플라톤 철학과 회의주의 철학의 철학사적 연관성을 비교 검토해 보고자 하는 목적에서 엮어진 이 책은 총 2부로 구성되어 있다. 제1부에서는 플라톤 철학에 대한 논문 4편이 실려 있고, 제2부에서는 회의주의 철학에 대한 논문 2편이 실려 있다.

먼저 1부에 실린 첫 번째 글 "플라톤 철학에서 시란 무엇인가?"는 2011년 『인문학연구』 제86집에 게재되었던 "시는 '기술'인가 '신적 영감'인가?: 플라톤의 『이온』에 나타난 소크라테스와 이온의 논전을 중심으로"라는 논문을 일부 수정해 실은 것이고, 두 번째 글 "플라톤 철학에서 명예란 무엇인가?"는 한국연구재단 연구결과물로 2012년 출간된 『명예란 무엇인가: 서양철학이 전하는 명예관』(공저) 중의 한 꼭지인 "플라톤 대화편에 나타난 명예의 윤리학"을 일부 수정해 실은 것이며, 세 번째 글 "플라톤 철학에서 감정이란 무엇인가?"는 2010년 『동서철학연구』 제55집에 게재하였던 "플라톤 대화편에 나타난 문답법의 윤리적 의미와 '감정'의 문제"라는 논문을 일부 수정해 실은 것이고, 네 번째 글 "플라톤 철학에서 영혼이란 무엇인가?"는 한국연구재단 연구결과물로 2010년 출간된 『고대 그리스 철학의 감정 이해』(공저) 중의 한 꼭지인 "플라톤 『국가』에 나타난 중간자적 존재로서의 영혼의 '격정적인 부분'과 '영혼의 습관화' 문제"라는 글을 일부 수정해 실은 것이다. 4개의 글 모두 플라톤 철학의 본질에 대한 새로운 시도를 보여주고 있다.

다음으로 2부에 실린 첫 번째 글 "아르케실라오스 철학에서 회의주의란 무엇인가?"는 2013년 『대동철학』 제64집에 게재하였던 "회의냐 독단이냐: 중기 아카데미학파의 아르케실라오스의 회의주의"라는 논문을 일부 수정해 실은 것이고, 두 번째 글 "고대 회의주의는 어떻게 변천해갔는가?"는 『철학논총』 제74집에 게재하였던 "고대 회의주의의 변천과 재발견"이라는 논문을 일부 수정해 실은 것이다. 특히 전자에서는 고대 회의주의 양대 계보 중 하나인 아카데미 회의주의에 대한 큰 그림이 잘 그려져 있고, 후자에서는 고대 회의주의의 다른 계보인 피론주의 회의주의에 대한 변천과정이 잘 노정되어 있다.

필자가 생각하기에, 철학 교양 교과는 철학 전공 교과나 일반교양 교과와는 다른 교육 목표와 다른 교육 방법론을 가지고 있어야 한다. 철학 전공이 동서양 철학사에 대한 전반적인 지식과 동서양 철학 문헌들을 읽고 이해하는 능력을 배양시키는 데 집중하고, 일반교양 교과가 학생들의 다양한 지적 욕구를 만족시키는 데 집중하는 것에 반해서, 철학 교양 교과는 인간과 사물에 대한 학생들의 비판적 사고 능력을 함양시키고, 그것을 외적으로 표현하는 능력, 즉 논리적으로 말하기와 논리적으로 글쓰기에 집중해야 한다. 이런 점에서 본인은 학생들이 대학의 핵심교과 중의 하나인 <철학의 물음들>을 수강하면서 배우고 생각한 것을 논리적으로 표현하는 데 도움이 되는 글들을 따로 묶어 출간할 생각을 하게 되었다. 그 결과물이 바로 이 책이다.

감사할 분들이 많다. 무엇보다도 힘든 출판계 사정에도 불구하고 기꺼이 책 출판을 허락해주신 (주)한국학술정보에 감사한 마음을 전한다. 아울러 책 편집의 실무 일을 담당해주신 양동훈 대리님께도 감사한 마음을 전한다. 혹여 부족한 것이 있어 지적해주시면, 성실히 수정해나갈 생각이다. 책을 읽는 모든 분에게 조금이나마 도움이 되었으면 한다.

2017년 2월 3일
낙성대 우거에서 박규철

■ 차례

플라톤 철학이란 무엇인가?

제1장

플라톤 철학에서
시란 무엇인가?

"지나간 나의 생애에 있어서 똑같은 꿈이 여러 차례에 걸쳐서 내게 나타나서는, 그 때마다 다른 모습으로 보이기는 했지만, 똑같은 것들을 말하는 거야. '소크라테스여, 시가를 지어라. 그리고 이를 일삼아 하라.'고 말하는 거야. 한데, 전에는 내가 적어도 이를 내가 하고 있는 바로 그 일을 하도록 내게 격려하고 성원해주는 것으로 이해했네. 마치 달리기를 하고 있는 사람들한테 격려를 하는 사람들처럼 말일세. 그래서 이 꿈은 이처럼 내가 해오던 이 일을, 즉 시가를 짓도록 나에게 성원을 해주었네. 철학은 가장 위대한 시가(詩歌)인데, 내가 하고 있는 것이 이것이기 때문이지."

- 파이돈, 60e-61a

1. 머리말

『소크라테스의 변론』[1]에서 소크라테스는 '기술'(technē)이나 지식에 대한 자신의 무지를 인정한다. 아울러 자신이 '현자'도 아님을 고백한다(20c, 21b). 또한 그는 자신이 인간과 국가에 관한 "가장 중대한 다른 일들"(22d)과 관계해서도 기술이나 지식을 가지고 있지 않

---

1) 『소크라테스의 변론』은 『변론』으로 약하여 표기한다.

음을 언급한다. 아리스토파네스가 『구름』에서 풍자하고 있는 그런 종류의 자연과학적 지식(19c)도, 그리고 소피스트들이 아테네 청년들에게 돈을 받고 가르친다고 주장하는(19d-20c) "인간 및 시민으로서 훌륭한 상태에 대해 제대로 알고 있는 자"(전문가: epistēmōn)(20b)의 기술도 가지고 있지 않음을 고백한다.[2] 역사적 소크라테스의 전형적인 특징이기도 한 이런 '무지'에 대한 고백은 철저하게 신(神)만이 지혜로운 존재이며 "인간적인 지혜는 별로 아니 전혀 가치가 없다"(23a)라는 그의 전제에 근거하고 있다. 하지만 『변론』에 나타난 소크라테스의 이러한 '겸손'에도 불구하고, '도덕적 기술'에 대한 플라톤의 탐구는 결코 약해지지 않는다. 왜냐하면 개인적 '덕'(aretē)이나 공동체 안에서 '정의'(dikaiosynē)의 문제는 궁극적으로 도덕적 기술에 의존해 있기 때문이다. 그리하여 도덕적 기술의 가능성에 대해서 다소 회의적인 시각을 선보였던 『변론』과는 달리, 『크리톤』에서의 소크라테스는 도덕적 지식의 가능성에 대해서 상당히 긍정적인 반응을 보인다. 구체적으로, 소크라테스는 탈옥을 거부하는 것은 '정적들을 이롭게 하는 것'이고 '친구들을 욕되게 하는 것'이며 '처자(妻子)에 대한 양육과 교육의 의무'를 저버리는 "고약하고도 창피스러운 것"(45c-46a)이라는 크리톤의 견해에 맞서, 육체적 건강의 문제에 대해서는 의사나 체육교사가 '전문가'이듯이, 도덕적 문제[3]에 관해서는 도덕적 기술을 소유한 "전문가"(47d)-혹시 있다면-의 견해를

---

2) 물론 이것은 소크라테스가 모든 측면에서 무지한 존재임을 언급하는 것은 아니다. 그는 불의를 저지르거나 올바르지 못한 짓을 저지르는 것은 잘못되고 부끄러운 것임을 잘 알고 있다. 이에 대해서는 다음 구절을 참조하라. 『변론』 29b, 32b-c, 33a.

3) 도덕적 논제란 구체적으로 "올바른 것들과 올바르지 못한 것들, 추한 것들과 아름다운 것들 그리고 좋은 것들과 나쁜 것들과 관련해서"(47c) 언급될 수 있는 것들이다.

청취해야 한다는 논리를 내세워 크리톤의 탈옥 제안을 거절한다 (51c). 이것으로 볼 때, 『크리톤』의 소크라테스는 "진리 자체가 말하는 바"(48a)에 관심을 기울이고 있으며, 자신이 "추론해보고서 (…) 가장 좋은 것으로 판단되는 그러한 원칙"(logos)(46b)에 따라 행동하는 사람임이 분명해 보인다. 이처럼 "올바른 것들과 올바르지 못한 것들에 관해 전문가"(48a)라는 플라톤의 철학적 이상은 『크리톤』[4]에서 그 구체적인 씨앗이 싹트고 있는 것이다.[5] 그런데 C. H. 칸[6]에 의하면, 전문가와 연관된 도덕적 '기술'(technē)이란 개념은 플라톤의 26-27개에 이르는 대화편들 가운데에서도 가장 짧으면서도 가장 초기의 것으로 알려진 『이온』에서 명료하게 보인다. 사실 플라톤의 대화편 가운데에서 이 대화편은 『고르기아스』와 『국가』 그리고 『법률』과 같은 플라톤의 주저와 비교하면 양적인 측면에서는 비교가 되지 않을 정도로 왜소한 것이나, 논의되는 주제의 심각성 측면에서는 그 어느 대화편보다 강력한 빛을 뿜어내고 있다. 왜냐하면 이 대화편에서는 『국가』에 등장하는 "철학과 시 사이의 불화"(Pol. 607b)라는 논제의 전조(前兆)가 보이기 시작하며, 『파이드로스』에서 논의되는 "신의 선물로 제공되는 광기"(244a)의 문제 역시 구체적으로 언급되고 있기 때문이다. 이처럼 플라톤의 『이온』은 가장 짧은 초기의 대화에 속하면서도 그 이후의 대화편들과 밀접하게 연관되어 있는 중요한 대화편이다

---

4) 『크리톤』과 『변론』 간의 대비에 대해서는 G. Grote의 다음 책을 참조하라. George Grote, 1985, *Plato and Other Companions of Socrates*, 3 vols, London, 제1권 308 이하. 아울러 C. H. 칸의 다음 책을 참고하라. C. H. Kahn, 1996, *Plato and the Socratic Dialogues: The philosophical use of a literary form. Cambridge*, 104.

5) C. H. Kahn, 앞의 책, 102-4 참조.

6) C. H. Kahn, 앞의 책, 101-2 참조.

본 논문은 그동안 그 중요성에도 불구하고 상대적으로 소홀히 취급되어 온 『이온』[7])에 대한 체계저인 분서을 통하여, 플라톤 대화편에 새로운 이해를 제공하기 위한 시도에서 작성되었다. 특히 본 연구자는 C. H. 칸과 W. K. C. 거스리(Guthrie, 1975) 그리고 P. 프리더랜더(Friedländer, 1964)의 견해를 중심으로 대화편에 나타난 소크라테스와 이온과의 논전(論戰)을 중심으로 플라톤이 생각하는 '기술'(technē) 개념의 본질을 밝히는 데 주력할 것이다.[8]) 이를 위해 본 연구자는 크게 3개의 부분으로 이루어진 대화편을 다음 물음을 중심으로 천착할 것이다. (1) 음유시인 이온의 성공은 과연 기술에 근거한 것인가? 그리고 그는 기술이나 지식으로 그가 사랑하는 호메로스에 대해서 말할 수 있는가? (2) 시인이나 음유시인의 영감은 신적 광기로부터 오는가? 그리고 신적 광기의 한계는 무엇인가? (3) 음유시인 이온은 도대체 기술을 가지고 있다고 할 수 있는가? 기술과 대상 간의 일대일 대응원리 관점에서 보았을 때 그의 한계는 무엇인가?

---

7) W. K. C. Guthrie에 의하면, E. N. Tigerstedt의 *Plato's Idea of Poetical inspiration*(Helsinki, 1969) 과 C. Ritter의 *Neue Untersuchungen über Platon*(Munich, 1910)은 『이온』의 진위 여부에 대해 많은 의문점을 제기하였으나, 오늘날에는 이 대화편에 대해서 의심을 품는 학자는 거의 없다. 집필연대는 소크라테스가 죽은 해인 기원전 399년부터 391까지 다양하게 언급된다. 가장 그럴듯한 것은 기원전 394-391년 사이다. 특히, 칸은 『이온』의 저술 시기가 기원전 390년대 후반, 즉 플라톤이 정치적 출세의 꿈을 버리고 전적으로 철학자이자 저술가가 되기로 마음먹기 이전 시기에 작성된 것으로 보고 있다. 이에 대해서는 다음 책을 참고하라. W. K. C. Guthrie, 1975, *A History of Greek Philosophy*, vol 4, Cambridge, 199-212. 아울러 C. H. Kahn, 앞의 책 101을 참조하라.

8) 『이온』에 대한 국내외연구가 부족한 관계로 본 연구는 C. H. 칸과 W. K. C. 거스리 그리고 P. 프리더랜더의 견해를 중심으로 소크라테스와 이온의 논전을 정리한다. 특히 이온에 대한 소크라테스의 대인논증을 중심으로 논문을 구성한다.

2. 음유시인 이온의 성공은 기술에 근거한 것은 아니다

『이온』은 『소 히피아스』와 『크리톤』처럼 도입부 없이 단순한 무언극의 형식을 취하고 있다.9) 소크라테스는 『크리톤』에서처럼 대화자로 이온 한 사람만을 상대한다. 전체적으로 대화는 소크라테스가 이온에게 질문하는 두 개의 대칭적 부문으로 이루어져 있으며 그가 자신의 견해를 적극적으로 개진하는 중간 부분에 의해서 나누어진다. 총 3부로 이루어진 이 대화편에서 소크라테스는 이온으로 대표되는 '음유시인'의 기술적 한계를 비판한다.10)

제1부(530a-532c)에서 소크라테스는 에페소스 출신의 음유시인 이온을 만난다. 그는 에피다우로스(Epidaurus)에서 개최된 경연대회에서 우승하여 의기양양하다. 언제나 화려한 옷차림을 하고서 시인들, 특히 그 가운데에서도 가장 위대하고 신적인 존재인 호메로스를 노래하며 살아가는 그는 자신이 호메로스 시에 관한 한 가장 정통한 사람임을 자랑한다.11) 나아가 당대의 대표적인 음유시인인 메트로도로스(Metrodorus), 스테심브로토스(Stesimbrotus) 그리고 글라우콘(Glaucon)도 자신보다 못하며, 그러기에 호메로스의 후손들(Homeridae)12)로부터 상을 받을

---

9) C. H. Kahn, 앞의 책, 101.

10) P. 프리더랜더에 의하면 1부는 530a-532c까지, 2부는 532d-535a까지 그리고 3부는 535b-542b까지이다. 이에 대해서는 다음을 참고하라. P. Friedländer, 1964, *Plato* vol 2, translated by Hans Meyerhoff, London, 129-136.

11) "이온, 나는 당신의 음유시인들을 보며 당신의 뛰어난 기술(technē)에 경탄을 금치 못할 때가 많았다네. 무엇보다도 당신의 몸은 재주에 걸맞게 치장하였기 때문에 아주 굉장하게 보일 수 있었다네. 다음으로 당신은 많은 뛰어난 시인(poet)들, 특히 가장 뛰어나고 신성한 시인인 호메로스에 많은 시간을 투자해야만 했네"(530b).

12) 호메리다이(Homēridai, 호메로스의 후예들)는 호메로스의 고향인 이오니아의 키오스 섬에서 활동하며 호메로스의 후손으로 알려진 종족들이다. 그들은 호메로스의 후손으로 자랑스러워하며 시를 암송하는 것을 자손들에게 전수하는 전통을 가지고 있었다. 플라톤 시대, 그들은 시를 단순히 암송하는 것뿐만 아니라, 호메로스 시에 대해 자신의 생각을 전하면서 호메로스 시에

만한 사람은 자기밖에 없다고 공언하고 있는 것이다. 하지만 『이온』에 나타난 음유시인 이온은 일반적으로 알려진 음유시인과는 많은 점에서 차별화된다. 왜냐하면 그는 호메로스의 시를 청중들에게 읊어주는 전달자로서 단순한 음유시인이 아니라, 호메로스 시에 담긴 저자의 생각을 찾아내어 그것을 자신의 관점에서 해석할 수 있다고 주장하기 때문이다. 즉, 그는 호메로스의 시에 관한 한 가장 전문적인 "해석자"(hermēneus, 530c)임을 주장하고 있는 것이다. 그런데 문제는 여기에서 생긴다. 왜냐하면 이온이 시를 음영(吟詠)하는 단순한 음유시인이 아니라 호메로스 시에 대한 전문적인 해석자임을 주장하려면, 우선적으로 그는 자신의 고유한 '기술'(technē)과 '지식'(epistēmē)을 가지고 있어야 하기 때문이다. 하지만 소크라테스가 보기에 그가 사용하는 기술과 지식의 정체는 모호하기 그지없다. 이에 소크라테스는 그가 가졌다고 하는 기술의 '가면'을 벗기기 시작한다.

먼저 소크라테스는 이온으로부터 음유시인이 하는 가장 중요한 일은 시인의 고유한 생각을 읽어내어 그것을 일반 사람들에게 이야기해주는 일인지를 확인받는다(530c). 이온은 선뜻 동의하나, 소크라테스의 물음에 내재된 문제의 심각성은 인지하지 못한다. 왜냐하면 이온은 단순히 음유시인이 하는 일이 시를 음영(吟詠)하는 것보다 시를 '해석'(解釋)하는 것이라고 확인해주었으나, 소크라테스가 보기에 그의 대답은 음유시인들이 청년들에 대한 교육에 깊이 관여

대한 권위자로 명성을 얻었다. 음유시인하고 혼동되기도 하나 구별되는 인물들이다. 플라톤의 작품 중 『파이드로스』에서는 다음과 같은 언급이 나온다. "내가 생각하기에 호메로스의 후예들 가운데 몇몇은 출간되지 않은 작품에서 에로스에 대한 두 시행을 따서 이렇게 하는데, 뒤의 것은 매우 거칠고 운율에 안 들어맞지"(252b, 조대호 역).

하고 있다는 것으로 읽히고, 그들이 교육에 깊이 관여하고 있다고 한다면 거기에는 반드시 교육에 걸맞은 기술이나 지식이 수반되어야 함을 함축하기 때문이다. 하지만 이온은 문제가 이런 식으로 전개될지는 꿈에도 생각지도 못한 채 단지 자신이 가진 소박한 능력, 즉 호메로스 시에 관한 "많은 아름다운 생각"(530d)을 가지고 있다는 자신의 소박한 능력에 취해 있다. 이런 이온에 대한 소크라테스의 비판은 곧바로 진행된다. 그의 비판의 핵심은 이온이 가진 해석 기술의 '보편성'에 있다. 즉, 소크라테스는 이온이 가진 해석 기술이 호메로스 이외의 헤시오도스나 아르킬로코스 등에게도 보편적으로 적용 가능한지를 문제 삼는다(531a). 하지만 이에 대한 이온의 답변은 실망이다. 왜냐하면 그는 자신의 기술은 철저하게 호메로스에게만 국한된 것이라고 대답하기 때문이다(531a). 사실 이 질문을 던지면서 소크라테스는 모든 기술과 모든 대상은 '일대일 대응관계'를 유지한다는 생각을 전제하고 있다. 이 대화편 전제를 관통하고 있는 소크라테스의 이런 생각은 기술의 보편성을 이해하지 못하는 이온을 꼼짝달싹 못하게 옭아맬 하나의 무기로 작용한다. 본격적인 비판을 감행하기 전에, 소크라테스는 이온의 또 다른 아킬레스건에 주목한다. 그것은 "점술"(mantikē, 531b) 분야의 전문가가 누구인지에 대한 검토에서 드러난다. 점술과 연관해, 소크라테스는 이온에게 호메로스와 헤시오도스와 같은 또 다른 시인들 간에 주제나 내용상의 일치되는 점이 있을 경우 어느 시인에 더 정통한지를 묻는데 이에 그는 그 '두 시인 모두'에 정통하다고 말한다. 그런데 그들의 견해가 상충될 때에는, 가령 '점술' 문제와 같이 그들이 각기 다른 말을 하는 경우에 있어서는 그의 기술이 제 능력을 발휘할 수 있을 것인가에 대해, 그는 자신보다 그 분야의 전문가인 "예언자"(mantis, 531b) 가 더 정통할 것이라는 소극적인 답변을 내놓는다. 하지만 그의 이 러한 답변은 소크라테스가 보기에 많은 문제점을 안고 있다. 왜냐하 면 그가 진정 보편적인 해석의 기술을 소유했다면, 그는 호메로스에 게만 정통하고 나머지 시인들에게 그렇지 못하다는 비논리적인 말 은 하지 않을 것이기 때문이다. 사실 호메로스나 나머지 시인들이 다루는 논제들은 대동소이(大同小異)하다. 그들 모두 전쟁이나 인간 들 사이의 이야기, 신들 간의 이야기, 그리고 신들과 영웅들의 기원 등에 대해서 이야기한다(531c-d). 그러기에 호메로스 시에는 가능하 고 그 외의 시인들의 시에는 불가능한 그런 기술이 있다는 이온의 언급은 그 자체로 말이 되지 않는다.

논의가 이런 식으로 흘러가자, 이온은 자신의 의견이 관철되고 있 지 못함을 인지하고 논의방향을 선회하려 한다. 이때 그가 내세우는 논리는 호메로스와 시인들 간에는 논의 대상의 동일성에도 불구하 고 기술상의 확연한 방법론적 차이가 있다는 것이다. 하지만 이 주 장 역시 그리 설득적이지 못하다. 왜냐하면 소크라테스는 '전문가' 개념을 동원하여 그의 한계를 노출시키기 때문이다.

소크라테스가 보기에 전문가란 어떤 대상과 연관된 기술을 보편 적으로 사용할 수 있는 능력을 가진 사람이다. 또한 그런 전문가는 기술을 잘 사용하는 사람과 그렇지 못한 사람을 분별할 줄 아는 사 람을 말한다. 예를 들어, 수를 계산하는 분야의 전문가인 "산술 가"(531e)는 다른 어떤 사람보다도 수에 대해서 잘 아는 사람이며, 수에 대해서 잘 알고 있는 사람과 그렇지 못한 사람을 정확히 구별 해낼 수 있는 그런 사람일 것이다. "의사"(iatros, 531e) 역시 마찬가지이다. 건강에 관해 가장 잘 알고 있는 전문가인 의사는 건강에 좋은 음식과 그렇지 않은 음식을 정확히 알고 있으며, 건강에 좋은 음식을 이야기하는 사람과 그렇지 못한 사람을 정확히 구별해낼 수 있을 것이다. 이처럼 어떤 분야의 전문가, 즉 기술자란 기술을 잘 구사하는 사람과 그렇지 못한 사람을 정확히 분간해낼 수 있는 그런 사람인 것이다.13)

> 일반적으로, 우리는 다음과 같이 말할 수 있을 것이네. 즉 많은 사람들이 같은 것에 대해서 이야기할 때, 말을 잘 하는 사람과 말을 잘 못하는 사람을 분간할 줄 아는 사람은 항상 동일한 사람일 것이네. 그렇지 않다면, 만약 그가 말을 잘 못하는 사람들을 분간해내지 못한다면, 그는 동일한 문제에 관해서 말을 잘 하는 사람 또한 분간해내지 못할 것이네(532a).

소크라테스의 논리는 일관적이다. 이온 또한 그의 논리를 거부할 명분이 없다. 이러한 기반 위에서 소크라테스는 음유시인의 해석기술은 보편적으로 적용되어야 함을 주장한다.14) 왜냐하면 "시의 기술(poiētikē)은 전체(to holon)로 존재하고"(532c) 그것은 또한 보편적으로 적용되어야 하기 때문이다. 하지만 자신의 논리적 패배를 인정

---

13) 칸은 제1부에서의 귀납(epagōgē)은 형식적으로 완벽하지는 않으나 건전하다고 평가한다. 그에 의하면, (1) 만약 우리가 훌륭한 시인이 우월하다는 것을 알 수 있다면, 다른 이들이 열등하다는 것도 알 수 있을 것이다(531d12-532b2)로부터, (2) 만약 우리가 훌륭한 기술자를 이해하고 설명할 수 있다면, 우리는 열등한 기술자도 설명할 수 있을 것이다(532e7-533c3)라는 문장으로의 이행에는 우리가 파악하기 힘든 일종의 미끄러짐이 있다. 명제(2)는 귀납(epagōgē)에 의해서 지지 가능하고, 진술(1)은 논리적으로 요구되지는 않는다. 즉, 그것은 상대방을 논리적으로 무너뜨리기 전에 논적의 "저항력을 약화시키는" 소크라테스의 수사학적 기술의 일부분으로 기능하고 있는 것이다. 이에 대해서는 다음을 참조하라. C. H. Kahn, 앞의 책, 112.

14) "그렇네. 이온이 호메로스와 다른 모든 시인에 대해서 동일하게 정통하기에, 자네가 동일한 사람은 동일한 문제에 대해서 말하는 모든 사람의 적절한 심판관이며, 거의 모든 시인은 동일한 문제를 다루고 있다는 것을 인정하기에 말이네"(532b).

하지 않으려는 이온은 호메로스의 시는 재미있으나 다른 시인들의 시는 그렇지 못하다고 하면서 또 다른 탈출구를 마련하고자 하다 (532c). 하지만 그의 그러한 시도에 대한 소크라테스의 입장은 부정적이다. 왜냐하면 그는 이온이 호메로스에 관한 어떠한 기술이나 지식도 가지고 있지 않다고 확신하기 때문이다. "이온 당신은 기술(technē)이나 지식(epistēmē)에 의해 호메로스에 대해서 말할 수 없을 것이다"(532c). 이제 이온의 패배는 명약관화하다. 하지만 논의는 계속된다.

　제1부에서 플라톤은 소크라테스의 입을 통하여 이온의 '기술적·지적 무능력함'을 폭로한다. 그런데 음유시인 이온에 대한 플라톤의 비판은 그리스 사회에서 호메로스의 시를 암송하는 '전통적인 고대 예술'과 호메로스 시를 자유롭게 해석하는 '새로운 형태의 사이비 교육'에 대한 플라톤의 전면적인 비판이기도 한데, 왜냐하면 플라톤은 음유시인 이온으로 상징되는 전통 예술과 교육의 기묘한 결합과 그것이 아테네 사회에 미치는 악영향에 대해서 비판적으로 음미하고 있기 때문이다. 사실 호메로스의 시가 플라톤 저작 여기저기에서 비판의 대상이 되는 것은 사실이다. 하지만 그것은 호메로스 시 자체에 대한 비판의 성격보다는 그것이 지닌 사회적·교육적 영향력에 대한 비판의 성격을 강하게 함축한다. 플라톤은 실존적 시인으로서의 호메로스나 음유시인으로서의 이온 개인에게는 결코 관심이 없다. 그에게 관심의 대상이 되는 것은 오로지 이온으로 대표되는 '음유시인 전체'와 시인 호메로스를 등에 업고 아테네 교육 전체를 장악한 '사이비 교육전문가'인 것이다. 이런 관점에서 볼 때, 소크라테스의 눈에 『이온』의 이온은 『프로타고라스』와 『소 히피아스』에서

등장하는 소피스트들과 별반 다르지 않다는 P. 프리더랜더의 말은 의미심장하다.15)

3. '자석의 비유': 시인과 음유시인의 '신적 영감'은 무사 여신들로부터 유래한다

제2부에서 플라톤의 논의는 새롭게 전개된다. 왜냐하면 1부와 달리 2부에서는 시에 대한 긍정적인 이론이 소개되기 때문이다. 특히, 소크라테스는 "자석"(magnētis, 533d)의 비유에서 이온의 성공을 "신적인 섭리"(theia moira, 534c)라는 관점에서 재(再)조망하는데, 이는 1부에서는 볼 수 없었던 새로운 접근이다.

주지하다시피, 1부 말미에서 소크라테스는 모든 기술은 '전체'를 대상으로 한 보편적인 것임을 주장하였다. 그래서 기술의 전문가 중 부분만 알고 전체는 모르는 그런 사람은 존재하지 않을 것이다. 예를 들어, 화가 폴뤼그노토스(Polygnotus)에 대해서는 정통하나 다른 화가에 대해서는 문외한인 그런 화가는 존재하지 않는 것이며, 다이달로스(Daedalus)나 에페이오스(Epeius) 그리고 테오도로스(Theodorus)의 조각 작품에 대해서만 조예가 깊으나, 다른 조각가에 대해서는 문외한인 그런 조각가 역시 존재하지 않는 것이다. 기술은 항상 '전체'와 관계되고, 한 분야의 전문가는 반드시 관련 분야에 대한 보편적인 기

---

15) Friedländer, 앞의 책, 129. 소크라테스의 논증은 이온을 상대로 한 대인논증(ad hominem)이다. 하지만 그의 대인논증은 이온 개인에게 한정된 논증이 아니라, 이온으로 대표되는 음유시인 전체에 대한 대인논증이다. 이처럼 플라톤의 대화편에 나타난 소크라테스의 대인논증은 논적 개인에게 초점이 맞추어져 있는 것이 아니라, 그 논적으로 상징되는 삶의 방식, 또는 가치관 등에 초점이 맞추어져 있다. 『국가』의 트라시마코스나 『고르기아스』의 칼리클레스 등은 이러한 측면에서 이해되어야 한다.

술을 가지고 있어야 하기 때문이다. 하지만 이러한 언급에도 불구하고, 이온은 호메로스에게만 정통할 뿐 다른 어떤 시인에게도 관심조차 없음을 고백한다. 이에 소크라테스는 그의 능력이 기술이 아닌 "신적인 힘"(theia dynamis, 534c)에 있음을 인지하고 그것을 음미한다.

시인들과 그들의 해석자인 음유시인을 움직이게 하는 것은 무엇인가? 그것은 기술이 아니라 신적인 힘이다. 신적인 힘을 설명하기 위해 소크라테스가 도입하는 것이 '자석의 비유'이다. 마치 큰 자석이 주변에 있는 모든 쇠 반지들을 끌어당기듯이, 신적 영감의 원천인 무사 여신들은 시인들과 음유시인들을 연쇄적으로 끌어당긴다. 그리하여 무사 여신들의 신적인 힘은 우선적으로 시인들에게 전달되고, 그들의 힘은 음유시인에게 전달되며, 음유시인의 힘은 시를 듣는 청중에게까지 전달되는 것이다(533d-e). 이러한 일련의 연쇄과정을 통하여, 소크라테스는 이온의 능력이 기술이나 지식에 근거해 있는 것이 아니라 신적인 힘에 의존해 있음을 밝힌다.

그럼 신적인 힘이란 인간에게 무엇인가? 그것은 '신적인 광기'의 상태와 동일하다. 마치 코리반테스(Corybantes)[16]가 황홀경의 상태에 빠지거나, 주신(酒神) 디오니소스 신의 여사제가 접신(接神)의 경지에 들어가듯, 시인이나 음유시인들의 창작과 해석은 모두 '신들림'의 상태에서 이루어지는 것이다.[17] 서정시인들 역시 이런 신적인 광

---

16) 코리반테스는 코리바스(Corybas)의 복수형이다. M. 그랜트와 J. 헤이즐에 의하면, 코리반테스는 키벨레(Cybele) 여신(원래는 프리기아의 여신이었으나 그리스 신화에 끼어들어 온 이후 신들의 어머니인 레아와 동일시되는 대모신으로 자리매김하였다)을 섬기는 남자 시종들로, 키벨레를 위한 제례 때 손에 검을 들고 이것을 두들기거나, 아니면 북과 심벌즈를 치면서 춤을 추었다고 한다. 대체로 거칠고 반(半)악마적인 특성을 지닌 존재로 전해진다. M. 그랜트·J. 헤이즐, 김진욱 역, 『그리스 신화 사전』, 범우사, (1993).

17) 이와 연관해서 주목할 만한 문구로는 다음이 있다. "지나간 나의 생애에 있어서 똑같은 꿈이 여러 차례에 걸쳐서 내게 나타나서는, 그 때마다 다른 모습으로 보이기는 했지만, 똑같은 것들

기 상태에서 예외일 수 없다.

> 시인들이 우리에게 말하길, 그들이 우리에게 가져온 노래들은 무
> 사 여신들의 정원과 빈 터 안, 꿀이 샘솟는 곳에서 가져온 달콤한
> 그런 것들이네. 그리고 그들은, 마치 꿀벌이 날아서 꿀을 가져다
> 주듯이, 우리에게 노래를 날라다 주었네. 그들이 말하는 것은 진
> 실 되네. 왜냐하면 시인은 가볍고 날개를 지닌 신성한 존재로, 영
> 감을 받아 자기 감각에서 벗어나 자신의 마음을 잃어버리지 않고
> 서는 더 이상 아무런 창작도 할 수 없기 때문이네. 사람이 자신의
> 지성을 소유하고 있는 한, 그는 시를 짓거나 신탁을 노래할 능력
> 을 항상 결여할 것이네(534b).

시인이나 음유시인 심지어 서정시인의 능력마저도 모두 신적인
힘 또는 신적인 광기의 지배를 받는다. 인간은 이성이나 지성으로는
그런 상태에 도달할 수 없다. 이런 점에서 기술이나 지식은 결코 시
인이나 음유시인의 능력이 아닌 것이다.[18]

그런데 시인이나 음유시인이 지닌 그러한 능력은 공교롭게도 '예
언자'나 '점쟁이'도 소유하고 있다. 그들 역시 기술이나 지식이 아니
라 신적인 힘 또는 신적인 광기에 의존해 있는 것이다. 이런 점에서
시인은 예언자 또는 신탁의 가수와 유사하다.[19] 시인이 무사 여신들

을 말하는 거야. '소크라테스여, 시가를 지어라. 그리고 이를 일삼아 하라.'고 말하는 거야. 한
데, 전에는 내가 적어도 이를 내가 하고 있는 바로 그 일을 하도록 내게 격려하고 성원해주는
것으로 이해했네. 마치 달리기를 하고 있는 사람들한테 격려를 하는 사람들처럼 말일세. 그래
서 이 꿈은 이처럼 내가 해오던 이 일을, 즉 시가를 짓도록 나에게 성원을 해주었네. 철학은
가장 위대한 시가(詩歌)인데, 내가 하고 있는 것이 이것이기 때문이지"(『파이돈』 60e-61a).

18) 『파이드로스』에는 신들림과 광기가 무사 여신들에게서 옴을 언급한다. "무사[필자 수정] 여신
들에게서 오는 신들림의 광기가 있네. 이것은 여리고 순결한 영혼을 사로잡아 그 영혼을 일깨
워 도취 상태에 빠뜨려 여러 가지 노래와 다른 시를 짓게 하지"(245a, 조대호 역). 또한 신적
인 광기는 "신적인 선물"(244a)이고 "신적인 섭리"(244c3)이다.

19) 『파이드로스』의 다음 구절은 의미심장하다. "광기, 즉 신의 선물로 제공되는 광기 덕분에 우리
에겐 좋은 것들 가운데 가장 큰 것들이 생겨난다네. 델포이의 예언녀나 도도나의 신녀들은 광
기에 사로잡힌 뒤 사적으로나 공적으로나 헬라스를 위해 훌륭한 일을 이루어냈지만, 분별이

의 뜻을 음유시인이나 청중들에게 전달해주듯이, 예언자나 신탁의 가수 역시 신의 힘에 이끌려 신의 뜻을 인간에게 전달해주기 때문이다(534d). 사실 신적인 광기는 위로부터 주어지는 일방적인 선물이기에, 인간의 이성으로서는 접근이 불가능하다. 일종의 엑스터시인 것이다. 이렇게 하여, 시인들은 마치 예언자나 점쟁이와 같이, 신적인 뜻의 대리자 내지는 해석자가 되고, 신은 그러한 존재들을 통해 인간들의 영혼을 자신이 원하는 곳으로 인도하는 것이다(536a).[20]

소크라테스는 자신의 주장을 뒷받침하기라도 하듯이, 튀니코스(Tynnichus)의 사례를 인용한다(534d). 사실, 튀니코스는 살아생전 단 한 번도 훌륭한 시를 지어보지 못한 가장 보잘것없는 시인 중의 한 사람이다. 하지만 그는 무사 여신들의 도움을 받아 모든 사람이 애창하는 그런 '찬가'를 지었다. 이것은 그가 자신의 기술이나 지식이 아닌, 오로지 신적인 힘 또는 신적인 영감에 의해서 시를 지었음을 입증하는데, 소크라테스의 말대로 "이런 아름다운 시들"(ta akala tauta poiēmata, 534e)은 결코 인간으로부터 나올 수는 없기 때문이다. 그러기에 우리에게 주어지는 모든 훌륭한 시는 "무사 여신들의 작품"(534e)이다. 시인은 단지 그러한 "신적인 힘"을 전달하는 '해석자'이고, 이온을 비롯한 음유시인은 모두 그 "해석자의 해석

있는 상태에서 한 일은 보잘것없거나 아니면 아무것도 없다네"(244b, 조대호 역).

20) 게다가 우리는 『파이드로스』의 엑스터시한 연설에 더하여, 『잔치』 202e에서의 디오티마의 연설을 생각해야만 한다. "인간의 기원(祈願)과 제례인 인간의 직무를 신에게, 신의 분부(지시)와 제례에 대한 보답인 신의 직무를 인간에게 해석하고 전달하는 것이네. 모든 것(우주)이 전체가 서로 연결되도록 그것은 그 양쪽 사이에 있는 것을 채우는 이라네. 이것을 통하여 모든 영매술이 작용하고, 사제의 모든 기법(술법)이나 제례의 의식과 주문과 관련된 사람들의 모든 기법과 모든 예언과 마법이 작용한다네. 신은 인간과 섞이지 않고도, 그를 통하여 깨어 있거나 잠들어 있거나 신들과 인간들의 모든 친교와 대화가 생긴다네. 그러한 것들에 대하여 지혜로운 사람은 다이몬과 같은 사람이고, 어떤 기술이나 수공업과 관련하여 어떤 것에 대하여 지혜로운 사람은 세속적인 직공이라네. 그러한 다이몬들은 많고 다양하며, 에로스도 그들 중의 하나라네"(202e-203a, 장경춘 역).

자"(hermēneōn hermēnēs, 535a)인 것이다.

칸이 잘 분석하고 있듯이, 이온에 대한 소크라테스의 공격은 호메로스와 시인들에 대한 플라톤의 공격과 그 맥이 닿아 있다.[21] 물론 호메로스와 시인들이 그리스 교육시스템에서 중요한 역할을 수행하였던 것은 부인하기 힘든 사실이지만, 플라톤은 그들의 교육적·사회적 공적으로부터 '이성적인 측면', 즉 합리적이고 지성적인 측면의 공적을 제거하고자 한다. 다시 말해, 그 이전의 헤라클레이토스와 같이 현자(sophoi)로 간주되는 시인들의 주장에 이의를 제기하고 있는 것이다. 이런 점에서 볼 때, 음유시인 이온을 세밀하게 음미하는 것은 『변론』에서 소크라테스가 제시한 길을 따라가는 것임과 아울러, 『국가』 제10권에서 절정에 달하는 시인과 화가에 대한 비판으로 이어질 수 있는 것이다. 다음은 『변론』에 나타난 플라톤의 언급이다.

> "이들은 자기들이 짓는 시들을 지혜(sophia)에 의해 짓는 것이 아니라, 어떤 소질에 의해서 그리고, 마치 예언자들이나 신탁의 대답을 들려주는 사람들처럼, 영감을 얻은 상태에서 짓게 되는 것이라는 말씀입니다. 이들 또한 많은 아름다운 것을 말하기는 하지만, 자신들이 말하는 것들에 대해서 아무것도 알지 못하니까요"(22b).

그런데 이러한 언급은 곧바로 『국가』 제10권의 다음 언급과 연결된다.

---

21) C. H. Kahn, 앞의 책, 119 참조. 여기에서 칸은 이러한 사항들이 Schleiermacher를 따르는 J. Méridier(1931) 의해서 정확하게 확인되고 있음을 언급한다. 이에 대해서는 다음을 참고하라. J. Méridier(1931), *Platon: Ion*, Budé, vol. ⅴ.Ⅰ, Paris.

"훌륭한 시인이 자신이 시를 지을 것과 관련해서 정녕 훌륭하게 시작을 하게 되려면, 알고서 시작을 해야 하는데, 그렇지 못할 것 같으면, '시작'(詩作)을 할 수가 없을 게 필연적이기 때문이라는 게야. 따라서 이런 말을 하는 사람들이 이 모방자들을 만나 속아 넘어가서는, (...) 이것들이 실재에서 세 단계나 떨어져 있는 것들 이라는 걸 깨닫지 못하고 있는지-이들이 시로 짓는 것은 '보이는 현상들'이지 '실재들'이 아니기 때문에"(598e-599a).

이처럼 시에 대한 플라톤의 비판은 일차적으로는 이온과 같은 당대 음유시인에게 향하지만, 그 궁극적인 목표는 시인 호메로스이다.22) 호메로스의 시가 아테네 청년들의 지적 성장에 끼친 교육학적 영향력은 잘 알려진 사실이다. P. 프리더랜더는 플라톤의 비판이 시의 일반적인 영향에 대해서뿐만 아니라, 특별히 직업적 소피스트들의 훈련 과정의 일부로 시가 사용되는 것에도 초점을 맞추고 있다고 생각을 덧붙인다.23) 시인에 대한 플라톤의 비판은 시인이나 음유시인의 해석이 청년들에 대한 지적인 교육에 그리 크게 기여하지 못한다는 실존적인 사실에 기반을 둔다. 그리고 이것은 그들이 의존하고 있는 신적인 힘 또는 신적인 광기에 대한 플라톤의 명확한 '한계 지움'이기도 하다. 사실 시인의 작품치고 지적인 기술에 근거한 보편적인 창작물은 존재하지 않는다. 디티람보스, 찬미가, 합주가, 서사

---

22) 『이온』에서의 시에 대한 음미는 『변론』으로부터 시작한 시인에 대한 플라톤의 비판 작업의 일부이다. 그것은 『국가』와 『법률』에까지 확장된다. 이에 대해 P. Woodruff(1983)는 "호메로스를 공격하기 위해서 그[즉, 소크라테스, 하지만 나는 플라톤이라 하고 싶다]는 그의 대리인인 음유시인을 공격해야만 했었다."라는 의미심장한 언급을 하고 있다. 이에 대해서는 다음을 참조하라. P. Woodruff, 1983, *Plato, Two Comic Dialogues*, Indianapolis.

23) 우리는 그러한 연습이, 시모니데스(Simonides) 시에 대해 적절하게 해석하는 유명한 소피스트 (프로타고라스)가 "사람에게 있어서 교육(교양: *paideia*)의 가장 중요한 부분을 나는 시에 능함이라 생각하오. 이는 시인들이 말한 것들이 옳게 작시된 것들인지 그렇지 못한 것들인지를 제대로 알아볼 수 있으며, 그걸 구별할 줄 알고 있고, 질문을 받고서는 설명을 해줄 수 있음이오"(*Prot.* 338e)라고 말하는 『프로타고라스』에서 예시되어 있는 것을 발견한다. 이에 대해서는 다음을 참조하라. P. Friedländer, 앞의 책, 129.

시 등에서 시인들은 모두 비(非)보편적인 노래만을 제공하고 있다. 이에 반해, 기술이나 지식은 전체를 대상으로 하는 보편적 지식을 요구한다(532c). 이러한 요구로 인해 우리는 시인으로부터 '철학자'를 구분하는 플라톤의 생각을 읽을 수 있다.[24]

4. 음유시인은 어떠한 기술도 가지고 있지 않다

제3부에서 소크라테스는 이온의 성공이 신적 영감에 의해 성취되었음을 다시 한번 강조한다. "청중은 자석(Heraclean lodestone)으로부터 유래한 힘을 서로 전해 받은 쇠붙이의 맨 마지막에 위치한 것"이고 "음유시인과 배우는 중간 쇠붙이"이며 "첫 번째 쇠붙이는 시인"이다(535e-536a). 이런 일련의 과정을 통하여 신은 인간의 영혼을 지배한다(536a). 이처럼 무사 여신들로부터 인간에 이르는 과정은 하나의 '원환구조'를 이룬다(536a). 이온 역시 예외일 수 없다. 그러기에 그가 호메로스에 대해 언급하는 모든 것은 사실상 "기술(technē)에 의해서가 아니라 신적인 섭리(theia moira)에 의해서"(536d)된 것이다. 그런데 이온은 자신의 이러한 성공이 신적인 영감, 즉 광

---

24) 여기에서 언급되는 동일한 기준은 『잔치』의 말미에도 보인다. "골자는 소크라테스 선생님이 희극을 만들 줄 아는 것과 비극을 만들 줄 아는 것이 같은 사람에게 속한다는 것, 그리고 기술을 가지고 비극을 만드는 자는 기술을 가지고 희극을 만드는 자이기도 하다는 것을 그들이 인정할 수밖에 없도록 밀어붙이고 있었다는 것이라고 했네"(223d, 강철웅 역). 여기에서 소크라테스는 지적으로 의식적인 기술에 의해서 비극작가는 또한 희극작가임에 틀림없다는 것을 아가톤과 아리스토파네스에게 강조하여 말한다. 그런데 『잔치』의 이러한 논지는 『이온』에서 드러난 시인과 철학자의 분리를 없애고 그것을 통합하는 새로운 작업이다. 하지만 『이온』은 그러한 통합의 작업보다는 시인과 철학자의 차이 및 분리를 보이는 데 더 많은 관심을 보인다. 이에 대한 논의는 이 논문의 범위를 벗어나는 독립된 주제이기에 다음 기회에 다루기로 한다. 다만 다음에 이와 연관된 간단한 언급이 있다. 『파이돈』 60e-61a; P. Friedländer, 앞의 책, 129.

기의 상태 또는 신들린 상태에 따른 단순한 결과라는 소크라테스의 설명에 만족하지 못한다(536d, 534b). 이에 수크라테스는 음유시인은 어떠한 기술도 갖고 있지 않다는 것을 좀 더 일반적인 논증을 통하여 보여주고자 한다.

칸에 의하면, 제3부에서 소크라테스 비판의 기본적인 전제는 기술과 대상 간의 일대일 대응원리이다.[25] 이는 1부와 2부에서도 전제되고 있는 것이기도 하다. 우선 소크라테스는 "신에 의해서 모든 기술(technai)에는 어떤 특정한 일(ergon)을 알 수 있는 능력이 할당되어 있지 않나?"(537c)라고 말하는데, 이는 다시 기술에 대한 개별화의 원리로 재구성된다. 그래서 소크라테스는 "각각의 기술이 다른 대상(pragmata)에 대한 지식일 경우, 그 두 가지 기술은 구별된다"(537d)고 말하며, 이것은 다시 "어떤 한 가지 기술을 알고 있다고 해서, 다른 기술도 알고 있다고 말할 수는 없을 것"(537d)이라는 결론으로 귀결된다. 즉, 동일한 기술은 오직 동일한 대상을 알 수 있을 뿐, 다른 대상은 다른 기술에 의해 알려지는 것이다(538a). 이처럼 소크라테스는 기술과 대상 간의 일대일 대응원리에 입각해 어떤 특수한 기술을 가진 사람만이 그 기술과 연관된 사물에 대해서 정당한 평가를 내릴 수 있다고 주장하는 것이다.

소크라테스의 이러한 일대일 대응 원리는 호메로스의 다양한 시 구절에 그대로 적용한다. 먼저 소크라테스는 호메로스 시에 나타난 다양한 사례들을 통하여, 호메로스가 '경마', '의술', '고기잡이', '예

---

25) 여기에서 언급되는 기술과 대상 간의 일대일 대응 원리는 소크라테스의 기본 전제이자, 플라톤 『국가』 제4권에서의 노동 분업의 원리와 통한다. 거기에서 플라톤은 소크라테스의 입을 빌려 다음과 같이 말하고 있는데, 이는 노동 분업의 원리와 연관되어 있다. "각각의 집단으로 하여금 제각각의 성향이 제공하는 대로 행복에 관여하도록 허용해야만 하는 것일지를 우리는 검토해야만 하네"(421c).

언' 등과 연관된 다양한 기술에 대해서 언급하고 있음을 보여준다 (537a-539e). 그런데 소크라테스가 보기에 호메로스가 언급하고 있는 이런 다양한 기술들을 가장 잘 판단할 수 있는 사람은 그 기술과 연관된 전문가이다. 예를 들어, 예언이나 병과 연관된 호메로스 시의 구절에 대해서는 음유시인보다 '예언자'나 의사가 더 정통할 것이다. 일련의 사례를 들으면서, 이온도 소크라테스의 이러한 주장에 이의를 제공할 수 없음을 인지한다. 비록 이온은 그 이전의 언급, 즉 536e에서 음유시인의 기술이 다루는 영역이 "하나의 예외도 없는 모든 것"(536e)이라고 말하였으나, 이제는 그것이 자기모순을 범할 수도 있는 위험한 언급임을 직시하고서는 한발 물러난 언급, 즉 "음유시인의 기술이 모든 것을 알 수는 없다"(540a)라는 언급으로 후퇴한다. 예외를 인정하면서 이온이 제시하는 음유시인의 고유한 탐구 대상은 "남자가 할 일과 여자가 할 일, 자유민이 할 일과 노예가 할 일, 통치자가 해야 할 일과 통치 받는 사람이 해야 할 일"(540b)이다. 하지만 이온의 이러한 생각은 소크라테스의 비판에 여지없이 무너진다. 왜냐하면 폭풍우를 만나 좌초될 위기에 처해 있는 배의 경우에는 그 배의 '선장'이 음유시인보다 더 잘 배를 조종할 것이며 (540b), 성난 소를 진정시키기는 일에 있어서는 '노예목동'이 음유시인보다 더 잘 소를 진정시킬 것이며, 털실로 옷감을 짜는 데 있어서는 '방직여공'이 음유시인보다 더 잘할 것이기 때문이다. 이처럼 기술과 대상 간의 관계가 중심이 되는 한, 이온은 결코 자기 기술의 고유한 영역을 주장할 수 없을 것이다.

이온의 패배가 짙어지는 가운데, 소크라테스는 군대 병사의 사기를 진작시키는 일에 관해서는 음유시인이 '장군'보다 더 잘할 수 있는지를 묻는다. 그런데 이온은 지푸라기라도 잡는 심정으로 병사들의 사기를 고취시키는 일에 관해서만은 음유시인이 장군보다 더 잘 알고 있다고 호언장담한다(541a-b).[26] 하지만 이는 기술과 대상 간의 일대일 대응원리를 부정하는 위험한 생각이다. 왜냐하면 그는 음유시인의 기술과 군사 분야의 기술이 상이함에도 불구하고, 그것을 동일하다고 말하는 불합리한 결론에 이르고 있으며(541a), "훌륭한 음유시인은 사실상 또한 훌륭한 장군"(541b)이기에, 호메로스로부터 이러한 능력을 전수받은 "최고의 음유시인"인 자신은 그리스에서 "최고의 장군"(541b)이라는 기묘한 결론에 도달하고 있기 때문이다. 논의가 이 지경에까지 이르자, 소크라테스는 그리스에서 가장 위대한 음유시인이자 장군이 그가 왜 여러 도시국가에서 장군으로서 일하지 않고, 이렇게 음유시인으로 여기저기를 떠돌아다니는지를 묻는다. 조롱과 풍자가 가득한 그의 말에 맞서, 이온은 자신이 에페소스 출신의 이방인이라는 이유를 내세우며, 그 위기를 극복하려 하나, 소크라테스는 그 반대의 사례, 즉 이방인 출신으로서 장군이 된 퀴지코스 출신의 아폴로도로스(Apollodorus), 안드로스 출신의 파노스테네스(Phanosthnes), 그리고 클라조메나 출신의 헤라클레이데스(Heracleides)의 사례를 들어 그의 모순을 지적한다.

결론적으로 소크라테스는 이온이 기술이나 지식으로는 "호메로스

---

26) 이와 연관해서 아리스토파네스의 『개구리』에 나오는 아이스퀼로스의 다음의 언급에는 군사 분야의 전문 지식을 소유한 호메로스에 대한 칭송이 잘 드러나 있다. "시인들은 바로 이런 일들을 하기 때문이오. 맨 먼저 살펴야 할 것은, 뛰어난 시인들이 공동체에 얼마나 도움이 됐느냐는 점이오. 오르페우스는 우리에게 종교의식과 살인에 대한 거리낌을, 무사이오스는 질병의 치료술과 신탁을, 헤시오도스는 땅의 경작과 수확기의 쟁기질하는 시기를 가르쳐주었소 신과 같은 호메로스가 명예와 명성을 얻은 것은, 그가 진법(陳法)과 무용(武勇)과 전사들의 무장을 가르쳐주었기 때문이 아니고 무엇이겠소?"(1030-1036, 천병희 역). C. H. Kahn, 앞의 책, 106 참조.

에 관한 많은 아름다운 것들"(541e)을 알 수도 없고 설명해줄 수도 없다고 단정한다. 마지막으로 소크라테스는 이온에게 그가 '전문가'인지 아니면 '신적인 광기'에 사로잡힌 사람인지를 선택하게 한다.

"만약에 당신이 정말로 기술을 가지고 있다면... 당신이 나를 속이는 것은 옳지 못하네. 하지만 당신이 신적인 영감을 받았다면... 당신에게는 잘못이 없을 것이네. 자 이세 당신이 원하는 것을 선택하게. 우리는 당신을 정직하지 못하다고 생각해야 하는가, 아니면 영감을 받은 것으로 생각해야 하는가"(541e-542a).

그런데 이 2가지 선택지 중 전자는 기술과 지식으로 호메로스를 찬양한다는 이온의 언급은 사실상 사람들을 기만하는 것임을 뜻하고, 후자는 기술적 지식을 배제한 채 오직 신적인 힘에 이끌려서 호메로스를 해석한다면 이온에게는 큰 잘못이 없을 것임을 뜻한다. 이러한 선택에 직면해서, 이온은 더 매력적으로 보이는 후자를 선택한다. 즉, 그는 이 대화편의 마지막 말처럼 "호메로스에 대한 기술적 찬양자가 아니라 신적인 찬양자"(542b)로 만족하는 것이다.

제3부에서 플라톤은 음유시인 이온을 '신적 섭리' 또는 '신적 광기'에 의한 삶을 사는 그런 사람으로 규정한다. 결코 '기술'이나 '지식'에 근거한 삶을 사는 그런 사람으로 규정하지는 않는다. 이처럼 『이온』에서 플라톤은 기술(지식) 개념과 신적 섭리 개념을 명확히 대비시킨다. 그런데 이러한 대비는 『이온』에서보다 『메논』에서 더 선명하게 드러난다.[27] 비록 『메논』에서만큼 명확한 대비는 존재하

---

27) 사실 플라톤의 모든 대화편이 그러하듯이 각각의 대화편은 독립된 주제를 다루면서도 상호 간에 유기적 연관성을 맺고 있다. 『이온』과 『메논』 역시 예외는 아니다. 앞에서 언급했듯이, 『변론』의 문제의식을 발전시킨 『이온』은 그 문제의식을 『국가』, 멀리는 『법률』에까지 확장시킨다. 그러기에 『이온』은 이러한 연관성 속에서 고찰되어야 한다.

지 않음에도 불구하고, 그 가능성은 충분히 언급되고 있다. 다음은 '신탁을 말하는 사람이자 신적인 예언자'(534c-d)는 시인들과 밀접하게 연관되어 있다는 언급과 관계된 『메논』의 구절이다.

> "그럼 인식에 의해서가 아니라고 한다면, 남는 것은 뛰어난 확신에 의해 생긴다는 것이네. 이것을 사용하면서 정치가들은 나라들을 올바르게 인도하지만, 앎과 관련해서는 신탁을 말하는 사람들이나 신들린 예언자들과 결코 다르지 않네. 왜냐하면 이들 역시 영감에 휩싸여 많은 참된 것들을 말하지만, 자신들이 말하는 것들에 대해서는 아무것도 알지 못하기 때문이네. (...) 따라서 방금 우리가 말했던 신탁을 말하는 사람들과 예언자들, 그리고 모든 시인을 또한 신적인 사람들로 부르는 게 옳을 성싶네. 그리고 우리는 이들에 조금도 못지않게 정치가들 역시 신적일 뿐 아니라 영감에 휩싸여 있다고 주장할 수 있을 걸세. 이들은 비록 자신들이 말하는 것들을 걸고 알지 못하더라도 많은 큰일들을 말하면서 성공적으로 수행할 때, 신으로부터 영감을 받고 신들려 있으니까 말일세"(99c-d, 이상인 역).

이처럼 플라톤은 지식의 문제와 관련해서 볼 때 시인은 사실상 예언자나 신탁의 가수 그리고 정치가들과 동일하다는 놀라운 주장을 펼친다.[28] 특히 그는 시인들과 나머지 사람들이 모두 기술이나 지식을 결여한 채, 오직 신적 영감이나 신들림에 의해서 사물을 이해하는 그런 자들이라고 비판한다(99c-d). 이후 그의 이러한 비판정신은 플라톤 철학의 역동성을 강화하는 하나의 기제(機制)로 작용하는데, 『이온』은 바로 그러한 기제의 맹아(萌芽)인 것이다.

---

28) 크세노폰도 음유시인들의 지적인 무능력에 대해서 다음과 같이 언급하고 있다. "그 이유는 분명합니다. 왜냐하면 음유시인들은 시의 숨은 뜻을 알지 못하기 때문이지요"(『이온』 3. 6, 오유석 역). "제가 알고 있기로는 시인이란 자들은 시는 훌륭히 쓸 줄 알지만 인간 자체는 마치 바보들인걸요"(『회상』 4.2, 최혁순 역).

5. 맺음말

소크라테스는 이온과의 논전을 통하여 다음 3가지 결론에 도달한다. (1) 음유시인 이온의 성공은 기술이나 지식에 근거한 것이 아니다. (2) 시인과 음유시인의 신적 영감은 무사 여신들로부터 온다. (3) 음유시인은 어떠한 기술도 가지고 있지 않다.

제1부(530a-532c)에서, 소크라테스는 음유시인 이온의 성공이 기술에 근거한 것이 아님을 그를 상대로 한 대인논증을 통하여 논증한다. 이때 그가 전제하는 원리는 기술과 대상 간의 일대일 대응원리다. 먼저, 이온은 자신이 호메로스 시에 정통함을 자랑한다. 그런데 소크라테스는 그가 호메로스 시에 관한 전문가임을 자랑하려면, 보편적으로 적용 가능한 기술을 소유하고 있어야 함을 주장한다. 하지만 소크라테스가 보기에 그는 보편적으로 적용 가능한 시에 관한 기술을 전혀 소유하지 못하였다. 그의 성공은 기술에 근거한 것이 아닌 것이다.

제2부(532d-535a)에서, 소크라테스는 시인들과 음유시인을 움직이게 하는 힘은 기술이나 지식이 아니라 신적인 힘임을 강조한다. 먼저 소크라테스는 시인과 음유시인이 지닌 신적 영감을 설명하기 위해 '자석의 비유'를 도입한다. 마치 큰 자석이 주변에 있는 모든 쇠 반지들을 끌어당기듯이, 신적 영감의 원천인 무사 여신들은 시인들과 음유시인들을 연쇄적으로 끌어당긴다. 그리하여 무사 여신들의 신적인 힘은 우선적으로 시인들에게 전달되고, 그들의 힘은 음유시인에게 전달되며, 음유시인의 힘은 시를 듣는 청중에게까지 전달되는 것이다. 이러한 일련의 연쇄과정을 통하여, 소크라테스는 이온의

능력이 기술이나 지식에 근거해 있는 것이 아니라 신적인 힘에 의존해 있음을 주장한다. 이런 점에서 시인이나 음유시인이 지닌 힘은 예언자나 점쟁이가 지닌 힘과 유사하다.

제3부(535b-542b)에서, 소크라테스는 음유시인 이온을 신적 섭리 또는 신적 광기의 지배를 받는 사람으로 규정한다. 기술과 신적 섭리 개념 간의 명확한 대비 속에서, 소크라테스는 이온에 대한 비판을 마무리한다. 이때 그가 전제하는 원리는 기술과 대상 간의 일대일 대응원리이다. 소크라테스가 보기에, 모든 기술에는 어떤 특정한 일을 할 수 있는 능력이 있으며, 그 각각의 기술에는 그것과 연관된 고유한 대상이 있다. 기술이 다를 경우 대상 또한 달라지며, 그 역 또한 마찬가지이다. 이처럼 소크라테스는 기술과 대상 간의 일대일 대응원리에 입각해 이온의 지닌 기술적·지적 한계를 비판한다.

결론적으로, 소크라테스는 『이온』에서 시인과 음유시인에 대한 비판을 통하여 아테네 사회에서 호메로스로 대표되는 시인이 가진 사회적·정치적 영향력을 문제 삼는다. 그리고 시인들이 가졌던 아테네 청년들에 대한 교육의 주도권을 전문가인 철학자에게 돌려주려 한다. 『변론』에서 시작된 플라톤의 이러한 문제의식은 『국가』에 가서야 온전히 드러나는 그런 사상이지만, 우리는 『이온』에서 미약하나마 그 기본 구도를 볼 수 있는 것이다.

제2장

플라톤 철학에서
명예란 무엇인가?

명성이야 명성, 난 내 명성을 잃었어! 이보게, 난 내 자신의 불멸하는 부
분을 잃어버렸고 나머지는 짐승 같은 것뿐이야. 내 명성, 이야고, 내 명성
말일세!

- 셰익스피어, 『오셀로』 264-6, 최종철 역

1. 머리말

리들리 스콧(Ridley Scott)의 <결투자들(The Duellists)>(1977)은
19세기 유럽인들이 가졌던 '명예'에 대한 관념을 극명하게 보여주는
영화이다. 영화에서 알몬드 듀베르(Keith Carradine 역)는 실추된 '명
예'(honor)를 되찾기 위해 끈질기게 도전해오는 가브리엘 페로
(Harvey Keitel 역)를 맞아 약 15년간 총 5회에 걸쳐 목숨을 건 결투
를 치르게 되는데, 이 영화는 이것을 통하여 19세기 서구인들이 지녔
던 명예에 대한 '강박관념'(obsession)을 비판적으로 고찰하고 있다.
　그런데 서구 사회에서 명예에 대한 관념은 그리스 시대에까지 거

슬러 올라가야 된다. 왜냐하면 명예의 가치를 가장 먼저 인지하고 자의식에 편입시켰던 이들은 그리스인들이었기 때문이다. 키토 (2008)가 지적하듯이, 그리스인들은 항상 사회적 '평판'이나 '칭송' 그리고 '명성'과 같은 명예와 연관된 가치들에 목말라 있었다. 또한 그들은 추상적인 차원에서 이해될 수도 있을 법한 도덕적 훌륭함(aretē)이란 개념을 항상 개인적 명예와의 연관성 속에서 이해하였으며, 개인의 자기정체성 역시 명예와의 관련성 속에서 파악하였다. 그러기에 그리스인들에게 있어 훌륭함이란 자체적 측면에서의 보상이라든가, 아니면 개인적 차원에서의 윤리적 훈련의 결과물이라든지 하는 생각은 어리석은 것으로 간주되었으며, 오히려 모든 훌륭함에 대한 보상은 철저하게 공동체 구성원들의 '칭찬'과 '인정' 속에서 이루어졌던 것이다(Kitto, 2008, 365).[1]

그리스 사회가 공동체 중심의 사회였다는 것은 분명한 사실이다. 개인보다는 가문이, 가문보다는 폴리스가 우선시되었던 것이 그리스였기 때문이다. 그러기에 개인의 명예는 철저히 폴리스가 추구하는 공통된 명예에 부합되어야 했으며, 개인의 자기정체성 역시 '타자의 인정'이나 '승인' 속에서 이루어졌다. 특히 개인의 명예는 공동체가 추구하는 가치를 완수하였을 경우에는 극대화되었으며, 그러한 가치를 실현한 인물은 '영웅'으로 존경 받았다. 그리고 그런 가치는 자아에 내면화되어 자기정체성을 형성하는 핵심적인 가치로 작용하기도 하였다. 또한 그것은 자아에 대한 '존경심'과 타인에 대한 '공경심' 그리고 신에 대한 '경외심'을 뜻하는 '아이도스'(aidōs) 개념과 밀접하게 연관되기도 하였다(Cairns, 1993).

---

[1] 이에 관한 자세한 논의는 키토의 저서 『고대 그리스, 그리스인들』 제12장을 참고하라.

본질적으로 그리스 사회는 '경쟁'2) 지향적인 시스템을 가지고 있었다. '아고라'(agora, 광장)에서의 토론을 통하여 정치적 명예를 획득하였으며, 연극무대에서의 '아곤'(agon, 말다툼)을 통하여 예술적 명예를 획득하였다. 하지만 "넘치면 모자람만 못하다"고 하였던가? 그리스 사회는 과도한 명예 추구의 활동으로 인하여 소크라테스 이전의 철학자들이 마련해놓았던 소중한 가치들을 상실하기도 하였다. 그런데 그러한 상실의 사태에는 프로타고라스와 고르기아스로 대표되는 소피스트들이 있었다. 왜냐하면 그들의 출현과 더불어 그리스 사회는 탈(脫)도덕화의 길을 걸어갔기 때문이다. 진리에 대한 추구보다는 세속적인 가치가 더욱더 옹호되었으며, '기품 있는' 명예보다는 '명성'이나 '평판' 그리고 '입신양명'(立身揚名)과 같은 세속적인 명예가 더 좋은 것으로 인식되었던 것이다. 물론 철학사에서 소피스트들의 출현이 무의미한 것만은 아니었다. 당대의 교육계에 수사학이라는 새로운 방법론을 제시하였으며 최초의 계몽주의 운동을 전개하였기 때문이다. 하지만 그럼에도 불구하고 그들의 탈(脫)도덕적 가치 관념과 계몽주의 운동은 많은 문제점을 안고 있었다. 특히, 도덕성을 배제한 채, 입신양명의 기술만을 가르쳤던 그들의 행위는 '정의'와 명예에 근거한 참된 폴리스 공동체를 염원하였던 소크라테스와 플라톤의 반대에 직면하였다. 소크라테스와 플라톤은 모두 소피스트들의 세속적 명예 추구의 정신을 비판하며 이상적인 명예 개념을 추구하였다. 그들은 '버려야 할 것'으로서의 속물적 명예 개념

---

2) 명예에 대한 그리스인들의 생각은 본질적으로 그리스 사회가 지닌 '경쟁시스템'에서 이해되어야 한다. 그리스인들은 자신만만하고 야심찼으며 모든 사회적 활동을 경쟁적으로 수행하였다. 토론과 연극 합창까지도 모두 경쟁 구조 속에서 이루어졌다. 키토(2008)의 말대로 그들은 "인간의 진면목은 바로 투쟁의 고통"(369)이라는 생각 속에서 살았던 것이다.

을 비판하며 '획득되어야 할 것'으로서의 품위 있는 명예 개념을 강조하였던 것이다.

그런데 플라톤의 이러한 명예의 윤리학은 21세기 한국적인 삶의 현실에서도 유의미한가? 만약 유의미하다면 과연 우리가 버려야 할 속물적인 명예 개념은 무엇이고 획득해야 할 기품 있는 명예 개념은 무엇인가? 그리고 명예의 윤리학과 관련해서 플라톤은 대화편 어느 곳에서 이와 연관된 언급들을 하고 있는가?

본 논문은 바로 이러한 필자의 문제의식들을 고찰하는 데 그 주된 목적이 있다. 우선 필자는 집중된 논의를 위하여 플라톤의 대화편 중 명예와 연관된 총 7개의 대화편인『소크라테스의 변론』,『고르기아스』,『향연』,『국가』,『일곱째 편지』,『여덟째 편지』 그리고『법률』을 중심으로 그의 명예 개념을 천착할 것이다.[3] 그리하여 그의 명예 개념이 영혼의 순수화를 가능하게 하고 공동체의 안정성을 확보하는 데 유의미한 핵심적인 가치임을 밝힐 것이다.

2. 버려야 할 것으로서의 명예욕과 추구되어야 할 것으로서의 명예로움은 어떻게 갈라지나:『소크라테스의 변론』,『고르기아스』 그리고『향연』에 나타난 명예 개념

1) 버려야 할 것으로서의 세속적인 명예욕

그리스 사회에서 명예는 한편으로는 부정적이면서 또 다른 한편으로는 긍정적으로 이해되었다. 이때 명예의 부정적인 의미는 소피

---

3)『소크라테스의 변론』,『국가』 그리고『법률』은 박종현의 번역을,『향연』은 박희영의 것을,『일곱째 편지』와『여덟째 편지』는 강철웅·김주일·이정호의 것을 그리고『고르기아스』는 본인의 것을 사용한다.

스트들에 의해서 구체화되었고 그 긍정적인 의미는 소크라테스에 의해서 가장 잘 실현되었다. 소피스트들이 보여주었던 것이 권력에 대한 세속적인 명예욕이었다면, 소크라테스가 실현하고자 하였던 것은 진리를 향한 기품 있는 명예욕이었기 때문이다.

먼저 소피스트들은 당대 그리스인들의 세속적 명예욕을 극대화하였다. 딜타이(2009, 97-98)는 "도시에서의 수사의 힘이 명예욕을 충족하고, 경제적 부를 유지하고 모으는 중요한 수단으로 자리를 잡았다"고 보고하고 있다. 프로타고라스와 고르기아스 등의 소피스트들은 '진리'(aletheia)보다는 '억견'(doxa)이 인간의 권리를 더 잘 대변해주는 것이라 생각하였으며, 진리 추구와 연관된 변증법(dialektike)[4]보다는 억견을 강화시켜 주는 수사학(rhetorike)이 현실 세계에서의 성공을 보장해주고 나아가 타인에 대한 지배력을 강화시켜줄 수 있는 가장 효과적인 장치라고 생각하였다. 하지만 소크라테스는 소피스트들의 이러한 삶의 방식을 시종일관 문제 삼았다. 그에 의하면, 진리를 배제한 채 억견만을 추구하는 삶은 무의미하며, 특히 세속적 성공과 출세만을 염두에 두는 명예 개념은 인간으로서 추구할만한 가치는 되지 못한다고 생각하였던 것이다. 우리는 소크라테스의 그러한 생각은 『소크라테스의 변론』(이하 『변론』으로 약함)[5]을 통하여 확인할 수 있다.

우선 가장 먼저 확인할 수 있는 것은 『변론』 23d-e에 나타난 명예

---

4) 원어에 가깝게 번역하면 변증술(he dialektike techne)이다. 이에 대해서는 김영균(2008)의 각주 158을 참조하라.

5) 역사적 소크라테스와 등장인물 소크라테스를 구별하는 일은 지난(至難)한 작업 중의 하나이다. 그런데도 『변론』이 역사적 소크라테스에 대한 상세한 전거임은 대부분의 연구가들에 의해서 지지되고 있다. 이에 대해서는 졸저를 참고하라. 박규철, 『소크라테스와 소피스트』, 고양: 동과서, 2009.

욕에 대한 소크라테스의 비판이다. 『국가』에서 수호자가 반드시 갖추어야 할 것으로서의 명예 개념, 즉 획득되어야 할 것으로서의 참다운 명예에 대한 언급이 잘 나와 있다면, 『변론』에서는 버려야 할 것으로서의 세속적인 명예욕에 대한 비판적인 분석이 잘 드러나 있다. "제가 생각하기에는 실상 이들은 명예를 탐하며 격렬한 사람들로서 여럿인 데다, 저에 관해서 온 힘을 다하여 설득력 있게 말하는 사람들이기 때문에 (…) 이에 힘입어 멜레토스(Melētos)도 아니토스(Anytos)와 리콘(Lykōn)도 저를 공격하게 된 것입니다"(23d-e). 그런데 여기서 소크라테스는 자신을 고발한 멜레토스와 아니토스 그리고 리콘을 세속적인 명예를 탐하는 사람들이라고 격렬하게 비판한다(23d-e). 이는 자신의 삶의 방식과 그들의 삶의 방식을 차별화하고자 하는 소크라테스의 의도가 잘 드러난 것으로, 세속적인 명예욕만을 탐하는 이들 삶의 무의미성을 강조하기 위해서도 언급되고 있다. 그런데 멜레토스는 "시인들"을 대신하여, 아니토스는 "장인들과 정치인들"을 대신하여, 그리고 리콘은 "변론가들"을 대신하여 소크라테스를 고발하였다(23e-24a). 그들은 공통적으로 소크라테스가 "젊은이들을 타락시키고, 나라가 믿는 신들을 믿지 않고, 다른 새로운 '영적인 것들'(daimonia)"(24b-c)을 믿는다는 죄목으로 그를 고발하였다. 하지만 소크라테스는 그들의 기소 내용(enklēma)이 잘못된 것임을 조목조목 밝힌다.[6]

그런데 소크라테스의 명예 개념은 피타고라스적인 삶의 방식과

---

6) 멜레토스의 기소 내용에 대한 소크라테스의 변론은 24b 이하에서 전개된다. 청년을 타락시켰다는 죄목에 대해서는 24b-26a에서, 나라가 믿는 신들을 믿지 않는다는 죄목에 대해서는 26b-27e에서 언급되고 있다.

밀접하게 연관되어 있다. 디오게네스 라에르티오스의 『철학자 열전』(VIII.6-8)에 의하면, 피타고라스는 필루스(Philus)의 참주 레온(Leon)에게 자신을 철학자로 소개하였으며, 인생을 '큰 축제'(paneguris)에 비유하였다. 우리에게 익히 알려진 이 비유를 통하여, 피타고라스는 진리를 추구하는 사람은 "철학자"이나 명성이나 이익을 추구하는 사람은 단지 "노예와 같은 사람들"일 뿐이라고 규정한다.[7] "삶에 있어서도, 어떤 사람은 '명성'(doxa)과 '이익'(pleonexia)을 탐하는 '노예와 같은 사람들'로 되지만, 철학자는 '진리'(aletheia)를 추구한다"(VIII.8)는 것이다. 그런데 그의 이러한 비유는 소크라테스와 그를 고발하였던 3인의 정적들에게도 동일하게 적용 가능하다. 즉, 소크라테스는 진리를 추구하는 철학자이나 멜레토스와 아니토스 그리고 리콘은 노예와 같은 사람들인 것이다. 플라톤의 자서전적인 성격을 띠고 있는 『일곱째 편지』에서 플라톤은 디오뉘시오스 2세에게 실망한 나머지 그를 가리켜 "놀랄 만치 명예욕이 강했던"(338e) 그런 사람으로 언급하고 있는데,[8] 이를 피타고라스적인 기준에서 보자면 그 역시 노예와 같은 사람들이라고 할 수 있다. 이처럼 플라톤은 3인의 정적들에 의해서 무고하게 죽임을 당하였던 소크라테스를 피타고라스적인 진리 개념에 입각해서 옹호하고 있는 것이다.

돈이나 명성에 대한 소크라테스의 비판은 『변론』 29d-e에서도 계

---

7) 『국가』에 나타난 영혼 삼분 논의에 대해서는 졸저를 참고하라. 박규철, "플라톤 대화편에 나타난 문답법의 윤리적 의미와 '감정'의 문제", 『동서철학연구』 제55호, 한국동서철학회, 2010.

8) "하지만 그(디오니소스)는 배움의 능력과 관련해서 유달리 자질이 없거나 하지 않았지만 놀랄 만치 명예욕이 강했습니다. 그리하여 그에게는 아마도 이야기되는 것들이 마음에 들기도 했고, 내가 방문했을 때 자신이 아무것도 들은 것이 없다는 사실이 드러나는 것을 부끄럽게 생각하기도 했을 것입니다. 그런 이유로 그는 더 확실하게 귀담아듣고자 하는 욕구로 치닫는가 하면, 동시에 명예욕이 그를 안달 나게 했습니다"(『일곱째 편지』 338d-e).

속하여 나타난다. 거기에서 그는 자신을 고발한 사람들을 상대로 하여 구체적인 변론을 펼치는데, 그 과정에서 정적들의 세속적인 명예욕을 비판하는 것이다.

> "'보십시오! 그대는 가장 위대하고 지혜와 힘으로 가장 이름난 나라인 아테네의 시민이면서, 그대에게 재물은 최대한으로 많아지도록 마음 쓰면서, 또한 명성(doxa)과 명예(timē)에 대해서도 그러면서, 슬기(사려분별, phronēsis)와 진리(alētheia)에 대해서는 그리고 자신의 혼(psychē)이 최대한 훌륭해지도록 하는 데 대해서는 마음을 쓰지도 않고 생각도 하지 않는 것을 부끄러워하지 않습니까?' 라고요"(29d-e).

이처럼 소크라테스는 자신의 정적들의 삶이 진리 추구와는 거리가 먼 부끄러운 것임을 분명히 한다.[9]

요약하면, 소크라테스의 명예 개념은 진리 추구의 정신과 밀접하게 연관되어 있다. 그런 점에서 그것은 '지위'나 '직책' 그리고 '성공'과 연관된 입신양명의 한 방편이 아니라 자부심과 경외심과 연관된 진리 추구의 길인 것이다.

2) 본래적 명예 회복은 어떻게 가능한가

『고르기아스』는 수사학의 능력과 한계가 고찰되면서 참된 수사학의 본질이 논의되는 대화편이다. 하지만 이 대화편은 인간 영혼에 내재한 '본래적 명예 회복'의 문제와 명예로운 삶을 산 사람에 대한

---

9) 명예욕에 대한 소크라테스의 부정적인 태도는 향후 에피쿠로스학파의 욕망 개념 형성에도 큰 영향을 준다. 왜냐하면 에피쿠로스는 '자연적이지도 않고 필연적이지도 않는 욕망' 중의 하나로 명예욕을 들고 있기 때문이다. 이에 대해서는 롱(2002)의 분석을 참고하라.

'사후(死後)보상의 문제'가 심도 있게 논의되고 있는 윤리적 대화편이기도 하다. 여기에서 플라톤은 소크라테스의 입을 빌려 "불의를 저지르는 것"(474b)은 인간에게 "가장 수치스럽고"(474c) "가장 악한 것"(477a)이며 "쾌락"(521d)만을 추구하는 삶 역시 가장 "불명예스러운 것"(526e)임을 역설하며, 그러한 삶을 살았던 사람은 살아서든 죽어서든 필연적으로 벌을 받을 것이라고 언급하고 있다.

그런데 『헬레네 찬양』[10]에서 고르기아스는 수사학은 "영혼을 강제하여 말해진 것에 복종하게 하는"(『헬레네찬양』 12) 기술임과 동시에 "영혼을 마비시키거나 넋을 잃게 만드는"(『헬레네 찬양』 14) 탁월한 기술이라고 자화자찬하였다. 또한 자신의 수사학이 사람들로 하여금 엄청난 지적인 성취감을 맛보게 해줄 수 있다고 강조하기도 하였다.[11] 하지만 소크라테스는 고르기아스의 이러한 생각을 강하게 비판한다. 왜냐하면 그에 의하면 수사학은 속물적인 사람들의 "만족과 쾌락"(462c)을 충족시켜 주는 "아첨술"(kolakeia, 463b)일 뿐이고, 그러한 아첨술에 근거한 삶 역시 불명예스러운 것이었기 때문이다.[12] 그럼 소크라테스에게 있어 명예로운 삶의 방식이란 도대체 무엇인가?

소크라테스에 의하면, 명예로운 삶의 방식이란 우선적으로 영혼의 훌륭함을 추구하는 그러한 삶의 방식이다. 이것과 연관하여 그는

---

10) 이에 대해서는 졸저 『소크라테스와 소피스트』(2009)를 참조하라.

11) 고르기아스에 의하면, 수사학은 우선적으로 타자들을 상대로 한 "설득제작술"(452e)이다. 그리고 그것의 활동 공간은 공적인 정치공간이다. 거기에서 수사학은 가장 강력한 힘을 발휘할 수 있다. 그래서 고르기아스는 자신이 생각하는 수사학이 정치공동체에 속해 있는 시민들에게 "자유의 원인"(aition eleutheriās, 452d)과 타자 "지배의 원인"(aition tou archein, 452d)을 제공해줄 수 있다고 주장한다.

12) 플라톤은 인간 영혼을 다루는 기술인 정치술을 '규제성'과 '교정성'의 잣대에 따라 각각 '입법술'과 '사법술'로 나누며, 그러한 참된 기술에 기생하는 사이비 기술을 각각 '궤변술'과 '아첨술'이라 명명한다(464b-465c). 이에 대해서는 졸저 『플라톤이 본 소크라테스의 도덕정치철학』(2003) 제2부 2장을 참조하라.

훌륭함의 순서에 따른 인간의 삶의 방식을 3가지로 나눈다. 첫째는 '영혼'을 추구하는 것이고, 둘째는 '몸'을 추구하는 것이며, 마지막은 '돈'을 추구하는 것이다. 또한 이러한 삶의 방식에는 그에 해당하는 '불명예'의 차원도 존재하는데, 영혼의 차원에서는 "불의"(adikia, 477d)가, 몸의 차원에서는 "질병"(nosos, 477c)이, 그리고 돈의 차원에서는 "가난함"(penia, 477c)이 있다. 그런데 이 3가지 가운데에서 불의가 가장 "수치스러운 것"(477c)이기에, 인간은 영혼의 불명예를 가장 경계시해야 하는 것이다. 그럼 이러한 불명예스러운 상태로부터 벗어날 수 있게 해주는 구체적인 기술들은 존재하는가?

이에 소크라테스는 "축재기술(Chrēmatistikē)과 의술(iatrikē) 그리고 정의(dikē)"(478b)를 그 대안으로 내놓는다. 먼저 축재기술은 인간을 가난이라는 불명예스러운 상태로부터 해방시켜 주는 것이다. 다음으로 의술은 인간을 질병이라는 불명예스러운 상태로부터 벗어나게 해주는 것이다. 마지막으로 정의는 인간을 "방종이나 불의"(akolasias kai adikias, 478b)와 같은 불명예스러운 상태로부터 벗어나게 해주는 것이다. 이렇게 하여 소크라테스는 각각의 불명예스러운 사태로부터 인간을 해방시켜 줄 구체적인 기술들을 제시해주었다.

그런데 『고르기아스』의 백미(白眉)는 아무래도 소크라테스와 칼리클레스의 논전일 것이다. 왜냐하면 거기에서 소크라테스는 "가장 쾌락적인 것"(521d)을 추구하는 삶이 가장 명예로운 것임을 주장하는 칼리클레스에 맞서, 그 반대의 삶, 즉 "가장 선한 것"(521d)을 추구하는 삶이 가장 명예로운 것임을 주장하고 있기 때문이다. 사실상 "진리"(526d)를 추구하는 삶은 참된 명예를 산출한다. 하지만 쾌락을 추구하는 삶은 거짓된 "명예"(526d)만을 산출할 뿐이다. 그러기에 소크라테스는 칼리클레스가 만약 쾌락적인 삶만을 고집한다면, 그는 제우스의 '최후의 법정'[13]에서 참으로 심각한 '불명예'의 사태에 직면할 것이라고 경고하고 있는 것이다.

> "자네가 법정에 나가 내가 조금 전에 언급한 그런 판결을 받게 될 때 자네는 자기 자신도 지키지 못할 것이기에, 나는 자네를 질책하고 있네. 그리고 자네가 심판관, 그러니까 아이기나의 아들 앞에 붙들려갈 때, 그 심판관은 자네를 붙잡아 공판에 부칠 것이네. 그렇게 되면 자네는 입을 딱 벌린 채 멍청하게 있을 것이네. 이 세상에서 그랬던 것처럼. 그리고 아마도 누군가는 '불명예스럽게도'(atimos) 자네의 턱을 갈기면서, 나아가 완전히 자네를 진흙탕 속에서 짓밟을 것이네"(526e).

이처럼 플라톤은 피안(彼岸)에서 칼리클레스가 당할 불명예스러운 모습을 차안(此岸)에서 소크라테스가 당했던 불명예스러운 모습과 교차시키면서, 염치와 명예를 지향하였던 소크라테스의 삶의 방식이 결코 무의미한 것이 아니었음을 방증하고 있다.

3) 훌륭한 것들에 대해서는 명예로움을, 천한 것들에 대해서는 염치를 갖게 하라

케언즈(1993)에 의하면, 플라톤 대화편에서 획득되어야 할 명예욕에 대한 그의 생각이 가장 잘 드러난 곳은 아마도 『향연』(208c-e)일

---

13) 최후의 법정에 대한 언급은 423a부터 등장하여 526d까지 계속된다. 여기에서 플라톤의 소크라테스는 크로노스의 통치기로부터 제우스의 통치기로 이행하면서 죽은 자들에 대한 심판이 어떻게 변하여 왔으며, 제우스의 심판이 함축하는 도덕적·윤리적 의미가 무엇인지를 구체적으로 음미한다. 최후의 법정에 등장하는 심판관들은 제우스의 아들들인 미노스와 라다만튀스, 그리고 아이아코스인데, 라다만튀스는 아시아 출신의 망자들을, 아이아코스는 에우로페 출신의 망자들을 심판한다. 이 두 심판관이 판결 내리기 어려운 것은 미노스가 최후의 심판권을 행사한다.

것이다. 여기에서 디오티마는 명예를 후세에 남기고 싶어 하는 인간의 "명예욕"(pilotimia)은 그 어떤 욕망보다 더욱더 강렬한 것임을 언급하고 있다. 그리고 인간은 이러한 목적을 달성하기 위해 종종 "자식을 위해 무릅쓰는 위험보다도 훨씬 커다란 모든 위험을 감수하"고(208c-d) "어떠한 고통도 감내하며, 심지어 자신의 목숨을 바치기"(208d)까지 한다고 강조하고 있다. 그럼 인간이 목숨까지 바쳐 획득하고자 하는 명예욕에는 어떠한 것들이 있을까?

디오티마는 그것을 다음 3가지 사례를 들어 이야기한다. 첫째로 이올코스의 왕 펠리아스의 딸인 알케스티스는 자신의 남편인 아드메토스를 위해 용감하게 죽었던 사람이다. 신화에 의하면, 그녀는 아르테미스 여신을 화나게 한 죄로 죽게 된 남편 아드메토스를 대신하여 자신이 죽겠다고 자청하였는데, 이로 인하어 그녀는 "사랑을 위해서 목숨을 바치려고"(179d) 하였던 용감한 사람 중의 한 사람으로 전해지고 있다. 둘째로 테티스의 아들인 아킬레우스 역시 사랑하는 사람을 위해 자신을 희생하였던 대표적인 사람이었다. 사실 아킬레우스는 이미 "헥토르를 죽이면 자신도 죽게 될"(179e) 운명이라는 것을 알고 있었다. 그런데도 파트로클로스를 죽였던 헥토르를 죽이고야 마는데, 이 일로 인하여 그는 사랑하는 사람을 위해 "기꺼이 자신의 목숨을 바친"(180a) 사람이라는 '명예'를 획득하였다. 마지막으로 아테네 왕 코드로스가 있다. 그 역시 사랑하는 사람을 위해 자신을 희생하였던 용감한 사람이었다. 신화에 의하면, 아테네를 점령하고자 하였던 도리아인들에게는 아테네 왕을 살해하면 결코 아테네를 점령할 수 없다는 하나의 신탁이 내려져 있었는데, 이것을 알고 있던 코드로스는 자기 나라와 가족을 살리기 위해 의도적으로 도리아인들에게 죽임을 당하였는데, 이 일로 인해 그는 사랑하는 사람을 위해 자신을 희생한 용감한 사람이라는 명예를 얻었던 것이다. 이처럼 알케스티스와 아킬레우스 그리고 코드로스는 모두 사랑하는 사람을 위해서 자신을 희생하였던 용기를 보여주었는데, 이러한 행위로 인하여 그들은 모두 '불멸의 명예', 즉 "불멸의 덕과 그와 같은 찬란한 '명성'(doxa)"(208d)을 얻게 되었던 것이다.

『향연』의 첫 번째 발언자인 파이드로스에 의하면, 불멸을 추구하는 '사랑'(erōs, 178c)은 인간을 "훌륭한 삶으로 인도해주는"(178d) 가장 기본적인 원리이다. 이 원리는 인간으로 하여금 추하고 천한 것들에 대해서는 "염치"(aischynē, 178d)를 갖게 하고 아름답고 훌륭한 것들에 대해서는 "명예로움"(philotimia, 178d)을 갖게 한다. 즉, "비천한 사람들에 있어서는 염치이고 훌륭한 사람들에게는 명예로움"인 것이다. 왜냐하면 이러한 "염치와 명예로움이 없이는 어떠한 국가나 개인도 위대하고 훌륭한"(178d) 일을 해낼 수는 없기 때문이다. 그래서 국가와 군대를 운영함에 있어서 "추한 일들을 멀리하고 '명예를 추구하는 것'(philotimoumenoi)"(178e)은 그 어떤 것보다 중요한 일인 것이다.

소크라테스에 의하면, 염치와 명예로움으로 무장한 국가와 군대는 탁월하게 용감할 것이며, 아무리 적은 숫자라 할지라도 모든 적을 물리칠 수 있을 것이라 한다.[14] 왜냐하면 사랑의 신인 에로스는 "사랑을 하고 있는 사람을 모두, 선천적으로 탁월한 사람과 비슷할

---

14) 기원전 4세기(379/8년) 테베의 장군 고르기다스(Gorgidas)는 남성 동성애 커플 150쌍(300명)으로 이루어진 정예 특수부대인 '신성부대'를 창설하였다. 테베는 이 부대의 용맹함에 힘입어 스파르타를 레욱트라 전투(371년)에서 격파하고 그리스의 패권을 차지하였다. 플라톤은 179a 이하에서 이런 부대의 강력함에 대해서 이야기하고 있는 것이다.

정도로, 마치 신들린 사람처럼 용감하게 만들어줄 것"(179b)이며, 만약 국가와 군대가 그렇게 사기가 충만해진다면, 그 어떠한 적도 물리칠 수 있을 것이기 때문이다. 이런 점에서 소크라테스에게 있어 염치와 명예를 공동체 보존하고 공동체 구성원들의 결속력을 강화하는 최고의 덕목이었던 것이다.

케언즈(Cairns, 1993)에 의하면, 그리스 사회는 명백히 명예와 염치를 중요시하는 '수치문화'(shame culture)의 성격을 띠고 있었다.[15] 공동체 보존에 필요하고 구성원들의 결속력을 강화시키는 것은 '명예로운 것'으로 인정받았으나 그렇지 못하였던 것들은 '불명예스러운 것'으로 거부되었다. 개인의 도덕적 행위 역시 마찬가지였다. 공동체에 부합되는 가치들은 명예로운 것으로 간주되었으나 그렇지 못한 것들은 수치스러운 것으로 이해되었다. 하지만 이것은 그리스 사회가 오직 공동체가 규정하는 외면적인 규범에 의해서 운영되었다는 것을 뜻하지는 않는다. 오히려 그리스인들은 다양한 철학적 사색을 통하여 공동체의 가치를 내면화시키고 그것을 풍성하게

---

15) 염치 또는 수치 개념을 이야기할 때, 항상 논의에서 빠지지 않는 것은 그리스 사회가 '수치문화'(shame culture)였다는 정형화된 이해이다. 이러한 정형화된 이해는 도즈(2002)와 베네딕트(2003)가 제공하였는데, 그들은 공통적으로 서구 사회는 수치문화에서 죄책문화(guilt culture)로 이행하였으며, 기독교적 죄책문화에 비하여 그리스적 수치문화는 열등하다는 것을 주장하였다. 하지만 D. L. 케언즈(1993)에 의하면, 그들의 논리는 많은 문제점을 안고 있다. 왜냐하면 그들의 논리에는 기독교적 죄책문화에 비하여 그리스적 수치문화는 상대적으로 열등하며, 또한 죄책 문화에 비해 수치문화에서는 '양심'의 의미와 내면적 가치가 결여되어 있다는 것을 전제하고 있기 때문이다. 이에 케언즈는 그리스 사회를 불편부당하게 바라볼 줄 아는 객관적인 시각을 요구한다. 사실상 인간은 외적인 규범에 의해서 규제를 받으나 그것만으로 행위 하지는 않는다. 왜냐하면 인간에게는 남이 보지 않는 곳에서도 스스로를 통제하고자 하는 내면적인 원리인 양심이 있기 때문이다. 그리스 사회 역시 철학과 문학을 통하여 내면적인 양심의 가치를 천착해왔었다. 그러기에 그리스적인 수치문화에서는 죄책문화에서 당연시되는 양심 개념이 부재하였다는 도즈 등의 언급은 지양되어야 하는 것이다. 이와 관련된 구체적인 논의는 다음을 참고하라. Carins, D. L., *Aidos: The Psychology and Ethics of Honour and Shame in Ancient Greek Literature*, Oxford, 1993; 루스 베네딕트, 김윤식・오인석 역, 『국화와 칼』, 서울: 을유문화사, 2003; 정준영, "일리아스에서 영웅적 자아의 aidos와 행위패턴", 『서양고전학 연구』, 서양고전학회, 제33집, 2008.

하였다. 우리는 그것을 다양한 그리스 문학과 철학 작품을 통하여 확인할 수 있다. 명예와 염치 개념 역시 그리스인들의 이러한 내면화 과정의 산물이었다. 특히 염치(aischynē)는 그리스인들의 도덕적 자질을 강화시키는 데 크게 기여하였는데, 왜냐하면 그리스인들은 염치라는 개념을 통해 공동체가 추구하는 가치로부터의 이탈(離脫) 현상, 즉 '불명예스러운 사태'에 대한 명확한 회피를 인식할 수 있었기 때문이다.

이처럼 불멸의 명예를 추구하는 열망은 인간을 훌륭한 상태로 인도한다. 즉, 그것은 아름답고 훌륭한 것들에 대해서는 명예로움을 갖게 하고 악하고 비천한 것들에 대해서는 염치를 갖게 하는 것이다. 이렇게 볼 때, 명예와 명예의 부재(不在) 사태인 불명예에 대한 명확한 이해인 염치는 개인은 물론 공동체 전체를 고양시키는 하나의 원리였던 것이다.

3. 획득되어야 할 것으로서의 명예와 제거되어야 할 것으로서의 명예는 어떻게 갈리는가: 『국가』와 『일곱째 편지』 등에 나타난 명예 개념

그리스 사회에서 명예는 폴리스 공동체의 안정성과 시민들의 자기정체성을 보장해주던 핵심 가치였다.[16] 플라톤은 『국가』를 통하

---

16) 그리스 도시국가는 명예를 중시하는 공동체이다. 물론 명예의 긍정적인 면만 있는 것은 아니다. 지나친 명예 추구는 자신의 품위를 손상시킨다. 그리고 타자와의 지나친 경쟁은 타자의 명예를 침범할 수도 있다. 자기의 명예와 타자의 명예, 그리고 자신의 자존감과 타자의 자존감을 동시에 만족시키는 지혜가 필요하다. 여기에서 품위를 갖춘 명예, 즉 아이도스가 중요해지는 것이다. 우선적으로 기품 있는 명예는 자기 존중 또는 자기정체성의 확보에 있다. 자신의 품위

여 이러한 명예 개념의 이중성을 잘 제시하고 있다. 그는 영혼의 비이성적인 부분과 돈에 대한 욕망을 통하여 명예의 부정적인 측면을, 그리고 이성에 의해서 인도되고 정의를 지향하는 활동에 의해서 명예의 긍정적인 측면을 보여주고 있는 것이다.

1) 불명예를 유발하는 영혼의 비이성적인 부분과 돈에 대한 욕망

『국가』 제1권의 소크라테스와 트라시마코스와의 대화에서 명예 개념은 부정적인 것으로 나타난다. K. 라이코스(Kimon Lycos, 1987)의 분석에 기대자면, 소크라테스는 '기술'(techne)이나 '다스림'(통치: arche)이 자기에게 이득이 되는 것을 제공하는 것이 아니라, 피지배자에게 이득이 되는 그러한 것을 제공하는 것이라 한다. 이런 점에서 볼 때, 만약 누군가가 다스리는 일을 맡아 일을 볼 경우에는 그것에 대한 보수나 보상으로 '돈'17)이나 '명예' 그리고 '벌'(罰)이 언급될 수 있다(347a). 그런데 가장 훌륭한 사람들의 통치에 대한 보상으로 돈이나 명예는 적합하지 않다. 그러한 것들에 대한 사랑은

를 유지하면서 공동체 속에서 타자와의 관계성을 유지하는 것이다. 품위를 유지하고 공동체의 공통 가치를 수호하는 것, 그것이 자아의 명예를 가져온다. 그리스 사회에서 개인의 자아는 항상 공동체의 가치와의 연관성 속에서 이해될 수밖에 없다. 공통 가치를 실현하였을 때에는 명예를 얻고, 공통가치를 실현하지 못하였을 때에는 불명예를 안는 것이다. 그러기에 자아의 성취는 항상 사회적 관계성 속에서 이루어지며, 개인적 자아는 사회적 자아의 성취 속에서 마무리된다. 개인적 명예, 나아가 사회적 명예는 공동체의 인정과 승인의 문제이다. 그리고 이것은 타자배제의 문제가 아니라 타자수용의 문제이기도 하다. 왜냐하면 명예의 상호인정에 의해서 공동체가 존립하기 때문이다. 이에 관해서는 다음 책 제6장을 참조하라. Carins, D. L., *Aidos: The Psychology and Ethics of Honour and Shame in Ancient Greek Literature*, Oxford, 1993.

17) 명예를 돈과 연결시키는 것은 『파이돈』 68b-c에서도 등장한다. "그러니까 죽게 되었다 해서 화를 내는 사람을 자네가 본다면, 이는 결국 그가 지혜를 사랑하는 사람(철학자: philosophos)이 아니라 몸을 사랑하는 사람(tis philosōmatos)이라는 데 대한 충분한 증거가 그대한테는 되어주지 않겠는가? 그리고 같은 이 사람이 아마도 재물을 좋아하는 사람(philochrēmatos)이기도 하고 명예를 좋아하는 사람(philotimos)이기도 하여, 둘 가운데서 어느 한쪽이거나 둘 다이거나 할 게야."

"창피스러운 것"(347b)이기 때문이다. 남는 것은 벌뿐이다. 그럼 왜 벌인가? 그것은 훌륭한 사람들이 통치하고자 하는 마음을 먹게 될 경우에는 오직 그들이 장차 받게 될지도 모를 "벌"(zemia, 347a)에 대한 두려움 때문에 그렇게 한다는 것이다. 즉, 만약 훌륭한 사람인데도 스스로 통치하고자 하는 마음을 먹지 않는다면, 그는 어쩔 수 없이 "자기보다 못한 사람한테 통치를 당하는"(347c) 엄청난 벌을 경험할 것이기 때문이다. 이처럼 훌륭한 사람이 통치를 하게 되는 것은 오직 "벌을 두려워해서"(347c)이지, 결코 돈이나 명예 때문에 그렇게 하는 것은 아닌 것이다.

제5권에서도 명예에 대한 소크라테스의 부정적인 언급은 계속된다. 여기에서 그는 "명예를 좋아하는 사람"(475a) 또는 "명예를 욕구하는 사람들"(475b)은 역설적으로 명예롭지 못한 행동을 하기 마련이라고 언급한다. 그 이유는 세속적인 명예에 집착하는 사람들은 "장군(사령관) 노릇을 할 수 없게 되면, 하급 지휘관 노릇이라도"(475a) 하려 할 것이고, "존엄한 분들한테서 존경을 받지 못할 경우에는, 미천한 사람들한테서라도"(475b) 존경을 받으려 할 것이기 때문이다(475a-b). 이미 제4권에서 그는 영혼을 "욕구적인 부분"(to epithymetokon, 439d), "이성적인 부분"(to logistikon, 439d) 그리고 "격정적인 부분"(to thymoeides, 440e)으로 삼분하면서, 영혼의 격정적인 부분을 "전적으로 지배하는 것과 승리하는 것 그리고 '명성을 떨치는 것'"(581a)을 지향하는 그러한 것, 즉 "이기기를 좋아하고"(philonikon, 581b) "명예를 좋아하는"(philotimon, 581b) 그러한 영혼의 한 부분으로 규정한 바가 있다. 이렇게 볼 때, 영혼의 격정적인 부분의 지배를 받는 사람들은 신분이나 명성에 집착하는 사람들이고, 그러한 사람들은 결국 세속적인 명예만을 탐하는 그런 사람들인 것이다.

『일곱째 편지』에서도 플라톤은 과도하게 돈을 탐하는 것이 인간을 불명예스럽게 만드는 주된 원인이라고 언급한다. 플라톤은 디오니소스 2세가 자신을 "금품"(333d)으로 회유하려 하였다는 사실을 폭로하면서 이러한 말을 하고 있다.[18] 사실 그는 디오뉘시오스 1세 때부터 시라쿠사를 이상적인 국가로 만들고자 헌신하였다. 그의 이러한 노력에 정치적 동지였던 친구 디온이 큰 힘을 보탰던 것도 사실이다. 하지만 부왕(父王)과 달리, 유난히 권력욕이 강하였던 디오니소스 2세는 부왕의 의형제였던 디온(Dion)을 자신의 정치적 라이벌로 생각해 그의 정치적 조언은 무조건 반대하였으며 급기야는 그를 추방하고 말았다. 이 일이 있고 난 이후, 디오니소스 2세는 디온과 친구였던 플라톤을 회유해 자기편으로 끌어들이고자 하였으나, 플라톤은 이 제안을 단호하게 거절하였다. 그가 보기에, 왕의 제안은 "수치스럽고 불경한 일"(334a)이었기 때문이다. 사정이 이러하다 보니, 플라톤은 그가 책을 지었다는 것에 대해서도 회의적인 반응을 보였다. 만에 하나 그것이 사실이라 할지라도, 그것은 그가 "명성을 좋아해"(344e) 그렇게 했거나 아니면 "명예를 얻으려는 부끄러운 욕심"(344e)[19] 때문에 그렇게 했지, 결코 지혜를 좋아해 그렇게 한 것

---

18) "디오니소스가 '명예와 금품으로' 자기와 한편이 되도록, 그리고 자기를 위해 디온의 추방이 타당했음을 지지하는 증인이자 친구가 되어줄 것을 설득해왔을 때는, 이런 일에 대해선 그가 완전히 실패했습니다"(333d).

19) "그는 배움의 능력과 관련해서 유달리 자질이 없지는 않거나 하진 않았지만 놀랄 만치 명예욕이 강했습니다. (...) 그런 이유로 그는 더 확실하게 귀담아듣고자 하는 욕구로 치닫는가 하면, 동시에 명예욕이 그를 안달 나게 했습니다. (...) 내가 보기에 철저히 명예를 탐하는 마음에서 디오니소스는 (...) 만약 그[디오니소스 2세]가 썼다면, 이는 그것을 자신의 것인 체하거나, 그것에 대한 교육의 참여자인 체해서 명예를 얻으려는 부끄러운 욕심 때문입니다. 그리고 그 교육에 참여함으로써 생기는 명성을 좋아했던 것이라면, 그에게는 그 교육에 참가할 자격이 없었을 것입니다"(338d-345a).

은 아니라고 생각하였던 것이다. 이처럼 플라톤은 디오니소스 2세의 인물 됨됨이를 명예를 탐하는 '몰염치한 인물'로 그리고 있다.

2) 이성에 의해서 인도되고 정의를 지향하는 활동에 의해서 획득되는 명예

그럼 플라톤이 보기에 참다운 명예란 어떤 깃인가? 『여덟째 편지』에서 그는 "영혼의 탁월함을 가장 존귀한 것으로" 강조하는 "법"에 근거할 때에만 인간은 명예로운 삶을 살 수 있다고 강조한다.

> "시라쿠사인들이여, 여러분은 무엇보다도 우선 여러분의 욕망과 더불어 여러분의 마음을 돈벌이나 부 쪽으로 돌려놓지 않을 게 분명한 '법'들을 받아들이세요. 영혼과 육체, 그리고 돈, 이렇게 셋이 있는데, 그 가운데 영혼의 탁월함을 '가장 존귀한 것'(entimotatēn)으로 여기고, 육체의 탁월함을 영혼의 탁월함 밑에 놓인 둘째 것으로, 그리고 돈의 가치를 육체와 영혼에 종노릇하는 셋째이자 마지막 것으로 삼는 게 분명한 '법'들을 말입니다"(355a-c).

이처럼 플라톤은 명예의 긍정적인 측면도 잘 알고 있었다. 그것은 『국가』 제3권, 제5권, 제7권 그리고 제9권 등에서 언급된다. 먼저, 제5권에서는 호메로스(『일리아스』 7. 321)의 전통에 입각해 "싸움에서 명성을 떨친 아이아스가 '통등심을 상으로 받는 것'"(468d)이란 말이 등장하는데, 이때 언급되는 '상'이라는 말은 용맹한 젊은이에게 수여되는 하나의 "명예"(468d)였다. 왜냐하면 그러한 상을 받음으로써 용맹한 젊은이는 자신의 소진된 체력을 보충하고, 또한 전사(戰士)로서의 자신의 "명예"(468d)를 획득하였기 때문이다. 이처럼 호메로스 이래 그리스 사회에서 "명예로운 자리와 고기 그리고 그득한 술잔"(468d-e)은 항상 명예를 획득한 사람들에게 주어지는 하나의 값진 선물로 인식되었던 것이다.

『국가』 제3권에서도 명예는 긍정적으로 이해된다. 여기에서 플라톤은 수호자들 가운데에서 가장 우수한 사람을 통치자로 선발해야 하며, 이러한 논의에서 온갖 종류의 시험을 통과한 사람들은 당연히 "완벽한 수호자들"(phylakes panteleis, 414b) 또는 "나라의 통치자(ho archōn) 및 수호자(phylax)"(414a)로 임명되어야 한다고 한다. 그러면서 그러한 사람들에게는 "살아서도 '영예'(timas)"(414a)가 주어져야 하지만, "죽어서도 무덤이나 그 밖의 기념물에 있어서 최대의 '특전'(gera)"(413e-414a)이 주어져야만 된다고 강조한다. 이처럼 최고의 수호자들에게는 생사(生死)를 불문하고 최고의 명예가 주어졌던 것이다.

하지만 플라톤은 여기에 하나의 단서를 단다. 그것은 바로 명예란 필연적으로 "이성"(logos, 549b)에 의해서 인도되어야 한다는 것이다. 제8권에서 소크라테스는 "명예지상체제"(timokratia, 545b)[20]의 부정적인 측면에 대해서 언급한다. 그에 의하면, 명예지상체제는 명예를 그 주된 가치로 하고 있으나, 그것은 참된 명예가 아니라 세속적인 명예욕에 근거하고 있다고 한다. 또한 이 체제는 가장 이상적인 정체인 "최선자정체"(aristokratia, 544e)로부터 제일 먼저 타락한 형태이기도 하다. 그래서 이러한 정체하에 사는 시민들은 모두 '승리'와 '명예'만을 추구하고, 영혼의 이성적인 부분보다는 "격정적인 부분(to thymoeides)"의 지배를 받는다. 또한 그들은 지혜로운 사람

---

20) 명예지상정체(timarchia)라고도 한다(545b).

들이 공직에 앉는 것을 두려워하고 "평화보다는 전쟁"(547e)을 선호하며 평생을 전쟁터에서 보낸다(548a). 결과적으로 지혜로운 사람들이 밀려나고 오직 "전공(戰功)이나 전쟁과 관련되는 공적"(549a)이 있는 사람들만이 경쟁적으로 통치자가 되기를 열망하는 것이다. 그런데 이러한 나라가 과연 제대로 운영될 수 있을까?

이에 플라톤은 "최선의 수호자"(549b)가 될 사람은 모름지기 이성의 원리에 의해서 인도되는 사람이어야 한다고 강조한다. 즉, 그 사람은 "시가와 혼화된 이성을 갖춘 자"(549b), 즉 "명예 지상적인 청년"(timokratikos neānias, 549b)이어야 하는 것이다. 그런데 이성 원리를 갖춘 이상적인 통치자에 대한 언급은 '철인통치자'에 대한 언급이 등장하는 제7권에도 있다. 여기에서 플라톤은 힘든 공부와 훈련을 거쳐 엄격하게 "선발된 자들"(hoi prokrithentes, 537b)이 누리게 될 큰 "영예"(537b)에 대해서 말한다. 특히 "실재의 본성에 대한 '포괄적인 봄'(synopsis)"(537c)의 능력을 획득한 사람들에게는 그렇지 못한 사람들보다 더 큰 명예가 주어져야 된다고 언급하는데, 이는 그러한 공부가 철인통치자의 '변증법' 공부와 깊이 연관되어 있기 때문이다. 사실 변증법은 가장 중요한 철인통치자 공부방법이기도 하다. 그것은 엄격한 훈련을 거쳐 선발된 수호자들이 30살이 되어서야 겨우 배우게 되는 공부이기도 하다. 그것을 배우기 이전에는 약 10년간에 걸친 예비교육이 시행된다. 이것을 무사히 마친 사람들에게는 5년간의 변증법 공부가 주어지는데, 그것을 무사히 마친 사람들에게는 약 15년간에 걸친 실무행정 공부가 기다리고 있다. 그리고 이것을 마친 사람들에게는 변증법 자체에 대한 고차원적인 관상(觀想)의 공부가 주어진다. 그런데 이 과정은 선발된 자들이 평생

에 걸쳐 공부해야 하는 것이기도 하다. 플라톤은 이를 "영예"(537d)
로운 사람들이 사는 삶의 방식이라고 한다.[21]

그런데 제7권에서 플라톤은 명예를 '정의'와 연결시킨다. 말미에
등장하는 "참된 철학자들"(hoi alethos philosophoi, 540d)[22]은 '명예
로운 사람들'의 다른 이름이기도 하다. 왜냐하면 참된 철학자들은
지혜를 사랑하는 사람들인데, 그러한 사람들은 오로지 나라의 "'바른
것'(to orthon)과 이것에서 생기는 '명예'(timas)"(540d-e)만을 존귀한
것으로 간주하기 때문이다. 즉, 참된 철학자들만이 나라의 통치자가
되기에 충분한 자격을 갖추고 있는 것이다. 물론 현실 세계는 그렇지
않다. "저속하며 아무런 가치도 없는 것들"(540d)이 "현재의 명
예"(540e)로 간주되고 있기 때문이다. 그러기에 진정으로 나라를 잘
경영하고자 하는 사람들은 모름지기 "올바른 것"(to dikaion, 540e)을
추구하고 그것을 가장 명예로운 것으로 간주해야 하는 것이다.

흥미롭게도 플라톤은 제9권에서 명예가 "각자가 목적한 바를 성
취하게 될 경우에는, 이들 모두에게 따라오는"(582c)[23] '보편적인
것'이라고 언급한다. J. 아나스(J. Annas, 1981)에 의하면, 올바름과

---

21) 소크라테스는 변증법을 공부할 능력이나 자격이 되지 않는 사람들이 그것을 공부하였을 때 발
생하는 위험성에 대해서도 경고한다. 그 이유는 변증법적 논변을 처음으로 접한 사람들이 그
것을 무차별적으로 "반박(반론: antilogia)에 이용함으로써, 놀이처럼 남용한"(539b) 결과, "사
람들을 논변으로써 끌어당겨서는 찢어발기기를 즐기고"(539b), 때에 따라서는 "이전에 자신이
믿었던 것들 가운데 어떤 것도 믿지 않는"(539c) 사태를 야기하며, 급기야는 철학과 연관된 일
체의 일에 종사하는 사람들 모두를 웃음거리 내지는 "비방의 대상들"(539c)로 만들어버릴 것
이라고 진단하고 있기 때문이다. 변증법에 관해서는 C. Kahn의 다음 책을 참조하라. C. Kahn.
Plato and The Socratic Dialogues: The philosophical use of a literary form. Cambridge: Cambridge
Univ. Press, 1996.

22) 이것은 "참으로 지혜를 사랑하는 사람들"이라는 것으로도 옮길 수 있다.

23) 물론 이러한 생각은 플라톤의 독창적인 생각만은 아니다. 그것은 호메로스와 헤시오도스로부
터 이어져 내려온 전통적 사상과 맥이 맞닿아 있다. 다만 플라톤은 그러한 생각을 새로운 시
대, 즉 철학의 시대에 자신의 이상국가론을 바탕으로 새롭게 정초하고 있을 뿐이다.

행복의 관계를 고찰하는 9권에서, 소크라테스는 올바른 삶을 산 사람들이 그렇지 않은 사람들보다 더 행복하다는 것을 보여주는 일련의 논증[24]을 전개한다. 특히, 철학자가 추구하는 삶이 가장 즐거운 것임을 언급하는 두 번째 논증에서, 소크라테스는 삼분된 영혼 각각에 "특유한 즐거움이 하나씩 있다"(580d)고 말한다. 즐거움을 삼분된 영혼 각각에 연결 지으면서, 그는 사람들을 3부류, 즉 "'지혜를 사랑하는 부류', '이기기를 좋아하는 부류' 그리고 '이(利)를 탐하는 부류'"(581c)로 나눈다. 그런데 여기에서 이익을 탐하는 부류는 영혼의 '욕구적인 부분'의 지배를 받는 사람들을 말하며, 이기기를 좋아하는 부류는 영혼의 '격정적인 부분'의 지배를 받는 사람들을 말하고, 지혜를 사랑하는 부류는 영혼의 '이성적인 부분'의 지배를 받는 사람들을 말한다. 그런데 재미있는 것은 소크라테스에 의하면 명예를 좋아하는 사람들은 "재물로 인한 즐거움은 천한 것으로 여기는가 하면, 배움으로 인한 즐거움도, 그게 어떤 배움이든 '명예'를 가져다주는 것이 아닌 한은, 한 가닥 연기요, 어리석은 것"(581d)으로 간주한다는 것이다. 즉, '경쟁'과 '투쟁'을 선호하는 사람들은 '명예'를 산출할 수 있는 것들만을 유의미한 것으로 간주한다는 것이다. 그런데 과연 그러한가?

이에 소크라테스는 일단 명예라는 것을 "각자가 목적한 바를 성취하게 될 경우에는, 이들 모두에게 따라오는"(582c)[25] 일반적인 것

---

24) 참주체제와 이를 닮은 사람들에 대한 논의는 576d-580c, '즐거움' 또는 '쾌락'에 대한 논의는 580c-583a, 그리고 '환영적인 즐거움'과 '참된 즐거움'에 대한 논의는 583b-588a에 있다.

25) 물론 이러한 생각은 플라톤의 독창적인 생각만은 아니다. 그것은 호메로스와 헤시오도스로부터 이어져 내려온 전통적 사상과 맥이 맞닿아 있다. 다만 플라톤은 그러한 생각을 새로운 시대, 즉 철학의 시대에 자신의 이상국가론을 바탕으로 새롭게 정초하고 있는 것이다.

으로 규정한다. 부자든, 용감한 사람이든, 아니면 지혜로운 사람이든지 간에, 그들은 모두 "명예를 누림으로 인한 즐거움이 어떤 것인지에 대해서는 모두가 경험을 갖고"(582c) 있으며 또한 알고 있는 것이다. 부자는 부자대로, 용감한 사람은 용감한 사람대로, 그리고 지혜로운 사람은 지혜로운 사람대로, 자신들이 목적하는 바를 성취하게 되면, 그들은 그 가운데에서 존경을 받고 명예로운 인물로 간주되는 것이다. 하지만 이러한 사람들이 경험하는 즐거움이 모두 동일한 것으로 말할 수 있는가?

소크라테스는 그것은 결코 동일하지 않다고 한다. 왜냐하면 다른 것들은 다 제쳐두고라도, "'실재'(to on)에 대한 '관상'"(582c)이 어떤 즐거움을 주는지에 대해서만큼은 지혜를 사랑하는 사람 이외에는 그 누구도 이해할 수 없는 고유한 것이기 때문이다(582c). 이익을 탐하는 사람들은 "사물들의 본성이 어떤 것"(582b)인지에 대해서 일체의 배움도 없고 일체의 경험도 없다. 하지만 지혜를 사랑하는 사람들은 사물들의 본성을 알 때의 즐거움은 물론, 돈으로 인한 즐거움에 있어서도 이익을 탐하는 사람들의 경험을 훨씬 능가하고 있다. 이는 명예를 좋아하는 사람들의 경우에 있어서도 마찬가지이다. 즉, 지혜를 사랑하는 사람들은 "명예를 좋아하는 사람"(583a)이나 "돈벌이를 하는 자"(583a)의 삶보다도 "경험(empeiria)이나 사려분별(phronēsis) 또는 이성적인 추론(logos)"(582a) 등의 모든 분야에서 그들을 능가하고 있는 것이다.

이처럼 플라톤에게 있어서, 혼의 이성적인 부분은 "배움을 좋아하고(philomathes) 지혜를 사랑하는 부분(philosophon)"(581b)이고, "신적인 것"(to theion, 589d)과 동일하다. 그리고 그것은 『국가』 500c에 등장하는 플라톤의 다음 말, 즉 "철학자는 신적이며 절도 있는 것과 함께 지냄으로써 그 자신이, 인간으로서 가능한 한도까지, 절도 있고 신과도 같은 사람이 되네"(500c)라는 말과도 연결될 수 있다.

4. 영혼에 좋은 것들을 중시하는 법률을 만들 것인가, 아니면 돈이나 신체에 유익한 것들을 중시하는 법률을 만들 것인가: 『법률』에 나타난 명예 개념

『법률』에서 플라톤의 대변인 역할을 하고 있는 아테네인은 명예를 "신성한 좋은 것"(theion agathon, 727a)이라 강조한다. 또한 그는 '영혼의 도야'(陶冶)와 연관하여 명예를 "더 나은 것들을 따르되, 한층 못한 것들이기는 하나, 더 좋아질 수 있는 것들을 최대한 좋아지도록 하는 바로 이 일을 이루는 것"(728c)이라 규정한다. 시민들의 영혼에 명예를 조성하고자 노력하는 입법자(nomothetēs, 728d)는 국가에서 법률의 제정자이기도 하다. 하지만 입법자의 그러한 노력에도 불구하고 현실 국가에서 전 시민의 영혼을 참된 명예로 조성하는 것은 그리 쉬운 일은 아닌데, 그 이유는 명예를 획득할 주체인 인간들의 영혼이 악한 환경, 즉 "나쁜 것들"(727a) 가운데 위치해 있기 때문이다. "명예란 어쩌면 '신성한 좋은 것'(theion agathon)이겠으나, 나쁜 것들 가운데에서는 그 어떤 것도 명예로운 게 없겠기에, 어떤 언변이나 선물들 또는 고분고분함으로 혼을 키우게 될 것이라 생각하는 사람은 한결 나쁜 상태에 있는 혼을 더 나은 상태의 것으로 전혀 만들지 못하고 있습니다"(727a). 그런데 무엇보다도 인간 영혼의 도야를 방해하는 것은 '방종함'이다. 스탤리(Stalley, 1983)는 인간의 방종함은 '자기기만'과 연결되어 있다고 분석한다. 왜냐하면 입법자는 시민들의 영혼을 명예롭게 만들고자 하나 방종한 인간 영혼은 무지한 상태에서 자기 자신을 기만하는 데 열중하기 때문이다(731e-732a). 즉, 인간은 무지에 대한 자각이 결여된 상태에서 전문가에게 양보해야 할 사안을 욕심 때문에 자기 혼자 처리하다 일을 그르치고 마는데, 이는 방종한 인간 영혼이 보여줄 수 있는 대표적인 자기기만의 행태인 것이다. 또한 방종한 인간 영혼은 "올바른(정의로운) 것들"(732a)을 지향하는 것으로부터도 점점 멀어지는데, 그 이유는 그들이 자기 자신에 대한 이기적 사랑이 지나친 나머지 진실로 참된 것을 지향하지 못하기 때문이다. 이렇게 볼 때, 명예와 연관하여 아테네인이 가장 강조하는 것은 불명예 사태에 대한 하나의 견제장치로서의 '자기절제'의 힘인 것이다.[26]

아테네인에 의하면, "신들"(727a)[27]을 제외하고 이 우주에서 가장 고귀한 것은 인간 "영혼"(726a)이다.[28] 그러기에 인간은 신들을 제외하고서는 인간 영혼을 가장 고귀한 것으로 간주해야 한다. 또한 그것을 가장 명예롭게 만들어야만 한다.[29] 하지만 인간은 현실적으로 그렇게 하지 못한다. 무지와 무절제 속에서 방종한 삶을 살면서

---

[26] 『법률』의 '원리' 또는 '주된 요인'은 '자기절제'의 문제라는 언급에 대해서는 바커의 다음 책을 참고하라. E. Barker.(1960), *Greek Political Theory*, London: Methuen.

[27] 원문 그대로를 정확하게 옮기자면 "주인들인 신들과 이들을 따르는 것들(신령들)"이다.

[28] 첫째 서열에 배정된 것은 인간 영혼의 주인인 신들과 이들을 따르는 것이다. 그런데 만약 이것을 제외하고 생각한다면, 인간 영혼이 가장 고귀하다. 이에 대해서는 『법률』 726a 이하를 참고하라. "바로 이처럼 자신의 혼을, 주인들인 신들과 이들을 따르는 것들 다음으로, 두 번째로 존중해야만 한다고 말함으로써 제가 옳게 권고하고 있을 겁니다"(726a-727a).

[29] 박종현은 'timan'을 "존중해야만 한다"로 옮기고 있으나, 필자는 이것을 일관되게 "명예롭게 한다"로 옮겼다. 727b의 번역도 이와 마찬가지이다. 이에 대해서는 박종현(2009)의 『법률』 352쪽 각주 7번을 참고하라.

영혼을 오염시키기 때문이다. 이에 아테네인은 영혼을 오염시키는 불명예스러운 행위 7가지를 열거하면서 인간들의 각성을 촉구하고 있다. 첫째, "모든 걸 능히 알 수 있다고 믿으며, 자신의 혼을 칭찬함으로써 그것을 명예롭도록 하는"(727b) 것, 둘째, "대부분의 가장 큰 잘못들을 제 탓으로 여기지 않는"(727b) 것, 셋째, "입법자가 말하는 것과 칭찬하는 것에 어긋나게 쾌락에 탐닉하는"(727c) 것, 넷째, "칭찬받는 수고들과 무서움들, 고통들 그리고 슬픔들을 참으며 치러내지 못하고 굴복해버리는"(727c) 것, 다섯째, "어떻게든 살아남는 걸 좋은 것으로 생각하는"(727c) 것, 여섯째, "훌륭함(덕: aretē)보다도 준수함(kallos)30)을 더 귀히 여기는"(727d) 것, 그리고 마지막으로 "재화를 불미하게 획득하고자 열망하거나, 또는 그걸 [그렇게] 획득하고도 꺼림칙해하지 않는"(727e-728a) 것이다. 앞의 다섯 가지 사례는 무지와 무절제 속에서 자기를 기만하는 전도된 영혼의 모습을 언급하는 것이다. 여섯째와 일곱째는 "혼의 불명예(atimia)"(727d)를 가져오는 몸과 돈에 대한 집착을 각각 말하고 있다. 이런 점에서 아테네인은 "아이들에게는 많은 경외(공경, 염치: aidōs)를 물려주어야지, 금을 물려주어서는 안 됩니다"(729b)라며 경고하고 있는 것이다.

"불의"(adikia: 올바르지 못함, 730d)의 개념과 연관해서 볼 때, 명예의 의미는 더욱더 분명해진다. 『고르기아스』에서도 확인할 수 있듯이,31) 플라톤은 "아무런 올바르지 못한 짓(불의)도 저지르지 않는

---

30) 박종현에 의하면, 여기에서의 kallos는 beauty로 번역되며 단순한 '신체적인 아름다움', 곧 '준수함' 또는 '미모'를 뜻한다. 이것은 '아름다움'을 뜻하는 to kalon과는 차별화된다. 이에 대해서는 『법률』 353페이지를 참고하라.

31) 이에 대해서는 『고르기아스』 472e를 참고하라. 아울러 『법률』 355쪽의 각주 15도 참조하라.

자"(730d)를 명예로운 사람이라 언급한다. 하지만 그보다 더 명예로운 것은 "올바르지 못한 짓(불의)을 저지르는 사람들이 올바르지 못한 짓(불의)을 저지르는 걸 허용하지 않게"(730d) 하는 것이다. 즉, 적극적으로 불의의 사태를 축소하고 제거하는 것이다. 왜냐하면 명예의 실현은 개인적 차원에서만 이루어질 수 있는 일이 아니라, 공동체 전체의 일이기 때문이다. 그러기에 아테네인은 폴리스 전체의 '정의'를 세우는 일이나 폴리스 전체에 꼭 필요한 "절제(sophrosyne) 그리고 사려분별(phronesis)"(730e)의 가치를 수호하고 전파하는 일은 국가에서 우선적으로 해야 하며, 실제로 그러한 일을 한 사람은 "최정상급의 명예"(730e)를 획득할만한 충분한 자격이 있는 사람이라고 언급하는 것이다.[32]

> "그런가 하면, 힘닿는 데까지, 통치자들과 함께 징벌을 하는 데 도와주는 이는 나라에 있어서 '위대하며 완벽한 인물'로서, 이 사람은 훌륭함으로 우승 상을 차지한 이로 선언되어야 할 것입니다. 바로 똑같은 칭찬은 '절제'(sōphrosyne) 그리고 '사려 분별'(phronēsis)과 관련해서도 해주어야만 하며, 이는 누군가가 그 밖의 다른 것들로서, 그 자신이 가질 수 있을 뿐만 아니라 남들에게도 전파할 수 있는 것들로 지니고 있는 좋은 것들의 경우에도 그러해야만 합니다. 그것들을 전파해주는 사람은 '최정상급의 명예'(akrotaton … timan)를 주어야만 하는 반면에, 그리하고자 하지만, 할 수는 없는 사람은 둘째가는 명예를 허락해야만 합니다"(730d-e).

---

32) 이와 연관하여 플라톤은 『일곱째 편지』 354c-d에서도 탐욕을 거부한 채 법에 복종함으로써 얻게 되는 명예의 상에 대해서 다음과 같이 언급하고 있다. "참주정을 지향하는 사람들에게는 방향을 바꾸어, 탐욕스럽게 갈망하는 몰지각한 사람들이 행복이라 여기는 것들을 서둘러 피하라고, 그래서 왕의 모습으로 탈바꿈하여, 왕의 지위를 가진 법들에 복종하려는 노력을 기울이라고 권하는 바입니다. 그럼으로써 그들은 사람들에게서 마음에서 우러난 '최대의 존경'(tas megistas timas)을 받게 될 뿐만 아니라 법들에게서도 최대의 존경을 받게 될 것이다"(『일곱째 편지』354c-d).

이처럼 아테네인은 불의를 억제하고 불의한 행위에 대해서는 그것이 수치스러운 것임을 자각하는 삶이 진정으로 명예로운 삶임을 강조한다.

계속해서 아테네인은 국가의 법률 제정도 명예와 연관하여 이루어져야 된다고 주장한다. 그런데 인간의 삶에는 영혼과 신체 그리고 재물이라는 삶의 3대 요소(743e)가 있기에, 법률 제정의 이것과 연계하여 이루어져야 한다. 하지만 이 3가지 삶의 요소는 존재론적으로 동등한 위상을 갖는 것은 아니다. 재물은 신체에 비해 열등하고, 신체는 영혼에 비해 열등한 존재이기 때문이다. 그러기에 법률 제정의 일 역시 이러한 요소들의 존재의 등급에 따라서 이루어져야 한다(744a). 왜냐하면 제정되는 법률이 이 3가지 요소 중 어떤 것을 어떻게 강조하느냐에 따라 국가의 명예 개념은 크게 달라질 수 있기 때문이다. 즉, 입법자가 영혼에 "좋은 것들"(ta agatha, 697a)을 우선시하는 법률을 만드느냐, 아니면 돈이나 신체에 유익한 것들을 우선시하는 법률을 만드는가에 따라 그 국가의 운명은 크게 달라질 수 있을 것이기 때문이다. 그러기에 아테네인은 영혼과 신체 그리고 재물의 순으로 명예를 분배하는 법률을 만들 것을 주문하고 있는 것이다.

> "그러니까, 인간의 힘이 미치는 한도까지, 장차 보존되고 행복할 나라는 명예들과 불명예들을 옳게 배분해야만 하며 또한 그러는 게 불가피하다고 우리가 주장하고 있는 것 같습니다. 결국 혼과 관련되는 좋은 것들(ta agatha)을, 혼에 절제(건전한 마음 상태)가 있을 경우에는, 가장 귀하고 으뜸가는 것들로 삼되, 몸과 관련되어 아름답고 좋은 것들은 버금가는 것들로 삼으며, 재산 및 재물과 관련되는 좋은 것들은 셋째 것들로 삼는 것이 옳습니다. 그러나 어떤 입법자나 나라가 이에서 벗어나, 재물을 명예로운 것들로

앞세우거나 또는 뒤의 것들 가운데 어느 것을 명예에 의해 앞쪽에 배치할 경우에, 이는 경건하지도(hosion) 않으며 정치적이지도 (politikon) 않은 짓을 하는 것입니다. 우리가 이런 말을 한 것으로 할까요, 아니면 어떻게 말한 걸로 할까요?"(697a-c).

이렇게 볼 때, 입법자의 명예 배분의 문제는 결국 공동체의 안정성 확보와 밀접하게 연관되어 있다. 왜냐하면 아테네인이 "용맹한 자들에게는 명예를, 그렇지 못한 자들에게는 불명예를 옳게 배분해줌으로써, 온 나라가 일생 동안의 실전에서 쓸모 있도록 준비하도록"(830e-831a) 하는 것은 결국 공동체의 안정성 확보를 궁극적 목표로 하는 것이기 때문이다.

이처럼 『법률』에서 명예는 한편으로는 다른 모든 가치의 상위에 있는 "신성한 좋은 것"으로 있으면서 또 다른 한편으로는 공동체 전체의 안정성을 보장하는 핵심적인 장치로 기능하고 있다. 그리고 이러한 명예의 기능은 『국가』의 이상국가를 『법률』의 현실국가로 자리매김하는 플라톤의 대안이기도 하다.

5. 맺음말

윤리학적 측면에서 그리스 사회를 규정하는 가장 적합한 말은 아마도 '명예 중심의 윤리적 공동체'일 것이다. 케언즈(1993)와 키토 (2008)를 비롯한 많은 그리스 전문가들의 말을 빌리지 않더라도, 그리스 사회는 개인보다는 폴리스 공동체를 우선시하였다. 당연히 개인의 명예는 공동체가 지향하는 가치에 따라서 이해될 수밖에 없었다. 이처럼 그리스 사회는 철저하게 개인의 자기정체성을 공동체의 명예 개념과 연관시켜 생각하였던 명예중심의 사회였다.

플라톤은『소크라테스의 변론』,『고르기아스』,『향연』,『국가』,『일곱째 편지』,『여덟째 편지』 그리고『법률』등의 대화편을 통하여 스승 소크라테스의 명예로운 삶을 형상화하고 있다. 그에게 있어 소크라테스의 삶은 그 자체가 명예로운 것이었으며, 그의 철학은 본래적인 명예 개념을 천착하는 유의미한 활동이었다. 물론 명예에 대한 그의 생각이 형성되는 데에는 세속적인 명예 개념을 강조하였던 소피스트들에 대한 강한 비판이 내재되어 있다. 그들은 돈이나 신체 그리고 권력과 연관된 세속적인 가치들을 정당화하는 데 몰두하였기 때문이다. 이에 소크라테스는 개인의 이기심과 권력욕을 최소화하면서 공동체의 안정성을 확보할 수 있는 본래적인 명예 개념 확립에 매진하였다.

플라톤의 명예의 윤리학은 바로 이러한 소크라테스의 본래적인 명예 개념의 연장선상에 있다. 그는 시종일관 돈이나 신체보다는 인간 영혼을 강조하고 있으며, 영혼의 순수화를 통한 본질적이 명예 개념 확립에 집중하였다. 아울러 그것을 개인의 차원을 넘어선 보편적 차원으로 승화시켰다. 이처럼 플라톤은 현실적인 '부귀영화'(富貴榮華)를 멀리하고 '염치'와 '명예로움'에 따라 살기를 권유하는 명예의 윤리학을 우리들에게 제공하고 있는 것이다.

제3장

플라톤 철학에서
감정이란 무엇인가?

내가 그분의 말을 들을 때마다 나의 가슴은 그분의 말씀으로 인하여 코리반테스 신도들이 신들렸을 상태보다도 훨씬 더 빨리 뛰게 되고 눈물까지 흘리게 된다네. 아울러 나는 다른 많은 사람들도 나와 동일한 감정을 느끼고 있음을 알게 된다네.

- 『향연』 215e

1. 머리말

플라톤의 『소크라테스의 변론』에 의하면, 소크라테스는 아테네 시민들을 "일깨우고 설득하며 나무라기를 결코 그만두지 않는"(31a) 아테네 시민들의 영원한 "말파리"(30e)로 그려지고 있다. 평생 그는 아테네 시민들 개개인들의 "삶에 대해 심문(elenchos)하는 것"(39c)을 멈추지 않았으며, 항상 아테네 시민들에게 "재물"(30b)이나 "명성"(29e)보다는 "영혼"(30a)을 돌볼 것을 권고하였다. 특히 질문과 답변으로 이루어진 일련의 교차심문의 방식인 '문답법'[1]을 통하여 그는 아테네 시민들의 교만을 비판하며 자기반성에 입각한 건전한 진리 탐구를 촉구하였다는 것은 잘 알려진 사실이다. 그런데 문답법에 수반된 일련의 "캐물음"(22e)의 과정은 실상 논박을 당하는 사람들에게는 상당한 증오심을 불러일으킬 수 있다. 역사적으로 볼 때도 소크라테스는 아테네 시민들이 자신에게 보인 심리적 적대감과 그 적대감의 현실화인 법정에서의 사형 선고로 인하여 죽음을 맞이하게 되었다. 소크라테스의 문답법에 대해서 부정적인 생각을 가지고 있는 사람들은 감정을 자극하고 때에 따라서는 수치심마저 유발시키는 문답법의 감정 조작으로 인하여 소크라테스가 죽음을 맞이하였으며, 인식론적으로 볼 때도 소크라테스의 초기 문답법은 '분석'과 '종합'의 방법으로 이루어진 플라톤의 후기 변증법에 비해 불완전한 방법론이라는 데 의견을 모으고 있다. 플라톤 논박 연구에 주목할 만한 업적을 남긴 R. 로빈슨(Robinson, 1980)이 그 대표자이다. 물론 그의 이러한 진단이 완전히 잘못된 것은 아니다. 또한 플라톤의 초기 대화편이 구성적인 후기 대화편에 비해 대체적으로 해체적인 성격을 띠고 있으며 논의의 결론 역시 아포리아로 끝나고 있다는 것은 거부하기 힘든 사실이기도 하다. 하지만 이러한 인식은 소크라테스의 문답법이 지닌 긍정성은 무시한 채 그 부정적인 측면만을 너무 확대해석한 데에서 유래한 하나의 오류일 가능성이 높다. 왜냐하면 윤리적인 측면에서 볼 때, 소크라테스의 문답법은 '인격 도야'와

---

1) 문답법은 질문과 답변으로 이루어진 소크라테스의 방법론을 언급하는 가장 일반적인 개념이다. 이 개념은 논박과 산파술을 포함하는데, 전자는 대화상대자의 억견으로부터 자기 모순적인 명제를 도출해내는 측면에 중점을 두고 있는 방법을 말하며, 후자는 억견이 제거된 상태에서 대화상대자로부터 참된 지식을 상기해내는 측면에 중점을 두고 있는 것을 말한다. 전자는 부정적인 방법론이고 후자는 긍정적인 방법론이다. 반어법이라는 용어는 전자와 잇닿아 있다. 필자는 문답법이라는 용어로 통일해서 쓰되, 경우에 따라서는 논박이라는 말도 병행하여 사용할 것이다.

관련된 풍부한 교육 프로그램을 제공해주고 있으며, 특히 상대방의 감정을 자극하여 그를 자기비판과 자기반성의 상태로 인도하여 종국에는 진정한 '자기이해'의 단계로 상승시키는 그의 문답법은 가장 훌륭한 인격 치유의 모델이기 때문이다.

플라톤의 대화편에 나타난 소크라테스의 문답법의 윤리적 의미의 유의미성이 확보된다면, 우리는 그것에 기반을 두어 대화편에 등장하는 인물들의 감정 유발 문제를 윤리적인 시각에서 추적할 수 있다. 즉, 대화편에서 소크라테스와 대화하는 사람들은 그의 문답법에 이끌려 다양한 감정을 표출하고 그와 대결하는데, 이것을 통해 우리들은 대화상대자들의 감정 유발의 효과, 청자들 및 제3의 청중들의 감정 유발의 효과 그리고 전염병처럼 파급되는 소크라테스 문답법의 힘의 의미를 파악할 수 있게 되는 것이다. 나아가 플라톤이 왜 영혼 안에 이성의 원리 및 욕구의 원리와는 별도로 '감정의 원리'를 제3의 원리로 상정하고 있는가에 대한 새로운 통찰도 획득할 수 있게 될 것이다. 이처럼 플라톤 대화편에 등장하는 감정의 문제는 윤리적 방법론으로서의 문답법을 통하여 조망될 때에만 그 궁극적 의미가 제대로 밝혀질 수 있을 것이다.

이러한 문제의식하에서 본인은 플라톤의 대화편을 중심으로 다음 4가지 문제를 집중적으로 다룰 것이다. 첫째, 소크라테스의 문답법은 인식론인가, 아니면 윤리학인가? 만약 윤리학이라면 그 의미는 무엇인가? 둘째, 윤리적 방법론으로서의 소크라테스의 문답법은 대화상대자 및 청자 그리고 대화 현장에는 없었던 청중들의 감정을 어떻게 자극하는가? 그리고 그러한 감정적 자극을 통하여 사람들은 어떻게 변화되고 있는가? 셋째, 플라톤의 초기 대화편 중의 하나인 『

라케스』에서 소크라테스는 라케스와 니키아스의 감정을 왜 자극하는가? 그리고 그들은 어떻게 변화되어 가는가? 마지막으로, 『국가』에서 플라톤의 소크라테스는 왜 영혼을 삼분하는가? 그리고 '감정(격정)의 원리'는 왜 영혼 안에서 이성의 원리 및 욕구의 원리와는 다른 제3의 원리로 새롭게 등장하는가? 그리고 이러한 영혼에 대한 논의를 통해서 플라톤이 궁극적으로 지향하는 바는 무엇인가?

이러한 논의를 통하여 필자는 플라톤적 소크라테스의 문답법은 본질적으로 감정적이고 설득적인 작업이며 이러한 '감정적인 조작'이 플라톤 대화편의 주된 목표임을 밝힐 것이다. 그리고 이러한 현상은 후기의 『티마이오스』와 『법률』을 제외한 플라톤의 모든 대화편에 등장하는 공통된 특징이며(D. L. Blank, 1993), 온전한 인간의 인격 형성을 꿈꾸는 플라톤 철학의 숨겨진 전략임을 보일 것이다. 이러한 탐구를 위하여 필자가 우선적으로 주목하는 대화편은 『국가』와 『라케스』이며, 부분적으로 『소피스테스』와 『테아이테토스』그리고 『향연』 등의 텍스트를 참고로 할 것이다.[2]

2. 소크라테스의 문답법 인식론인가, 윤리학인가

질문과 답변으로 이루어진 소크라테스의 문답법 또는 논박은 개념의 본질을 탐구하는 인식론이다. 대화상대자의 억견으로부터 그것

---

[2] 플라톤의 작품들 중에서 『국가』, 『에우티프론』, 『소크라테스의 변론』, 『크리톤』, 『파이돈』, 『필레보스』, 『티마이오스』, 그리고 『법률』은 모두 박종현의 역을, 『메넥세노스』는 이정호 역을, 『메논』은 이상인 역을, 『소피스테스』는 김태경의 역을, 『에우튀데모스』는 김주일의 역을, 『파이드로스』는 조대호의 역을, 『뤼시스』는 강철웅의 역을, 『향연』은 강철웅과 박희영의 역을, 『소피스트 논박』은 김재홍의 역을, 그리고 『고르기아스』의 역은 졸저(2003)에 근거하여 옮깁니다.

과 모순되는 또 다른 명제를 이끌어내어 그의 인식을 새롭게 한다는 점에서 그것은 인식론인 것이다. 고대의 아리스토텔레스는 문답법이 지닌 이러한 인식론적 측면을 강조해왔던 인물이다. 하지만 소크라테스의 문답법은 궁극적으로 윤리학을 지향한다. 대화상대자의 전도된 영혼을 문제 삼고 그것을 인격적으로 치유하고자 하기 때문이다. 현대의 블랭크(1993)와 Charles. H. 칸(Kahn, 1983, 1987, 1996)은 문답법이 지닌 이런 윤리적 측면에 주목해왔던 사람들이다. 먼저 아리스토텔레스의 견해부터 살펴보자.

주지하다시피 아리스토텔레스는 소크라테스의 문답법과 관련된 논의를 철학사상 가장 체계적으로 정리한 최초의 사람이다. 특히 그의 『소피스트 논박』에는 이에 대한 자세한 논의가 정리되어 있다. 그에 따르면(『소피스트적 논박』, 165a-b), 질문과 답변의 방식으로 논의를 전개하는 대화법에는 '교수적 논의'(Didactic Arguments), '변증술적 논의'(Dialectical Arguments), '음미적 논의'(Examination Arguments), 그리고 '쟁론적 논의'(Contentious Arguments)가 있다. 여기에서 교수적 논의는 "답변자의 의견으로부터가 아니라, 배우게 되는 각각의 것에 고유한 원리들에서 출발하는 것"이고, 변증술적 논의는 "일반적으로 받아들여진 견해에서 출발해 모순되는 것으로 나아가는 것"이며, 음미적 논의는 "답변자가 승인하고 또 해당하는 주제에 대한 지식을 가지고 있다고 내세우는 사람이라면 반드시 알아야만 하는 의견들로부터 출발해서 추론하는 것"이고, 마지막으로 쟁론적 논의는 "통념인 것처럼 보이지만 실제는 그렇지 않은 것들에서 출발해서 추론하거나 혹은 추론하는 것처럼 보이게 하는 것"이다.

블랭크(1993)에 의하면, 아리스토텔레스가 분류한 대화법의 특징은 다음과 같은 특징을 띠고 있다.3) 먼저 교수적 논의는 주제에 적합한 원리에서 출발하며, 질문자가 변증적 탐구의 결과에서 도출한 명제와 그 결론이 기반을 둔 전제들의 진실성을 탐구하는 데 전념하는 것이다. 질문자는 상대를 인도할 수 있는 진실의 내용을 이미 알고 있어야 하며 대답하는 사람이 진실을 볼 수 있게끔 유도하는 그러한 질문을 던져야 한다. 답변자의 말은 대화의 진행에 아무런 중요한 영향도 미치지 못하며 단지 거짓된 진술을 함으로써 그가 진실을 모르고 있다는 것을 보여주는 데 주력한다.4) 다음으로 변증술적 논의는 '훈련적 논의' 또는 '경쟁적 논의'라고도 불리는데, 질문자와 답변자 가운데 그 누구의 신념도 대화에 연관되지 않으며, 오직 일반적 통념들만이 문제시된다는 특징을 띠고 있다. 답변자는 통상 방어하기 쉽거나 흥미로운 통념들을 선택할 것이고, 질문자는 그러한 통념들과 모순되는 답변을 유도해내는 데 주력할 것이다. 마지막으로 음미적 논의는 답변자가 알아야 할 내용을 사실은 답변자 자신이 모르고 있다는 것을 보여주는 데 주력하는 것이다. 플라톤의 대화편들에서 쉽게 찾아볼 수 있는 논의 방법으로 소크라테스적의 문답법과 동일시되는 경향이 있다. 질문자는 답변자의 최초 진술을 토대로 답변자가 가지고 있는 또 다른 신념들을 암시하는 질문을 하고 그에 대한 진술을 확보함으로써, 답변자로 하여금 그의 두 번째 진술이 첫 번째 진술과 논리적으로 모순된다는 것을 깨닫게 하는 데 주력하는 그러한 방법론이다.

---

3) 이 언급에서 '쟁론적 논의'에 대한 언급은 빠져 있다. 이 부분에 대해서는 『소피스트적 논박』 165b 이하의 논의를 참고하라.

4) 플라톤의 대화편들 중에서 교수적 논의와 연관된 것으로는 그리 많지 않다. 그중의 한 사례를 들자면 노예를 상대로 기하학적 논증을 펼치는 『메논』 정도가 있을 수 있다(Blank, 1993, 429).

20세기 들어 소크라테스의 문답법에 관한 가장 주목할 만한 연구를 한 사람으로는 로빈슨(1980)이 있다. 그에 의하면, 소크라테스의 문답법 또는 논박은 크게 다음 3가지 기능을 소유하고 있다. 첫째 문답법은 무지한 상태에 놓여 있으면서도 그 무지함에 대한 인식을 결여하고 있는 사람을 논파하여, 그로 하여금 참된 진리를 깨닫도록 자극하는 인식론적 방법론이다. 둘째 문답법은 정화되지 않은 사람의 영혼을 정화시켜 그를 새로운 인간으로 탈바꿈시키는 윤리적 방법론이다. 마지막으로 문답법은 소크라테스가 신으로부터 부여받은 명령을 실천하기 위한 종교적 방법론이기도 하다. 그런데 논박의 이 세 가지 기능 가운데 특별히 윤리적 기능은 강조되어야 한다. 왜냐하면 플라톤의 철학 속에서 인식론적 기능과 종교적 기능은 모두 윤리적 기능으로 환원 가능하기 때문이다. 즉, 개념적 이해를 결여한 논박의 종교적 기능은 필연적으로 개념적 이해를 목표로 하는 인식론적 기능을 전제로 하고, 개념적 이해를 목표로 하는 인식론적 기능은 영혼에 대한 총체적인 이해를 천착하는 윤리적 기능을 전제로 하기 때문이다.

플라톤의『소피스테스』는 왜 논박이 윤리적 측면에서 이해되어야 하는지를 잘 보여준다. 사실상 플라톤의 생각을 잘 대변하고 있다고 알려진 엘레아에서 온 손님의 언급에 따르면, 논박은 무엇보다도 상대방의 '감정'을 자극한다. 즉, 논박은 실제적으로 논박을 당하는 사람에게 자기 자신에 대해서는 '자기혐오'의 감정을 가지게 하고 자신을 논박한 사람에 대해서는 '관대함'의 감정을 가지게 하는 것이다. 그런데 이러한 언급은 얼핏 보면 이해가 잘 가지 않는 부분이다. 왜냐하면 논의의 경쟁적인 구조 속에서 논의에 패배한 사람은 오히려 타자에 대해서는 공격적이고 자신에 대해서는 무비판적인 자세를 보일 것이라고 생각하는 것이 일반적이기 때문이다. 하지만 몸 안에 있는 독 기운과 장애물들이 완전히 제거하기 전까지는 아무리 좋은 음식물과 약을 먹어도 몸이 건강해지지 않듯이, 논박에 의해서 영혼 안에 있는 온갖 불순한 것들이 완전히 제거되기 전까지는 아무리 좋은 생각을 하고 많은 지식을 쌓는다 해도 결코 인격적으로 정화되지는 못할 것이다. 이처럼 소크라테스의 문답법은 대화상대자의 감정을 자극하여 그 사람의 인격을 치유하고 도야시키는 윤리적 방법론인 것이다.5) 다음은 『소피스테스』 229e-230e에 나타난 문답법의 윤리적 효과에 대한 언급이다.

> 말을 통한 교수법 가운데 하나는 한층 거친 길이지만, 그것의 다른 부분은 한층 부드러운 것일 테지.

---

5) 이처럼 소크라테스의 문답법은 개인적이고 인격적인 차원에서 전개되는 지적 활동이다. 문답법은 대화상대자와 대화를 관람하고 있는 구경꾼들을 관찰하면서 개인적으로 이루어져야 하며, 문답법의 극적 효과는 대면적인 상황에서만 유의미하다(Blank, 1993, 436). 플라톤의 『파이드로스』에서 전개되는 문자비판 역시 그들의 이러한 이해와 그 맥을 같이한다. 즉, 플라톤은 개인적이고 대면적인 상황하에서 전개되는 말하기가 글쓰기보다 더 우월하다고 생각하였던 것이다. 이런 점에서 비추어볼 때, '영혼의 인도'(psychagogia; 271c10)를 목표로 하는 로고스의 활동은 개인적이고 대면적인 상황하에서 전개되는 문답법의 활동임이 밝혀진다: "일단 글로 쓰이고 나면, 모든 말은 장소를 가리지 않고 그것을 이해하는 사람들 주변과 그 말이 전혀 먹히지 않는 사람들 주변을 맴돌면서, 말을 걸어야 할 사람들과 그렇지 않은 사람들을 가려 알지 못하네. 잘못된 대우를 받고 부당하게 비판을 당하면 언제나 아비의 도움을 필요로 하지. 혼자서는 자신을 지킬 수도 없고 자신을 도울 힘도 없기 때문이라네"(275e).; "그에 반해 어떤 사람은 각 대상에 대해 글로 쓰인 말 속에는 반드시 여러 가지 놀이가 담겨 있을 수밖에 없다고 생각하네. 그의 생각에 따르면 운문이건 산문이건 이제껏 있었던 어떤 말도 진지하게 고려할 만큼 가치 있게 글로 쓰인 적이 없고, 참으로 그 말들 가운데 가장 훌륭한 것들은 앎을 가진 사람들을 위한 상기일 뿐이네. 반면, 정의로운 것과 아름다운 것과 좋은 것에 대해 가르침을 주고 배움을 얻게 하기 위해 발언되는 말들이나 참으로 영혼 안에 쓰인 말들 속에만 분명하고 완전하며 진지하게 받아들일 가치가 있는 것이 들어 있다고 그는 생각하지. 그의 생각에 따르면 그런 종류의 말들은 사람의 적자라고 불려야 마땅한데, 먼저 어떤 말이 발견되어 말하는 사람 안에 들어 있다면, 그 자신 안에 있는 그 말이 그렇고, 그다음 그 말의 자손들이자 형제들로서 어떤 말들이 동시에 다른 사람들의 다른 영혼들 안에서 가치 있게 자라난다면, 이런 말들이 그렇다네. 다른 말들에게는 작별을 고하고 떠나보내야 하네. 파이드로스 바로 이렇게 생각하는 사람이야말로 나와 자네가 우리 자신도 그렇게 되기를 기원하는 그런 종류의 사람일 것이네"(277e-278b).

우리는 이것들 각각을 어떤 뜻으로 말하는 것인가요?

하나는 오래된 조상대대로의 방법으로서 사람들은 무엇보다도 자식들에게 그걸 사용했으며, 지금도 많은 사람들은 이늘에게 어떤 잘못이 있을 경우 어느 때는 엄하게 대하지만 어느 때는 한결 부드럽게 타이름으로써 사용하고 있는 것이네. 그런데 누군가가 이를 통틀어 '훈계법'(nouthetetike)이라고 한다면, 이는 지당한 말일세.

그렇습니다.

그러나 다른 한편 모든 무지는 자발적인 것이 아니며 스스로 지혜롭다고 여기는 사람은, 그것들에 관해 자신이 유능하다고 생각하는 것들이면 무엇이든 결코 배우려 하지 않는다고 자기 자신에 대해 주장하는 사람들은 교양교육 가운데 훈계하는 부류가 많은 노고에도 불구하고 성과가 적다고 여기는 것 같네.

그렇게 믿는 것은 당연합니다.

그래서 이런 생각을 제거하기 위해서 그들은 다른 방법으로 착수하네.

대체 어떤 방법으로요?

사람들은 누군가가 그것들에 관해 아무것도 말하는 것이 없으면서 무언가를 말한다고 생각한다면 그것들에 관해 캐물을 거네. 그러니까 질문을 받은 그들로서는 당황하게 되기 때문에, 사람들은 그들의 의견들을 쉽게 캐내 논의에 의해 그것들을 한곳으로 모아 서로서로 나란히 놓으며, 그렇게 놓은 다음 그들은 그 의견들이 동시에 동일한 것들에 관해 동일한 것들과 관련해서 동일한 점에서 대립해 있다는 것을 보여주네. 그러나 **그들이 이를 알게 되면 그들 자신에 대해서는 화를 내지만 상대방에 대해서는 부드럽게 대하며,** 이런 식으로 자신들에 관한 크고 완고한 의견들로부터 벗어나고 이 모든 것에서 벗어나게 되면 듣기에 가장 즐거운 것도 이를 당하는 이에게는 가장 확고한 것으로 되네. 여보게, 그 까닭은 이러하네. 즉, 이들을 순수화시키는 사람들은 마치 신체에 관계하는 의사들이 누구든 몸 안에 있는 장애물을 제거하기 전까지는 신체가 흡수된 양분으로부터 이롭게 될 수 없다고 생각하는 것처럼, 혼과 관련해서도 마찬가지로 **누군가가 논박함으로써 논박된 자를 부끄러운 상태에 처하게 해서 배움에 장애가 되는 의견들을 제거함으로써 그를 순수화시켜** 그가 아는 것만을 알고 그 이상은

알지 못한다고 생각하게 하기 전까지는 전달된 배움들에서도 이
득을 얻지 못할 것이라고 여기네.
그것이야말로 혼의 상태들 가운데 가장 훌륭하고 가장 지혜로운
것입니다.
테아이테토스, 이러한 모든 까닭으로 우리는 논박이 순수화들 가
운데 가장 크고 가장 주된 것이라고 해야 하며, 논박되지 않은 자
또한 설사 그가 황제라 할지라도 가장 큰 것들에서 순수화되어 있
지 않다면, 참으로 '장차 행복하게 될 사람'에게는 가장 순수하고
가장 훌륭한 것이 어울린다는 바로 그 점 때문에 교양도 없으며
불구라고 생각해야만 하네(229e-230e).

　엘레아에서 온 손님에 의하면, 문답법, 즉 논박은 '교양교육'(paideia)
이라는 큰 범주 속에서 논의된다. 이 교양교육에는 2가지 교수법이
있는데, 그중 하나는 '훈계법'이고 다른 하나는 논박이다. 전자는 조
상대대로 해온 전통적인 방법을 고수하는 것을 말하며, 후자는 소크
라테스의 새로운 탐구 방법론을 말한다. 그리고 주입식 교육을 강조
하는 훈계법이 지적 자만이 강한 지식인들이나 오만한 사람들에게
는 그 효과가 극히 미미한 데 반해서, 후자는 자기의 박식함을 뽐내
는 사람들이나 공연히 지혜로운 척하는 사람들에게 큰 효과를 낼 수
있는 정화의 기술이다. 특히 가혹한 일련의 교차심문을 통해서 이루
어지는 논박은 자기 교만이 강한 사람들을 논박하는 데 크게 기여하
는데, 이것은 논박당한 사람들을 순수한 영혼의 상태로 이끈다. 그
러기에 소크라테스의 논박은 "순수화들 가운데에서 가장 크고 가장
주된 것"(230d)이며, 엘레아에서 온 손님이 역설적으로 이야기하듯
이 가장 "고상한 소피스테스술"(231b)인 것이다.
　그런데 블랭크(1993, 434)에 의하면, 문답법은 논박으로 인해 고
통 받고 있는 당사자들에게 지적 충격과 선한 감정을 제공해줄 뿐만

아니라 그 이야기를 듣고 있는 일반적인 사람들, 즉 청중들에게는 큰 충격과 즐거움을 제공한다. 물론 청중들은 논박당하는 사람이 경험하는 그런 정도의 지적 충격이나 감정은 경험하지는 못할 것이다. 제3자 위치에 있는 청중들이 당사자와 같은 입장이나 처지, 또는 무지나 취약한 상태에 놓여 있는 것이 아니기 때문이다. 하지만 청중들은 때때로 답변자가 주목하지 못한 그러한 것들을 깨닫는데, 이것은 플라톤 대화편이 지닌 극적 장치의 특징이기도 하다. 즉, 답변자가 소크라테스의 논박에 쫓겨 아포리아에 빠지게 되었을 때 청중들 또한 자신들이 그 논의 속에 있음을 발견하게 된다. 경우에 따라서는 답변자가 논리적으로 파국으로 향하는 경우 또한 목격하게 될 것이다. 경우에 따라 청중들은 답변자의 그러한 고통에서 일종의 재미와 쾌감을 발견할 수도 있을 것이다. 『필레보스』에서 소크라테스와 프로타르쿠스(Protarchus)는 그러한 경우로 지혜와 미에 대해 친구들이 갖고 있던 환상, 즉 달리 말해서 "친구들의 지혜에 대한 자만(doxosophia)이나 준수함(잘생김)에 대한 자만(doxokalia)"(49c-50b)은 일종의 "우스운 것들"로 자신들에게 즐거움을 주는 그러한 것들이라고 말한다.[6)

---

6) 블랭크는 이것과 연관하여 '자기기만'(self-deception)의 문제를 제기한다. 자기기만은 소크라테스에 의해서 가장 고통스러운 것으로 간주되는 사안이다. 왜냐하면 타인에 대해 잘못된 인상을 남기는 사람들은 침을 숨기고 있는 벌과 같기 때문이다. 논박을 잘못하여 자기 자신과 타인을 속아 넘어가게 하는 것은 그 맥락을 부조화에 이르게 할 뿐만 아니라(115e: "말을 옳게 하지 못한다는 것은 그 자체로도 잘못하는 것일 뿐만 아니라, 우리의 혼들에 대해서도 나쁜 걸 심어주고 있다는 점을 말일세." 박종현 역), 듣는 사람의 영혼에 해로운 영향을 끼친다. 대화상대자의 자기기만과 이를 듣는 사람들의 즐거움은 아리스토텔레스적 비극의 기능과 유사하다. 동정과 공포를 통해 성취한 감정의 카타르시스는 사람들을 궁극적으로 즐거움에 이르게 한다. 청중들의 거친 감정은 유발되었다가 등장인물들의 불행과 감정들의 재현을 봄으로 인해 수그러든다. 엘레아에서 온 이방인은 카타르시스와 의학의 유사성을 명백하게 보여줌으로써, 플라톤 자신이 그 단어를 지성적인 영역으로 사용하고 있음을 증거 한다(Blank, 1993, 434).

소크라테스: 그러면 심술궂은 시기의 특성을 먼저 파악토록 하게….

소크라테스: 그건 어쩌면 일종의 올바르지 못한 괴로움이며 즐거움이겠지? ….

소크라테스: 그런데 적들의 나쁜 일들에 대해 즐거워하는 것은 올바르지 못한 것도 시기하는 것도 아니겠지?

…

소크라테스: 그러나 어쨌든 친구들의 나쁜 일들을 보고서도 괴로워하지 않고 오히려 즐거워할 경우가 가끔 있는데, 그건 올바르지 못한 게 아니겠는가? ….

소크라테스: 그러니 무지는 모두에게 나쁜 것이라고 우리가 말하지 않았던가?

…

소크라테스: 그리고 보면, 친구들의 우스운 일들에 대해 우리가 우스워할 경우, 이번에는 우리가 즐거움을 심술궂은 시기와 혼합함으로써, 즐거움을 괴로움과 함께 혼합하고 잇다는 것을 논의가 [결론적으로] 말해주고 있네. 왜냐하면 우리로서는 진작 심술궂은 시기는 혼의 괴로움인 반면, 웃는 것은 즐거움이라는 데 동의했거니와, 이 둘은 이 경우들에 있어서 동시에 생기기 때문이네.

…

소크라테스: 이제 논의가 우리에게 알려주는 것은 비탄들과 비극들 및 희극들 속에도, 즉 연극들 속에서만이 아니라 삶의 희극과 비극 속에도, 그리고 그 밖의 다른 무수한 것들에도, 즐거움들과 괴로움이 함께 섞여 있다는 것일세.

프로타르코스: 소크라테스 선생님, 설령 누군가가 반대되는 것들에 대해서 논쟁하기를 아주 좋아할지라도, 그가 이것들에 대해서는 동의하지 않을 수가 없습니다(49c-50b).

그런데 소크라테스의 문답법에서 그와 대화하는 답변자의 반응은 일차적으로는 그것을 지켜보고 있던 구경꾼들에게 영향을 미치며, 이차적으로는 그 이야기를 전해 듣는 또 다른 청중들에게 영향을 미친다.[7) 블랭크(1993, 437)에 의하면, 이야기를 전해들은 청중들은,

비록 그들이 대화 현장에 부재했는데도 불구하고, 대화 현장에 있었던 사람들과 동일하게 울고 웃으며 설득되곤 하는 것이다. 그리고 그들은 대화를 전해 들으면서 대화 현장에 있던 사람들과 동일하게 자신들이 느끼는 '공경심'과 '분노'를 표출하는 것이다. 나아가 대화 상대자 옆에 있던 사람들과 청중들의 반응을 전체적으로 지배하고 조종하는 소크라테스를 보고 있는 사람들은 한편으로는 '우월감'을 다른 한편으로는 '연민'의 감점을 느끼게 될 것이다. 이러한 장면들은 모두 그들의 감정을 격화시킬 것이고, 이런 감정을 통해 청중들은 카타르시스와 함께 크나큰 심리적 만족감을 얻게 될 것이다. 그리고 이러한 카타르시스와 만족감은 청중들로 하여금 소크라테스적 논박을 직접 보고 싶도록 자극할 것이고, 심지어는 자기 자신도 그 대화에 직접 동참하고 싶도록 충동질할 것이다.

그런데 소크라테스의 논박이 제공하는 카타르시스의 효과와 연관해서 반드시 짚고 넘어가야 할 대화편은 『테아이테토스』이다.[8] 물론 이 대화편이 '지식이란 무엇인가?'라는 주제를 놓고 소크라테스와 테아이테토스가 논의를 벌이는 플라톤의 인식론적 자기비판서임에도 불구하고, 소크라테스의 논박에 의해 정화된 사람들이 가지는

---

7) 『잔치』 215d가 그 구체적인 전거이다. 여기에서, 알키비아데스는 아테네 사람들이 소크라테스의 말을 직접 들을 때는 말할 것도 없고, 다른 사람이 와서 그의 말을 전할 때에도, 모두 소크라테스의 말이라고 하는 것에 "얼이 빠지고 그 훌륭함에 사로잡히게"(215d) 된다고 고백하고 있다. 『파이돈』에서도 이와 비슷한 현상이 나타나는데, 거기에서 파이돈은 소크라테스의 육성을 통해 들었던 것이든, 아니면 남의 말을 통해 들었던 것이든 간에, 소크라테스에 관한 기억을 떠올리는 것만큼 자신에게 즐거운 일은 없다고 말하고 있다(58d). 또한 『이온』에서도 시인 이온은 "나는 솔직히 말해서 시를 읊을 때에는 눈에 눈물이 가득하네. 내 머리칼이 치솟고 심장이 뛰네"(535c)라고 하고 말하고 있는데, 이 역시 논의의 당사자가 아닌 제3의 인물에 의해서 제공받는 문답법의 기쁨 중의 하나이다.

8) 그런데 이 구절을 이해하면서 블랭크와 로빈슨의 차이는 분명해진다. 블랭크(1993, 431)는 『소피스테스』 229e-230e와 함께 이 구절을 강조하고 있다. 하지만 로빈슨은 『소피스테스』는 강조하지만 이 구절에 대해서는 크게 주목하고 있지 않다.

다양한 효과들을 윤리적 차원에서 언급하는 텍스트이기도 하다. 그러한 차원에서 볼 때, 논박에 의해 정화된 사람들은 한편으로는 '자기혐오'와 '자기도피'의 감정에 휩싸이지만, 또 다른 한편으로는 자신을 그러한 수치심의 상태로 빠트린 사람에게는 호의적이고 관대한 마음을 가질 것이며, 종국에는 "철학에서 위안을 구할 것"(167e-168b)이다. 다음은 그 본문이다.

> 질문을 하면서 부당해서는 안 되네. 덕을 좋아한다고 주장하는 사람이, 언제나 부당한 말을 한다는 것은 이치에 맞지 않네. 그런데 여기에서 부당함이란 단순히 주장을 관철시키기 위해서 하는 것과 참된 논증을 수행해야 하는 것을 구별하지 못하는 데에서 성립되네. 전자는 유희를 일삼아 되도록 논적의 허점을 찌르는 것이며, 참된 논증은 진지하게 이루어져야만 하는 것이라네. 이야기를 주고받는 상대방의 실수도, 단지 상대방이 자기 스스로, 혹은 지금까지 교제한 덕분에 스스로 그릇된 견해를 갖고 있는 것에 한해서 이를 지적하여, 상대방으로 하여금 올바른 길로 이끌어 들여야만 하네. 왜냐하면 만일 자네가 이렇게 한다면, 상대방은 혼란과 곤혹에 빠지더라도 이것을 자기 탓으로 돌리고, 자네 때문에 아니라고 생각할 것이기 때문이네. 그리하여 그들은 자네를 쫓아 좋아할 것이며, 자기 자신을 미워하고 자기로부터 도망쳐, 철학에서 위안을 구할 것이네. 거기에서 그들은 다른 사람이 됨으로써 그 이전의 자신으로부터 벗어나게 될 것이네. 그런데 만일 자네가 대다수의 선생들이 그러하듯이, 그 반대 방향으로 나아간다면, 자네는 그 반대의 결과를 얻게 될 것이네. 즉, 자네는 이러한 교제의 상대를 철학자로 만드는 대신에, 그들이 늙어갈수록 철학을 미워하게 만들 것이네. 그러므로 내 말을 알아들었으면, 아까도 말했지만, 자네는 적대적인 태도를 버리고, 관대한 마음으로 나와 함께 다툼에 참가하세나(167e-168b).

소크라테스에 의하면, '거짓된 논쟁'과 '참된 논증'은 엄격히 구별

된다. 전자가 자신의 주장을 일방적으로 관철시키기 위해 부당하게 논적의 허점을 들추어내는 것에 주력하는 방법론인 데 반해서, 후자는 답변자의 상태를 충분하게 고려하여 논의를 진지하게 진행하며 궁극적으로는 진리를 찾아가도록 도와주는 그러한 방법론인 것이다. 이때, 참된 논증은 논의를 이끌어가는 사람이 답변자의 심리적 상태를 충분히 고려하여 그의 동의 아래 잘못을 지적해주는 그러한 것이기도 하다. 그런데 이러한 참된 논증을 통해서만, 논박을 당한 사람은 그 자신의 패배를 모두 자신의 '탓'으로 돌리고 자기를 혐오하며 이전의 자신으로부터 탈출하여 새로운 사람으로 거듭날 수 있는 것이다. 하지만 논박이 부당하게 진행된다면, 그 결과는 부정적일 것이다. 왜냐하면 자신이 부당하게 논박 당했다고 생각하는 사람들은 패배를 인정히지 않은 채 감정적으로 저항할 것이며, 종국에는 철학 자체까지도 부정할 것이기 때문이다. 이와 연관하여, 『국가』에는 경험이 부족한 사람들에 의해서 이루어진 논박이 얼마나 위험할 수 있는지를 다음과 같이 지적하고 있다.

> "그렇다면 젊은이들이 논변을 맛보지 않도록 하는 것, 이것이 하나의 커다란 신중성이 아니겠는가? 나는 자네가 다음 사실을 모르고 있는 걸로는 생각지 않네. 즉, 청년들이 처음으로 논변의 멋을 보게 되면, 이를 언제나 반박(antilogia)에 이용함으로써, 놀이처럼 남용하네. 이들은 자기들을 논박한 사람들을 흉내 내서, 스스로 남들을 논박하는데, 마치 강아지들이 그러듯, 언제고 가까이 있는 사람들을 논변으로써 끌어당겨서는 찢어발기기를 즐기네."
> "[그러길] 몹시 좋아합니다." 그가 말했네.
> "그러므로 스스로 많은 사람을 논박하기도 했지만 많은 사람한테 논박당해 보기도 했을 경우에, 이들은 이전에 자신들이 믿었던 것들 가운데 어떤 것도 믿지 않는 사태에 급격하게 빠져 버리네. 또

한 그 결과로 이들 자신도 그리고 철학과 관련된 일체의 것이 다른 사람들에게는 비방의 대상들로 되네."

"더없이 진실한 말씀입니다." 그가 말했네.

"그렇지만 나이가 더 든 사람은 이런 광기에 관여하려고도 하지 않으며, 놀이를 위해 놀이를 하며 반박을 하는 자보다는 변증술적 논변을 하며 진실한 것을 고찰하고자 하는 자를 흉내 내려고 할 것이네. 또한 이 사람은 스스로 더욱 절도 있는 사람으로 될 것이며, 이 활동을 불명예스럽기는커녕 한결 더 영예로운 것으로 만들 걸세." 내가 말했네.

"옳은 말씀입니다." 그가 말했네(539b-d).

로빈슨(1980, 10)[9]이 잘 지적하듯이, 인격과 경험이 부족한 사람들에 의해서 이루어진 논박은 많은 부정적인 사태를 야기할 수 있다. 미시적으로는 논박을 수행한 사람이나 소크라테스에 대한 적대감 표출로, 그리고 거시적으로는 철학 자체에 대한 포기로 이어질 수 있다. 그래서 로빈슨은 전 아테네 시민을 상대로 한 논박 활동으로 인하여 소크라테스는 아테네 법정에 서게 되고 결국에는 독배까지 마시게 되었다고 분석하고 있는 것이다. 물론 로빈슨의 그러한 분석이 전혀 틀린 것은 아니다. 그리고 우리는 그것을 플라톤의『소크라테스의 변론』에서도 충분히 확인할 수 있다. 그리고 그것은 감정과 인격을 자극하는 소크라테스적인 논박의 특이성 때문임도 인식하고 있다. 하지만 로빈슨의 이러한 주장은 재고되어야 한다. 그리고 감정을 자극하며 인격을 문제 삼는 논박의 윤리적 측면은 과소평가되어서는 안 된다. 왜냐하면 소크라테스에게 있어서 논박의 활동은 단순한 인식론적 탐구가 아니라 아테네 시민들의 전도된 영혼

---

9) 이와 연관해서『파이돈』89e를 참고하라. 여기에서 소크라테스는 자신의 추종자들에게 '토론을 싫어하는' 사람들이 되지 않도록 보호하는 장면이 있다.

을 깨우치고 구제하기 위한 윤리적·도덕적 활동이었기 때문이다. 따라서 그에게는 전도된 영혼을 깨우치기 위한 지적 충격 장치가 필요 불가결했으며 그의 논박은 바로 그러한 지적 충격 장치의 일환으로 작용하였기 때문이다. 이처럼 소크라테스의 논박은 대화상대자로 하여금 자신의 비본질적 자아에 대한 자기혐오와 자기비판의 감정을 자극하여 참다운 자기 이해로 인도하는 윤리적 방법론인 것이다.

3. 소크라테스의 문답법은 어떻게 대화상대자 및 청자의 감정을 자극하는가

소크라테스의 문답법은 대화상대자들의 다양한 감정을 자극한다. 또한 그것은 소크라테스 옆에서 그 이야기를 듣고 있는 청자는 물론, 제3자로부터 그 이야기를 전해 듣는 제3자의 위치에 있는 청중들의 감정까지도 자극한다. 즉, 문답법은 시간을 초월해 모든 사람의 감정을 자극하며 마음을 움직이게 하고 있는 것이다. 그 구체적인 모습은 플라톤 대화편에 등장하는 인물들의 진술을 통해서 확인할 수 있다.

블랭크(1993, 432)에 의하면, 소크라테스의 문답법이 지닌 이러한 힘을 생생하게 보여주는 인물은 『향연』의 알키비아데스이다. 그는 소크라테스의 말을 듣게 되면 감정적으로 흥분하게 되고 자신의 영혼마저 흔들리게 된다고 한다. 그리고 이러한 현상은 페리클레스나 그 밖의 다른 연설가들에게서는 그가 전혀 느껴보지 못했던 것으로 오직 소크라테스에게서만 느낄 수 있었던 것이기도 하다. 하여튼 알키비아데스는 소크라테스의 말을 듣고서야 자신의 불행한 삶을 혐오하게 되었으며 종국에는 "지금까지 살아온 식으로 살아서는 안 되겠다"라는 철저한 자기반성의 생각을 갖게 되었다고 고백하고 있는 것이다. 소크라테스 역시 기존의 그의 삶의 방식을 비판한다. 그에 의하면, 알키비아데스는 자신의 영혼을 돌보는 데 신경을 쓰기보다는 아테네 도시국가의 공적인 일로 인하여 동분서주하였던 것이다. 그런데 알키비아데스는 소크라테스의 이러한 지적을 받고서 엄청난 충격을 받게 되는데, 그것은 다음과 같은 그의 고백으로 확인할 수 있다. "아무도 내가 그러리라고는 생각하지 못하는 '감정', 즉 사람 앞에서 '수치심'을 갖게 되는 감정을 느꼈다"(216b). 이처럼 그는 자기 자신을 먼저 돌보라는 소크라테스의 명령을 반박할 수도 거역할 수도 없었다. 소크라테스의 로고스에 의해 마비되었던 것이다.

　계속해서 소크라테스의 문답법은 대화상대자들의 영혼을 지적인 '마비 상태'로 몰고 간다. "나의 가슴은 코리반테스 신도들이 신기에 빠져 있을 때의 상태보다도 훨씬 더 빨리 뛰게 되고 눈물까지 흘리게 된다"(215e)는 알키비아데스의 고백은 소크라테스가 끼친 감정적 영향이 어떠했는가를 잘 보여주는 언급이다. 소크라테스의 문답법이 제공하는 지적 충격은 종종 독성이 강한 "살모사"(217e)한테 물리는 것과 유사한 것으로 비유된다. 그리고 그러한 충격을 제공하는 소크라테스는 "전기가오리"(『메논』, 80a)에 비유되기도 한다. 그런데 이러한 비유는 『메논』에서 확인할 수 있다. 잘 알려져 있듯이, 메논은 고르기아스의 제자로서 젊고 잘생긴 부유한 귀족 청년으로 항상 확신에 차 있는 인물이다. 전적인 무지를 고백하는 소크라테스에 대해서도 그는 탁월함에 대한 자신의 능력을 과도하게 신뢰한다. 하지만 그는 번번이 소크라테스의 논박에 무너지고 만다. 패배의식에 사로잡힌 그는 자신에게 패배를 안겨준 소크라테스를 가리켜 접촉하는 모든 것을 마비시키는 전기가오리와 같다고 언급하고 있는 것이다.

> 소크라테스, 저는 당신을 마나기 전에도 당신께선 틀림없이 스스로도 난관에 빠져 있을 뿐 아니라 다른 사람들 역시 난관에 빠뜨린다는 사실을 듣곤 했습니다. 그리고 어쨌든 제가 보기에는 당신께서 주술을 걸어 저를 호리고 현혹하며 전혀 꼼짝 못하게 한 나머지 지금 저는 난관으로 가득 차게 되었습니다. 그리고 제가 농담을 약간 해도 된다면, 제가 보기에 당신께서는 외모나 다른 측면들에 있어서 전적으로 바다에 사는 넓적한 저 전기가오리와 아주 비슷합니다. 왜냐하면 이것 역시 접근하거나 접촉하는 것을 항상 마비시키지만, 제가 보기에는 당신께서도 지금 제게 그와 같은 뭔가를 가했기 때문입니다. 정말로 저로서는 영혼도 입도 다 마비되고, 당신께 무슨 대답을 드려야 할지 모르겠으니 밀입니다. 그런데도 저는 어쨌든 수만 번이나 탁월함에 대해 수많은 말들을 또한 많은 사람들을 향해 했고, 그것도 썩 잘했죠. 적어도 제 자신이 보기에는 말입니다. 그런데 지금은 그것이 무엇인지 전적으로 말할 수 없습니다. 그리고 당신께서 여기를 떠나 여행하지도 않고 다른 나라에 머무르지도 않으신 것은 잘 결정하신 거라고 생각합니다. 만약 이방인으로 다른 나라에서 그와 같은 일들을 하셨다면, 아마 주술사로 체포되셨을 테니까요(80a-b).

하지만 소크라테스는 이에 동의하지 않는다. 왜냐하면 자신은 벗어날 길을 알면서 다른 사람들을 난관에 빠뜨리는 것이 아니라, "그 누구보다도 나 자신이 난관에 빠져 있으면서 다른 사람들 역시 그렇게 난관에 빠트리기 때문"(80c-d)이다. 소크라테스의 이러한 언급으로 인하여 자신감으로 충만해 있던 메논은 자기의 생각을 고쳐먹게 되고 급기야는 소크라테스와 함께 진리 추구의 길에 동참한다. 곧이어 이어지는 언급에서 소크라테스는 "탐구와 배움은 결국 상기"(81d)라고 주장하고, 메논은 이에 대한 구체적인 설명을 요구한다. 이에 소크라테스는 기하학적 지식이 전혀 없는 메논의 노예를 상대로 하여 일련의 기하학적 논증을 전개하면서 그것을 입증해 보인다. 그런데 그의 이러한 입증은 문답법에 의해 기존의 억견들이 다 파괴되고 나면 그것에 기반을 두어 참된 지식이 상기될 수 있다는 것을 보여주기 위해 플라톤이 고안한 하나의 장치이기도 하다(Blank, 1993, 432). 하여튼 지적 충격과 감정적 혼란을 동반하는 소크라테스의 문답법은 새로운 지식 추구를 가능케 하는 하나의 긍정적인 방법론임에 분명하다.[10)]

이와 더불어 소크라테스의 문답법은 대화상대자가 아닌 청자들, 즉 옆에서 그들의 논의를 지켜보고 있던 사람들의 감정까지도 유발시킨다. 플라톤의 대화편을 보면, 소크라테스와 직접 논의를 전개하지는 않지만 그 옆에 있으면서 그 과정을 지켜보던 청자들의 감정을 자극하는 장면들이 많이 발견된다. 그 한 사례로 꼽을 수 있는 것은 『카르미데스』에서 소크라테스와 카르미데스의 대화를 지켜보고 있는 크리티아스의 경우이다. 이 대화편에서 카르미데스는 "절제란 무엇인가?"라는 주제를 놓고 소크라테스와 이야기를 나누면서 절제에 대한 자신의 생각을 전개하나, 초기의 다른 여러 대화편과 마찬가지로 번번이 소크라테스의 논박에 이끌려 굴복하고 만다. 그의 세 번째 시도 역시 마찬가지인데, 여기에서 그는 그 이전에 누군가로부터 들었던 것을 절제에 대한 자신의 세 번째 의미규정, 즉 "절제는 자

---

10) 이에 대해서는 『메논』 84b를 참고하라. "그렇다면 이 아이가 자신이 어떤 처지에 있는지를 찾아내는 데 우리가 적어도 어떤 기여는 한 것으로 보이네. 왜냐하면 알지 못하기 때문에 이제는 정말 기꺼이 탐구하려고 하겠지만, ..."

기 자신의 일을 행하는 것"(161b)이라는 정의를 제시한다. 그런데 소크라테스는 이 세 번째 정의가 사실은 그들의 논의를 옆에서 지켜보고 있던 청자 크리티아스한테서 유래한 것임을 지적하나 크리티아스는 이를 부인한다. 하지만 절제에 대한 카르미데스의 세 번째 정의 역시 실패로 끝나는데, 이때 가장 강한 충격을 받는 사람은 카르미데스가 아니라 바로 그들 곁에서 논의를 지켜보고 있던 크리티아스이다. 왜냐하면 그는 자신이 제시하였던 정의가 소크라테스에 의해서 무참히 논파당하고 자신의 대변자 격이었던 카르미데스 역시 자기에게 책임을 전가하는 분위기를 연출하자 화가 머리끝까지 뻗쳤기 때문이다. 이전에는 자신의 체면을 지킬 요량으로 침묵하고 있었으나, 이제는 더 이상 묵과할 수 없었던 것이다. 또한 그렇게라도 하지 않으면 자신의 명예가 실추될 수 있는 그런 상황임을 그는 간파하고 있었던 것이다(161c). 하여튼 크리티아스는 화를 내면서 논의에 끼어든다. 이처럼 소크라테스의 문답법은 논의를 지켜보고 있던 사람의 감정까지도 자극하여 그를 변증법적 논의에 끌어들이고 있는 것이다.(Blank, 1993, 435)

　『뤼시스』에서도 이와 유사한 현상을 목격할 수 있다. 소크라테스는 논의를 구경하고 있던 뤼시스의 감정을 자극하여 그를 자신의 논의에 참여시키게 만든다. 뤼시스를 좋아하는 히포탈레스는 소크라테스에게 에로스의 실천에 대해서 자문을 구하고, 이에 소크라테스는 뤼시스와 부모 자식 간의 필리아에 대해서 이야기하면서 그것에 답한다. 하지만 본격적인 논의에 앞서 이루어지는 이 예비적 단계에서, 뤼시스는 소크라테스의 논박에 이렇다 할 답변을 내놓지 못한다. 그러자 소크라테스는 뤼시스에게 "그렇다면 자넨 대단한 생각을 가진

자도 아닌 거네. 아직 제대로 된 생각이 없다면 말일세"(210d)라고 편잔을 준다. 이때 히포탈레스는 소크라테스 옆에 있었으면서도 뤼시스에게 들키지 않으려고 애쓰는데, 이것을 지켜보고 있던 소크라테스는 그가 괴로워하고 혼란스러워하며 감정적으로 동요하고 있는 것을 눈치 챈다.[11] 곧이어 '친구란 무엇인가'라는 주제를 놓고 논의를 펼치는데 그의 상대자는 메넥세노스이다. 여기에서, 메넥세노스는 '사랑하는 자와 사랑받는 자'에 관한 논의를 중심으로 소크라테스와 대화하나, 그 역시 힘없이 소크라테스에게 무너지고 만다. "제우스 신께 맹세코, 소크라테스 선생님, 저로서는 전혀 길을 찾지 못하겠습니다"(213c)라는 고백은 아포리아에 빠진 메넥세노스의 모습을 잘 보여준다. 이렇게 하여, 자기가 칭찬하던 젊은 논객 메넥세노스가 무너지자, 뤼시스는 큰 충격을 받고 부끄러운 듯 얼굴을 붉힌다. 그런 뤼시스를 두고 소크라테스는 "그리고 이 말을 하는 바로 그 순간에 그는 얼굴이 붉어지더군. 논의하고 있는 것들에 너무 주의를 기울인 나머지 무심결에 말이 헛 나와서 그런 것으로 보였네. 듣고 있는 동안에도 계속 그랬던 게 분명했네"(213d)라고 묘사하고 있는 것이다. 이렇게 하여 그동안 구경꾼으로서 그들의 논의를 지켜보고 있던 뤼시스는, 이제 대화의 당사자로 직접 나선다. 소크라테스의 문답법이 또 한번 힘을 발휘하는 순간이다.

『고르기아스』에서도 이러한 현상은 목격될 수 있다. 『고르기아스』

---

11) 『뤼시스』 211e: "그 때 나는 그의 말을 듣고 히포탈레스 쪽을 바라보았는데, 거의 실언을 할 뻔했네. 이렇게 말할 생각이 나에게 들었거든. '히포탈레스, 소년 애인과 대화를 나눌 때는 바로 이런 방식으로 해야 하네. 자네가 하듯이 애인을 추켜세워서 우쭐하게 만든 게 아니라 깎아내려서 위축시켜야 한다는 말일세'라고. 그런데 우리가 논의한 것들로 인해 그가 괴로워하고 혼란스러워하는 것을 보고, 나는 그가 근처에 서 있으면서도 뤼시스가 눈치 채지 못하기를 바라고 있다는 것을 다시 떠올렸네. 그래서 나 자신을 다잡고 그 말을 하려던 것을 멈추었네."

에서 등장인물 고르기아스와 폴로스 그리고 칼리클레스는 모두 '수사학이란 무엇인가?'라는 주제를 놓고 소크라테스와 논전을 펼치지만, 그들 모두 소크라테스의 논박에 굴복당한다. 먼저 고르기아스가 소크라테스에게 논박당하는 것을 살펴보면, 그가 논박당하는 직접적인 원인은 수사가는 정의를 포함한 모든 논제에 대한 완전한 지식을 소유하지 않은 상태에서도, 모든 사람을 가르칠 수 있다는 그의 위선적인 자신감에서 유래한다.12) 자신이 존경하는 고르기아스가 소크라테스에게 무참히 논파되는 것을 지켜보던 폴로스는, 헬라어로 '망아지'라는 뜻하는 그의 이름이 암시하고 있듯이, 망아지처럼 "혈기왕성하고 조급하게" 논의에 끼어든다. 그러면서 수치심 개념을 이용하여 대화상대자를 논파하는 소크라테스에게 "논의를 그러한 방향으로 몰고 가는 것은 매우 '촌스러운 짓'(agroikia)"13)이 아니냐고 반문하며 불만을 터트린다. 하지만 소크라테스는 그의 과잉 의욕을 잠재우기라도 하듯이 "만약 자네가 나와 마찬가지로 논박당하는 것을 이득이라고 생각하면, 논의를 계속해갈 가치가 있으나, 만약 그

---

12) "칼리클레스: … 왜냐하면 내가 생각하기에, 그[폴로스]는 다음과 같이 말했습니다. 즉, 만약 당신이 고르기아스에게 만약 어떤 사람이 정의에 대한 지식을 모른 채 그 자신에게 찾아와 수사술을 배우고자 원한다고 가정하면서, 그가 그 사람을 가르칠 수 있는지에 대해서 물었을 때, 그것을 거절한다면 분개하는 것이 인지상정이기에 고르기아스는 "부끄러워하며" 가르칠 수 있다고 대답했던 것입니다. 그래서 이것에 동의하였기에, 그는 필연적으로 자기모순을 범하게 되었고, 그것이 바로 당신을 기쁘게 한 것이었습니다. 그리고 내 생각에, 그 때 그가 그랬을 때, 폴로스가 당신을 비웃는 것은 옳은 일이었습니다"(482c-d).

13) "폴로스: 이것이 어떻게 된 것이죠, 소크라테스? 당신이 지금 말씀하신 것처럼, 그것이 정말로 당신이 수사술에 대해서 가지고 계신 생각이십니까? 아니면, 당신은 고르기아스가 수사가는 정의로운 것들과 훌륭한 것들 그리고 선한 것들을 알고 있으며, 그것들을 모른 채 그에게 찾아오는 사람 누구에게나 이러한 것을 가르칠 것이라는 당신의 주장을 인정하지 않는 것을 '부끄러워했기' 때문이라고는 생각하지 않습니까? 그다음에 이러한 인정으로부터 아마도 어떤 비정합적인 것이 그의 말속에 끼어 들어갔는데, 그것이 바로 당신에게 '기쁨'을 주는 것으로, 그를 그러한 질문들 속으로 몰아넣은 것은 바로 당신입니다. 왜냐하면, 당신 생각에 그가 정의로운 것에 대한 지식을 가지고서 그것을 다른 사람들에게 또한 가르칠 수 있다는 것을 거부할 사람이 누가 있겠습니까? 논의를 그러한 방향으로 몰고 가는 것은 매우 '촌스러운 짓'입니다"(461b).

렇지 않다면, 우리는 논의를 그만두는 것이 좋을 듯하네"(461b)라고 충고한다. 칼리클레스 역시 폴로스가 수치심에 이끌려 소크라테스에게 논박당하자 논의에 개입한다. 그런데 그는 폴로스보다 더 강하고 더 폭력적이다. 소크라테스를 가리켜 "진짜배기 대중연설가"(alethos demegoros, 482c-e)라고 욕하면서 그를 사정없이 비난한다. 그가 보기에 폴로스 역시 고르기아스와 마찬가지로 자신이 옳다고 믿고 있는 것을 솔직하게 이야기하는 것을 부끄러워해서 결국 소크라테스에게 논파당하고 말았다고 생각한다. 왜냐하면 그는 폴로스가 마음속으로 옳다고 생각하는 것을 숨김없이 이야기한다면, 그러한 발언으로 인하여 자신의 정치 기반인 대중들의 지지를 상실할 것이라고 믿었기 때문이다. 그래서 그는 자신의 속마음을 접은 채, 대중들이 생각하고 있다고 믿었던 "불의를 저지르는 것은 불의로 인해 고통받는 것보다 더 부끄러운 것"이라는 소크라테스의 명제에 동의하고 말았던 것이다. 하지만 그 명제로 인하여 그는 결국 소크라테스에게 논파당하고 만다(박규철, 2003; Kahn, 1983, 1996).

『국가』에서도 이런 비슷한 일이 발생한다. 거기에서 소크라테스는 케팔로스 및 그의 아들 폴레마르코스와 함께 '올바름'이란 무엇인가라는 주제를 놓고 긴 논의를 펼친다(박규철, 2009). 그런데 이과정에서 그들의 논의를 옆에서 못마땅하게 지켜보고 있던 트라시마코스는 여러 차례 그들의 논의에 끼어들어 소크라테스에게 반대의견을 제기하고 싶었지만, 그들의 논의를 끝까지 경청하고 싶어 하던 청중들의 반대에 부딪혀, 그러지 못하고 있었다. 그러나 그들이 논의를 끝내자, 트라시마코스는 마침 기다렸다는 듯이 재빨리 논의에 끼어든다. 그는 "마치 야수처럼 혼신의 힘을 가다듬어 찢어발기기라도 할 듯이"(336b) 소크라테스를 공격해 들어간다. 이처럼 소크라테스와 폴레마르코스의 논의 중에서 감정적으로 흥분하는 사람은 바로 그들 옆에서 논의를 지켜보고 있던 트라시마코스이다. 이런 분위기하에서 소크라테스와 폴레마르코스 모두 겁에 질린다. 특히 소크라테스는 "누가 무슨 대답을 하면 그걸 논박하고서 뽐내려고만 하시지도 마세요"(336c)라고 소리를 지르는 트라시마코스의 말을 듣고서 질겁한 채 '두려움'에 떨고 있다.[14) 다음은 두려움에 떨고 있는 소크라테스의 모습이다.

> 나는 그 말을 듣고서 질겁하였고, 그를 바라보노라니 겁이 더럭 나더군. 그러자 만약에 그 사람이 나를 보기에 앞서 진작부터 내가 그 사람을 보고 있지 않았던들, 나는 말문이 막히게 되었으려니 하는 생각이 들더군. 그러나 실은 우리의 논의로 인해 그가 바야흐로 사나워지기 시작하는 것과 동시에 진작부터 그를 바라보고 있었기에 그래도 그에게 대답할 수가 있었네. 그래서 나는 약간 떨면서 그에게 말했네. "아, 트라시마코스 선생, 우리한테 가혹하게는 대하지 마시오. 혹시 나와 이 사람이 논의를 통한 고찰의 과정에서 무언가 잘못을 저질렀다면, 그건 본의 아니게 저질렀다는 걸 양지하시오"(336d-e).

이러한 소크라테스의 언급에 대해 트라시마코스는 냉소를 터뜨리며 그것이 바로 "소크라테스의 상투적인 그 '시치미 떼기 수업'(eironeia)"(337a)이라고 지적한다. 이제 논의는 폴레마르코스를 대신한 트라시마코스와 소크라테스 간의 논전으로 이어진다.

---

14) 소크라테스는 한참 동안 넋을 잃고 있다가 "올바른 것이란 더 강한 자의 편익 이외의 다른 것이 아니라고!"(338c) 주장하는 트라시마코스의 언급을 검토하면서부터 정신을 차린다. 다음은 소크라테스의 말이다. "보시오, 천만의 말씀이오. 무슨 뜻으로 하는 말인지나 좀 더 분명히 말하시오"(338d).

그런데 소크라테스의 문답법은 대화 현장에 전혀 존재하지 않았던 사람들, 즉 단순히 제3자로부터 그 '이야기를 전해 듣는 사람'에게도 감정적 영향을 미친다. 우리는 그러한 모습을 『파이돈』에서 확인할 수 있다. 이 대화편에서 이야기를 전해주는 사람은 파이돈이고 그 이야기를 전해 듣는 사람은 에케크라테스이다. 그리고 그들이 주고받는 대화 속에 등장하는 사람들은 소크라테스와 아폴로도로스, 심미아스와 케베스 그리고 크리톤과 크산티페 등이다. 파이돈에 의하면, 소크라테스가 독배를 마시기로 되어 있는 마지막 날, 시미아스와 케베스는 그의 감옥 방에서 죽음을 앞두고서도 영혼 불멸을 이야기하는 소크라테스에 대해 심각한 의문을 제기하는데, 파이돈은 물론 그 옆에 있던 사람들 모두 그 두 사람 때문에 강한 지적 충격에 휩싸이게 된다. 특히 그들은 시미아스와 케베스가 펼치는 논증을 듣고서는 "불쾌한 감정"(88c)에 사로잡혔으며, 그 이전에 영혼의 불멸에 대해 소크라테스가 언급하였던 논변을 듣고서 한껏 고조되었던 그들의 믿음마저 순식간에 동요하게 되었다고 고백한다. 그 결과, 그들은 이미 말해진 것들에 대해서뿐만 아니라, 나중에 말하게 될 것들에 대해서까지도 불신하는 마음이 가득하다고 한다. 그런데 이 부분은 영혼의 불멸성에 대해서 이야기하는 소크라테스를 상대로 시미아스와 케베스가 심각한 의문을 제기하고 난 뒤 바로 벌어진 상황으로 그들에 대한 소크라테스의 답변이 있기 이전에 전개되는 막간 부분(88c-91c)이다. 여기에서 에케크라테스는 파이돈으로부터 이야기를 전해 듣는 입장에 서 있으면서도, 마치 파이돈이 그의 동료들과 함께 실제 대화에서 들었던 것과 거의 같은 그런 감정을 경험하고 있는 것이다.

파이돈, 단연코, 여러분과 공감합니다. 댁의 이야기를 지금 들은 제 자신조차도 그와 같은 걸 문득 자문할 생각이 났으니까요. "그렇다면 우리가 더 이상 무슨 주장을 믿게 될까? 소크라테스님께서 말씀하신 주장이 얼마나 강력하게 설득력이 있었는데, 그게 이제 불신 상태로 전락되었으니." 우리의 혼은 일종의 조화라고 하는 이 주장은 지금도 그렇지만 언제나 놀랍도록 저를 붙잡아왔기 때문입니다. 또한 댁께서 말씀하시니까, 마치 제 자신도 그런 의견을 전에 갖고 있었다는 것을 상기시키는 듯했습니다. 그리고 마치 처음 시작하는 것처럼, 죽은 사람의 혼이 함께 죽지는 않는다는 걸 제게 납득시켜 줄 다른 논변이 제게는 다시금 절실합니다. 그러니, 맹세코, 소크라테스님께서 논의를 어떻게 진행시켰는지 말씀해주십시오. 그리고 그분께서도, 여러분께서 그러셨다고 말씀하셨듯이, 조금이라도 눈에 띄게 성가셔 하셨는지 아닌지, 아니면 조용히 논의를 구원해주시던가요? 또한 그분께서 하신 구원은 만족스러웠나요, 아니면 부족했나요? 하실 수 있는 한, 최대한 자상하게 모든 걸 저희에게 이야기해주십시오(88c-e).

이제 파이돈은 에케크라테스의 실망감을 희망으로 바꾸어주고자 노력한다. 그래서 그는 소크라테스와 이야기하면서 자신이 느꼈던 놀라운 경험 3가지를 언급한다.[15] 그것은 첫째 소크라테스는 언제나 젊은이들의 논변을 "기쁘게, 호의적으로 그리고 존중하는 자세로"(89a) 수용하였다는 것과, 둘째 논박들로 인해서 상처 입은 사람들의 감정을 예민하게 간파하고 있었다는 것과, 마지막으로 상처 입은 사람들을 치유하는데 그가 탁월한 능력을 소유하고 있었다는 것이다. 이후 파이돈은 시미아스와 케베스의 의문에 대해 소크라테스가 어떻게 답

---

15) 그러나 어쨌든 제가 그분에 대해서 무엇보다도 제일 놀란 것은 첫째로는 이것이었고, 즉 그분께서 그 젊은이들의 논변을 얼마나 기쁘게, 호의적으로 그리고 존중하는 자세로 받아들이셨던가 하는 것이었으며, 다음으로는 그들의 논변들로 해서 우리가 갖게 되었을 느낌을 그분께서 얼마나 날카롭게 감지하셨던가 하는 것이었고, 그리고 마지막으로는 우리를 얼마나 훌륭하게 치유해주셨으며, 마치 패주하는 자들을 불러 모아서 논의에 동참해서 함께 고찰하도록 독려하셨다는 것입니다(88e-89a).

했으며, 또한 그 이야기를 듣고 있던 동석자들이 어떠한 반응을 보였는지를 자세하게 에케크라테스에게 이야기해준다. 그러자 이 이야기를 전해 들은 에케크라테스는 "하기야 참석하지 못하고 이제야 그걸 듣고 있는 우리에게도 그렇게 생각되니까요"(102a)라고 말하면서, 자신 또한 참석했던 사람들과 똑 같은 감동을 받았음을 이야기한다.

이처럼 소크라테스의 문답법은 소크라테스의 직접적인 대화상대자는 물론 대화 현장에 있었으나 직접 논의에 참석하지 않았던 청자 내지는 구경꾼 그리고 대화 현장에는 없었으나 제3자로부터 그 이야기를 전해 듣는 모든 사람에 이르기까지 그들의 감정을 자극하고 그들의 마음을 지배하였던 것이다.

4. 소크라테스는 왜 라케스와 니키아스를 분노케 하는가: 『라케스』에 나타난 논박의 윤리적 의미

플라톤의 대화편 중 소크라테스의 문답법이 대화상대자의 감정을 자극하고 있는 것을 가장 잘 나타내고 있는 것으로는 『라케스』가 있다. 칸(Kahn, 1996, 156-157)이 잘 분석하듯이, 『라케스』는 플라톤의 작품 가운데에서 직접적인 이야기체로 구성된 몇 안 되는 작품들 중의 하나이다.[16] 이 대화편의 목표는 청년들에 대한 도덕적 교육 프로그램을 구성하는 데 있다. 대화의 문은 소크라테스의 부친인 소프로니스코스의 친구인 뤼시마코스가 여는데, 그는 친구 멜레시아스

---

16) 플라톤의 대화편들은 『국가』처럼 이야기 속의 이야기로 구성된 작품이 있는가 하면, 『라케스』처럼 직접적인 이야기체로 구성된 작품도 있다. 『라케스』와 함께 후자에 속하는 것들로는 『고르기아스』와 『크리톤』 그리고 『이온』과 『소 히피아스』가 있다.

와 함께 자식들의 교육을 담당할 전문가를 찾는다.[17] 대화의 주제는 청년교육이고, 그 문제에 대한 자문은 장군 라케스와 니키아스가 맡는다. 대화는 용기의 본질에 대해서 라케스와 니키아스가 이야기하는 것으로 구성되어 있으나, 논의의 결론은 그들이 말하는 것이 사실은 용기의 본질과는 무관하다는 것을 논증하는 것으로 이루어진다.[18] 즉, 용기의 본질을 인식론적으로 정의[19]하려는 대화편의 시도는 실패한다. 하지만 이러한 실패가 곧바로 장군 니키아스와 라케스가 용감하지 않다거나 그들이 용감함에 대한 사례조차 모른다는 것을 입증하는 것은 아니다. 오히려 플라톤이 이러한 인식론적 실패를 통해서 보여주고자 하는 것은 그들은 '엄격한 의미에 있어서' 탁월함의 교육에 대한 도덕적 능력 또는 전문성을 결여하고 있다는 것이다. 그리기에 이 대화편은 용기의 본질을 잘 알고 있다고 생각하는 라케스와 니키아스에 대한 개인적인 논박으로 이루어져 있으며, 플라톤이 의도하는 것 역시 그들이 지니고 있는 인격과 신념에 대한 교차심문 내지는 음미이다.

블랭크(1993, 433)에 의하면, 『라케스』에서 소크라테스는 라케스와 니키아스의 '수치심'이나 '투쟁애'(philonikia) 그리고 '분노' 등의 감정을 자극하여 그들의 영혼을 도덕적으로 성장시킨다. 사실 소크라테스에게 논박당한 사람들은 강한 수치심이나 자기혐오의 감정을

---

17) 뤼시마코스와 멜레시아스는 모두 아테네의 정치가들로, 뤼시마코스의 부친은 아리스티데스이고 멜레시아스의 부친은 투퀴디데스이다.

18) 초반부터 소크라테스는 청년들에게 좋은 가르침을 주고 있는 훌륭한 시민 또는 훌륭한 선생으로 소개된다. 초반부에서 탁월함은 정치적 성공 또는 대중적 명성으로 이해된다. 하지만 소크라테스는 186a에서 탁월함을 청년들의 "영혼을 가능한 한 선하게" 하는 것으로 이해한다. 세속적 출세 및 명성 대 참된 가르침 간의 강한 긴장이 내재되어 있다.

19) 로빈슨의 고전적인 연구에서 의미규정에 대한 인식론적 우선성의 원칙은 강하게 주장되고 있다.

느낀다. 하지만 그것은 대화상대자의 인격을 치유하기 위한 목적에서 행해지는 소크라테스적 논박의 필연적인 현상일 뿐이다. 그러기에 니키아스가 언급하듯이(188a), 소크라테스에 의해서 논박당하는 사람들은 비록 자신들은 논박으로 인하여 고통을 당하지만, 그 고통으로 인하여 자기를 인식하고 자기를 돌보는 일에 더 열중하게 될 것임을 확신한다. 이처럼 이 대화편은 표면상의 주제인 용기의 본질에 대한 정의를 뛰어넘어 '자기 인식'과 '자기 보존'의 문제로 옮아간다. 라케스 역시 소크라테스가 명실상부하게 언행일치를 이루는 사람이라는 데 별다른 이의를 제기하지 않는다. 이는 그가 소크라테스와 대화하며 그의 조언을 듣는 것을 싫어하지 않는 이유이기도 하다. 그래서 그는 소크라테스에게 "마음 내키는 대로 가르치고 논박하라"(189b)고 주문할 수 있는 것이다.

그런데 막상 그들이 소크라테스와 정식으로 논의를 펼쳐 패하게 되면 그들의 태도는 돌변한다. 왜냐하면 그들은 호언장담했던 것과는 달리, 소크라테스에게 논박당했을 때는 그 패배를 인정하지 않은 채 분노에 휩싸이기 때문이다. 하지만 그럼에도 불구하고 그들에게 도래한 분노의 감정은 아주 긍정적으로 기능한다. 즉, 그들이 느끼는 분노는 자신의 무지함에 대한 자기 반성적 자기 비판적 차원에서 제기되는 '자기 혐오'의 감정이기 때문에, 그것은 단순히 타자를 증오하는 차원에서 언급되는 타자 부정적 '증오'와는 차별화되는 것이다. 소크라테스는 감정이 지닌 이런 긍정적인 측면을 전제하면서 자신의 논박을 수행한다.[20]

---

20) 무뚝뚝하고 실용주의적인 라케스는 용기란 우선적으로 인격이나 기질의 특징이라는 사실을 깨달았다. 지식이라는 용어로 덕에 대한 소크라테스적인 정의를 제공하는 것은 이제 지적인

본격적인 논의는 라케스가 맡는다. 그에 의해 용기의 본질은 "자기 자리를 지키며 적과 싸우되 도망치지 않는 것"(190e)이라는 답변이 제공된다. 그런데 이 정의는 다분히 그리스식 중무장보병을 염두에 둔 것으로 정의치고는 너무 협소하다. 용기에 대한 충분한 조건이긴 하나 필요한 조건은 아닌 것이다. 그의 제2답변은 도덕적 강인함과 연관된 "인내"(192b)라는 개념이다. 하지만 이 개념 역시 그 외연이 너무 넓다. 용기에 대한 필요한 조건이긴 하나 충분한 조건은 아니다. 이에 소크라테스는 라케스의 동의를 얻어 "지혜를 동반한 인내"(192c)가 용기라는 새로운 수정안을 내놓는다.[21] 그리하여 논의는 이제 지혜와 용기의 관계를 구명하는 일에 집중된다.

그런데 라케스는 사실 철학적 토론에 익숙한 사람이 아니다 (Robinson, 1980). 그의 지적 능력 또한 빈약하다. 지혜를 용기와 필연적인 것이라 생각하면서도 지혜를 결여한 인내가 때로는 지혜를 수반한 인내보다 더 용감하다고 판단한다. 물론 기술적 지식에서 파생된 일부 사례만을 놓고 본다면 그의 말이 완전히 틀리지는 않다. 특히 그처럼 실전경험이 풍부하고 특이한 전투 사례에 대한 해박한

과시를 가지고 있는 니키아스에게 달려 있다.

21) 라케스의 제1답변은 용기의 본질이 아니라 용기의 사례일 뿐이다. 그래서 그의 답변은 곧바로 반대사례에 부딪히게 된다. 소크라테스는 '기동력'이라는 변수를 제시하기 때문이다. 실제 전쟁터에서는 기동력이 매우 중요한 전투의 요소로 간주되고 있으며 역사적으로도 기동력을 동원해 후퇴하면서도 작전을 펼치는 싸워 이긴 전투들이 많이 있기 때문이다. 그래서 소크라테스는 중무장보병 전투를 포함하여 "모든 경우에서 동일한"(191e, 192b7) 일반적이면서도 보편적인 그런 용기의 본질을 찾고자 하는 것이다. 이에 라케스는 용기란 일종의 영혼의 인내력이라는 제2답변을 내놓는 것이다. 제2답변은 용기의 개별적 사례를 언급하는 제1답변에 비해서 진일보한 것으로 용기를 영혼 안에 내재한 덕이 속해 있는 "인격적 특징"으로. 하지만 이 또한 너무 광범위하다. 모든 인내는 어떤 경우에는 어리석고 해로울 수 있기 때문이다. 용기란 자고로 유익한 거라야 한다. 그래서 소크라테스는 라케스의 제안을 재해석하여 그것을 "지적인 인내"로 규정하다. 이에 라케스는 묵인한다(192d). 이 정의 역시 소크라테스의 강한 반격에 직면하고 만다. 왜냐하면 소크라테스는 "모든"(192c) 인내가 다 용기라고 할 수 없으며, 오직 "지혜를 동반한 인내"(192c)만이 '고귀하고 선한 것'이 아니겠냐고 반문하기 때문이다.

지식을 소유한 장군이라면 더더욱 그러할 것이다. 한 예로, 정보도 부족하고 준비도 덜 된 상태에서 전투에 참가하였던 사람들이 그 반대의 경우, 즉 정보도 풍부하고 준비도 완벽하였던 군인들에 비해 더 용감하게 싸웠던 사례는 얼마든지 있을 수 있기 때문이다. 하지만 그것은 어디까지나 특수한 사례일 뿐 용기의 본질은 아닐 것이다. 만약 그러하다고 가정한다면, 지혜를 결여한 막가파식 대담무쌍함이 용기의 본질로 이해되는 하나의 모순적인 사태를 발생시킬 수 있을 것이기 때문이다. 논의의 결과, 라케스는 소크라테스에게 무너지고 만다. 그 역시 자신의 패배를 인정한다(193e). 다음은 그의 고백이다.

> 나로서는, 소크라테스, 쭈뼛거리지 않고 계속할 준비가 되어 있네. 하지만 나는 이런 종류의 논의에는 익숙하지가 않네. 그런데 지금까지 말해진 것을 들으면서 **"나에게는 일종의 투쟁애(philonikia)가 일어나"**, 내가 생각하고 있는 것을 말하지 못하게 된 **"나 자신을 발견하고선 정말 분하게(aganaktō) 생각하고"** 있었네. 나는 용기가 무엇인지에 대해서 잘 알고 있다고 생각하였으나, 어찌 된 영문인지 그 개념이 마침 지금 나를 버리고 달아나, 그 결과 나는 그것을 말로도 제시할 수 없었고 그것의 본질을 진술하는 데에도 실패했었네(194a-b).

그런데 여기에 등장하는 투쟁애와 분노라는 개념은 의미심장하다. 물론 투쟁애는 자기 자신을 논리적으로 논파시켰던 소크라테스를 향해 있지만 분노는 소크라테스에게 패한 자기 자신을 향해 있다. 즉, 그는 용기의 본질을 제대로 천착하지 못하였던 자기 자신을 미워하고 있는 것이다. 블랭크(1993, 433)도 주목하듯이, 라케스의 이러한 분노와 투쟁애는 일차적으로는 소크라테스와의 경쟁구도 속에서 형성되었으나, 궁극적으로는 그의 인격을 치유하고 개선하는 하나의 계기로 작용한다.

라케스와 소크라테스의 대화가 별 소득 없이 끝나자, 옆에서 지켜보고 있던 니키아스는 그들이 용기에 대한 정의를 잘못 내리고 있다고 하면서 논의에 끼어든다. 이때 그는 "지혜로운 것은 선이고 배우지 못한 것은 악이다"(194d)[22]라는 소크라테스의 말에 근거해 "용감한 사람이 선한 사람이라면 그 사람은 분명 지혜로운 사람"(194d)일 것이라고 주장한다. 그런데 이는 용기를 지혜의 일종으로 보는 것이다. 이에 라케스는 지혜라는 개념의 명료화를 요구하고, 니키아스는 "전쟁이나 그 밖의 일에 있어서 두려워해야 할 것과 그렇지 않은 것에 대한 지식"(195a)이 용기라고 자신 있게 말하면서 그의 요구에 답한다. 하지만 그의 이러한 답변으로 인해 라케스의 심기는 불편해진다. 라케스의 불만 표출에 니키아스 역시 불편한 심기를 드러낸다. 바야흐로 두 사람의 감정이 대립된다. 다시 니키아스가 라케스를 공격한다. 그는 라케스가 소크라테스에게 당한 패배를 자신에게 앙갚음하기 위해서 고의적으로 자신을 충동질하고 있다고 비난한다(195a-b).[23] 이에 질세라 라케스 역시 니키아스가 부조리한 발언을 일삼고 있음을 반증해 보이겠다고 벼른다. 이때 그가 염두에 두고 있는 것은 용기를 지혜의 일종으로 보는 니키아스의 전제이다. 그런데 니키아스의 생각대로라면, 예언자 같은 사람도 용기 있는 사

---

22) 이 구절을 원문에 가깝게 옮기면 다음과 같다. "모든 사람은 지혜로운 경우에 있어서는 선하고 배우지 못한 경우에 있어서는 악하다."

23) "소크라테스, 라케스는 나의 어두운 눈을 열어주려고 하지 않네. 그러나 그는 자기가 무의미한 말을 한 것이 드러났기 때문에, 나도 억지로 무의미한 말을 한 사람으로 만들려고 하는 걸세"(195a-b).

람이라는 하나의 결론이 도출된다. 왜냐하면 예언자만큼 미래에 대한 식견과 지혜를 소유하고 있는 사람은 없을 것이기 때문이다. 하지만 니키아스는 그러한 결론을 수용하려 들지 않는다. 이에 라케스는 그가 자신의 전제로부터 도출된 사례조차 인정하려 들지 않는다면서 분노한다. 다음은 그의 말이다.

> 내가 생각하기에 그는 **"무의미한 말을 하고 있다는 것을 솔직하게 자백하지 않고, 자기가 궁지에 몰려 있으면서도 이를 은폐하려고 아래위로 연막을 친다"**고 볼 수밖에 없네. 소크라테스, 만일 우리가 다만 모순의 외관만을 피하려고 한다면, 자네나 나는 똑같은 연막을 칠 수가 있었을 걸세. 그리고 우리가 법정에서 변론하는 사람이라면 그런 둔사를 쓸 필요가 있을지 모르지만, 이처럼 친구 사이의 의론에서 헛된 말로 자기주장을 수식할 필요가 어디 있겠는가?(196a-b).

그런데 라케스가 니키아스에게 하고 있는 음미의 방법은 다분히 소크라테스적이다. 자신이 소크라테스에게 당하였던 것과 동일한 방법으로 니키아스를 교차심문하고 있는 것이다. 라케스는 지적으로나 인격적으로 많이 변했다. 하지만 니키아스는 그렇지 않다. 소크라테스가 그들의 논의에 끼어드는 시점은 바로 이때이다. 먼저 소크라테스는 니키아스의 모든 생각이 사실은 친구 다몬(Damon)[24]으로 유래한 것임을 지적한다. 그런데 이 지적은 매우 의미삼장한데, 왜냐하면 다몬은 소피스트들 중에서 말을 사용하는 능력이 탁월한 프로디코스의 지인이기 때문이다. 그래서 소크라테스는 라케스를 대신해

---

24) 니키아스는 180d에서 다몬에 대해 언급하며 그가 아가토클레스의 제자이며 여러 분야의 예술에 정통한 음악가라고 소개하고 있다. 그리고 그는 자신이 자식을 위한 음악 교사를 구할 때, 소크라테스가 다몬을 소개해주었다고 진술하고 있다.

자신이 직접 니키아스의 지적 과시욕을 음미하고자 하는 것이다.

니키아스에 대한 논박은 두 단계로 이루어진다. 소크라테스는 니키아스의 논리를 그대로 따라가면서 사자나 표범 또는 멧돼지 같은 야생동물들이 용감하다고 해야 되지 않겠냐고 반문한다. 이에 니키아스는 용기라는 개념은 만용이나 겁 없음이라는 개념과 구별된다고 하면서 소크라테스의 예봉을 피해간다. 즉, 그가 말하는 것은 소수의 사람들이 지닌 지혜로운 행위를 말하는 것이지, 일반 동물들이나 어린이들 또는 어리석은 남녀들이 지닌 그러한 겁 없는 상태가 아니라는 것이다. 그런데 논박에 의해 니키아스가 비참한 상황에 직면하게 되는 때는 다음 단계에서이다. 우선적으로 소크라테스는 니키아스로부터 용기란 탁월함의 부분이라는 전제를 인정받는다(198a). 그러면서 니키아스로 하여금 다음 2가지 전제를 수용하게 만든다. (1) "두려움이란 미래에 있을 악에 대한 예상이다"(198b-c). (2) "동일한 지식은 과거나 현재 그리고 미래에 걸쳐 동일한 사물에 대해 동일한 이해를 소유하고 있다"(199a). 그런데 니키아스는 용기란 두려움에 대한 지식임을 말해왔으며 그 두려움 또한 미래와 연관된 것임을 인정해왔다. 그리고 (2)에 입각해볼 때, 용기가 참다운 의미에서 지식이 되려면 단순히 미래에 있을 악에 대한 하나의 지식으로 용기가 자리매김되어서는 안 되고, 시간을 초월해 모든 존재를 꿰뚫어볼 수 있는 그런 총체적인 지식으로 자리매김되어야 할 것이다(199c). 즉, 용기란 "탁월함의 한 부분이 아니라 그것의 전체"(199e)이어야 하는 것이다. 하지만 니키아스의 새로운 결론은 공교롭게도 그가 이전에 인정하였던 덕에 대한 전제, 즉 "용기란 탁월함의 부분들 중의 하나"(199e)라는 생각과 충돌한다. 이는 명백한 자기모순이다.25) 이렇게 하여 니키아스는 소크라테스에게 무너지고 자신의 무지를 고백한다(199e).

그런데 논의는 여기에서 끝나지 않는다. 왜냐하면 옆에서 지켜보던 라케스가 논의에 끼어들며 니키아스를 조롱하고(199e-200a),26) 이에 화가 난 니키아스가 그의 조롱에 반론을 제기하기 때문이다. 반론의 요점은 라케스가 자신의 무지함에 대해서는 둔감한 채 다른 사람의 무지함만을 문제 삼는다고 것이다. 그러면서 그는 라케스를 향해 의미심장한 발언을 하는데, 그것은 "세상 사람들처럼 다른 사람들에게만 관심을 쏟고 정작 자기 자신에 대해서는 그렇지 못하다"(200b)는 것이다. 비록 라케스에 대한 니키아스의 적대감이 완전히 해소된 것은 아님에도 불구하고, 그가 보여주는 인격적 치유는 주목할 만하다. 왜냐하면 그동안 지적 과시욕과 자만심에 사로잡혀 있던 니키아스는 이제 자신의 무지를 고백하고 있으며, 자신을 결코 현재와 같은 무지한 상태에 방치해서는 안 된다(201a)는 소크라테스의 충고를 적극적으로 수용하기 때문이다. 이런 점에서 "공경(aidos)은 부족한 자의 미덕이다"(17권 347)이라는 호메로스의 시구를 인용하며 모든 사람의 자기 자신에 대한 교육을 강조하는 소크라테스의 언급(201a-b)은 이 대화편을 끝맺는 말로 아주 적합하다고 할 수 있다.

『라케스』에 대한 논의를 요약하면 다음과 같다. 용기의 본질을 정

---

25) 이처럼 기존의 논의는 전체로서의 탁월함을 천착하지 못한 채 탁월함의 한 부분에만 골몰한 나머지 탐구에 실패하게 되었다. 이것이 본 『라케스』편의 교훈이다. 하지만 소크라테스적인 문답법에서 이것은 논의의 끝이 아니라 시작이다. 왜냐하면 전체적 탁월함에 대한 논의는 이제부터 시작되었기 때문이다.

26) "친애하는 니키아스여, 사실 전에 내가 소크라테스에게 한 답변에 대해서 자네가 경멸하는 듯한 말을 했을 때, 나는 자네가 그것에 대해서 발견한 줄 알았네. 실로 나는 다몬으로부터 배운 지혜가 자네가 그것을 발견하는 데 유용했을 거라고 나는 큰 기대를 하고 있었네"(200a).

의하려는 본 대화편의 인식론적 실험은 실패한다. 이는 초기의 다른 인식론적 대화편들과 동일한 현상이기도 하다. 하지만 그 실패는 긍정적인 의미 또한 제시해준다. 첫째, 용기라는 특정한 탁월함의 본질에 대한 인식론적 탐구의 실패는 곧바로 용기를 포함한 탁월함 전체에 대한 총체적인 연구의 시작을 암시한다. 둘째, 소크라테스의 가혹한 음미 때문에 라케스와 니키아스는 논리적으로 무너지고 감정적으로 분노하게 되지만, 그러한 경험을 통하여 그들은 인격적으로 치유되고 도덕적으로 성장한다. 이처럼 대화편 『라케스』는 논박이 단순한 인식론적 탐구가 아니라 자기반성과 자기인식을 목표로 하는 윤리적 활동임을 보여준다.

5. 소크라테스는 왜 인간 영혼을 삼분하는가: 『국가』에 나타난 이성에 의한 영혼의 습관화

소크라테스의 철학적 여정과 그의 문답법이 인간 영혼을 바르게 인도하고 인격을 도야시키는 것이라고 한다면, 남겨진 문제는 '도대체 영혼이란 무엇이며' 그것은 '어떻게 순화될 수 있는가' 하는 것을 탐구하는 일이다. 아울러 영혼의 부분 중 감정적인 부분은 어떻게 이성적인 부분 및 욕구적인 부분과 관계를 맺는가 하는 것 또한 논의되어야 한다. 플라톤은 이 문제를 『국가』에서 천착하고 있는데, 특히 제4권과 제8권 그리고 제10권에서 언급하고 있다. 먼저 제10권에서 플라톤의 소크라테스는 이것을 '영혼의 습관화', 즉 "이성과 법"(605ab)에 의해서 영혼을 "버릇 들이는(ethizein)"(604d) 문제와 연관하여 설명한다.

"일어난 일에 대해 결단을 내리는 것(bouleuesthai)이네. 그리고 마치 주사위 던지기에서 던진 결과에 대해 하듯, 자신의 일들을, '이성'이 최선이라고 입증하는 방식에 따라, 처리하는 것일세. 마치 넘어진 아이들이 상처를 붙잡고 우는 데 시간을 보내야 할 것이 아니라, 의술로써 비탄이 사라지게 하는 식으로, 상처와 아픈 데를 낫게 하고 바로잡아 주는 데 가급적 빨리 대처하도록 언제나 혼을 버릇 들이는 것일세." 내가 말했네.
"누구든 불운에 대해 그렇게 처신한다는 것은 어쨌든 가장 옳게 하는 것입니다." 그가 말했네.
"그러니까 최선의 부분은 이 헤아림에 따르고자 한다고 우리는 말하네."
"그건 분명한 말입니다."
"반면에 고통에 대한 기억 쪽으로 그리고 비탄 쪽으로 인도하며 이에 물릴 줄도 모르는 부분은 비이성적이고 게으르며, 비겁과 친근한 것이라 우리가 말하지 않겠는가?"
"실상 그렇게 말할 것입니다"(604c-d).

이를 위해 소크라테스는 먼저 인간 영혼을 두 부분으로 나눈다. 영혼을 삼분하는 제4권과 달리, 제10권에서는 영혼을 이성적인 부분과 비이성적인 부분으로 나누며, 그것들을 상호 대립적 상호 갈등적 관계로 규정하고 있는 것이다.[27] 그에 의하면, 이성적인 부분은 합리적인 것으로 영혼의 우월한 부분을 말하며(603a), 비이성적인 부분은 이성에 반대되며 영혼을 고통과 비탄의 감정 쪽으로 인도하

---

27) 블랭크에 의하면(1993, 438), 플라톤의 대화편에 등장하는 사람들은 모두 두 부류로 나누어진다. 하나는 영혼의 이성적인 부분을 상징하는 인물이고 다른 하나는 영혼의 비이성적인 부분을 상징하는 인물들이다. 전자는 소크라테스이고 후자는 소크라테스와 이야기를 나누고 있는 대화상대자들이다. 이처럼 플라톤은 드라마 작가로서의 그의 천재적인 능력을 발휘하여 그의 작품 속에서 소크라테스를 이성적인 인물의 전형으로 그리고 있는 것이다.

는 영혼의 열등한 부분을 말한다(604d). 이러한 이치로 볼 때, 영혼의 이성적인 부분의 지배를 받는 사람들은[28] 개인적인 불행에 직면해서도 결코 자신의 "절도"(603e)를 상실하지 않은 채 품위 있게 행동한다. 이에 반해 비이성적인 부분의 지배를 받는 사람들은 그렇지 못하다. 이성적인 부분이 "분별 있고 침착한 성격(ethos)"으로 언제나 '자기동일성'을 유지하는 데 반해서, 비이성적인 부분은 쉽게 화를 내고 자기동일성을 유지하지 못하기 때문이다. 특히, 후자 계열의 "모방적인 시인"(605a)[29]들은 시가 인간에게 주는 즐거움만을 강조하고 영혼의 비이성적인 부분을 강화시킴으로써, 영혼의 이성적인 부분에 대한 파멸을 도모한다(605b). 하지만 이는 인간 영혼의 건전한 인격 형성을 저해하는 심각한 문제이다(606a-b).

> "우리에게 있어서 그 성향상 최선의 것인 부분은 이성과 습관에 의해 충분히 교육받지 못한 처지라, 이 비탄하는 부분에 대한 감시를 풀게 되는데, 이는 남의 고통을 구경하고 있기 때문이며, 훌륭한 사람이라고 하는 남이 어울리지 않게 슬피 울 경우에, 이 사람을 찬양하여 애처롭게 여긴다 해서, 자신으로서 부끄러울 것은 아무것도 없기 때문이라고 말일세. 오히려 그것은 덕을 본다고, 즉 즐거움을 얻는다고 믿고서, 시 전체를 경시함으로써 이 즐거움

---

28) 플라톤은 이를 "훌륭한 사람들"(603e3) 또는 "선량한 사람들"(605c7)로 규정한다.

29) 철학사에서 시인에 대한 플라톤의 비판은 예술 전체에 대한 부정으로 종종 오해되어 왔다. 하지만 플라톤 자신이 소크라테스의 입을 통해서 분명히 밝히고 있듯이, 즉 "즐거움을 위한 시와 모방이 훌륭히 다스려지는 나라에 자기가 있어야만 하는 어떤 논거"(607c)를 말할 수 있다면, 그는 결코 시를 '아름다운 나라'에서 추방하지 않을 것이라고 한다. 다시 말해서, 그는 "시가 즐거움을 주는 것일 뿐만 아니라 나라의 체제와 인간 생활을 위해서도 이로운 것이라는 걸" 증명할 수만 있다면, 이를 허용할 것이라고 말하고 있는 것이다. 이처럼 플라톤의 시인비판론은 시인 그 자체에 대한 전면적인 부정이 아니라, 인간 영혼의 비이성적인 부분이 이성과 법에 의해서 지배받지 못하고, 또한 인간의 인격을 도야시키는 데 기여하지 못한다면, 그것은 반드시 비판받아야만 하며, 그들이 담당하였던 교사로서의 역할 또한 제한되어야만 한다는 것으로 이해되어야 한다. 이처럼 플라톤의 소크라테스는 이성과 법에 의한 감정의 순화, 영혼의 습관화를 강조하고 있는 것이다.

을 앗기게 되는 걸 용인하려 하지 않을 걸세. 남들의 불운을 즐기는 것이 필연적으로 자신들의 불운으로 바뀔 것임을 헤아리는 것은 소수의 사람에게나 가능하다고 나는 생각하기 때문이네. 남들의 불운 속에서 자라서 힘이 세어진 이 불쌍히 여기는 부분을 정작 자신의 불운에 당면해서 억제한다는 것은 쉽지가 않다네"(606a-b).

그러기에 영혼 전체의 조화가 달성되기 위해서 비이성적인 부분들은 항상 이성적인 부분의 지배를 받아야 하는 것이다.

그런데 영혼의 본질과 구조에 대한 논의는 필연적으로 '영혼삼분설'에 대한 논의를 필요로 한다. 주지하다시피, 영혼삼분설은 영혼을 '이성'30)과 '격정' 그리고 '욕구'로 나누는 것으로 그 구체적인 언급은 제4권 435e-436a에 등장한다. 플라톤의 소크라테스는 영혼을 '배움을 좋아하는 부류'인 '토 필로마테스'(to philomathes)와 '격정적(기개적)인 부류'인 '토 튀모에이데스'(to thymoeides) 그리고 '돈을 좋아하는 부류'인 '토 필로크레마톤'(to philochrematon)으로 나누는데, 이때 토 필로마테스는 '배움의 원리' 또는 '이성의 원리'이고, 토 튀모에이데스는 '분노' 및 '명예'의 원리이며, 토 필로크레마톤은 돈에 집착하는 원리로 식욕과 성욕 그리고 신체적 쾌락과 연관된 '욕구의 원리'이다. 그런데 가장 흔하게 사용되는 영혼삼분설의 모델은 제4권 439d-441c에 나오는 것이다. 여기에서 그는 이성적인 부분을 '토 로기스티콘'(to logostikon)으로, 격정적인 부분을 '토 튀모에이데스'(to thymoeides)로, 그리고 욕구적인 부분을 '토 에피튀메티

---

30) 플라톤에게 있어 이성은 우선 "배움을 좋아하는 부류"(to philomathes, 437e7)로 소개된다. 이때, 이성은 지적인 호기심이나 배움에 대한 사랑을 뜻한다. 제9권에서는 "헤아리고 추론하는"(hōi logizetai, 439d5) 영혼의 능력이 강조된다. "사람이 그것으로써 배우게 되는 그러한 부분"(580d10)이다. 그리고 이것은 "전적으로 언제나 진리를 그대로 아는 것을 향하고 있다"(581b5-6)는 그러한 것으로 특징지어진다. 그래서 제9권에서 소크라테스는 영혼을 "배움을 좋아하고(philomathes) 지혜를 사랑하는(philosophon)"(581b10) 것으로 규정하고 있는 것이다.

콘'(to epithymetikon)으로 명명하고 있다. 앞의 것과 비교해볼 때, 후자의 경우는 격정적인 것에 대해서는 동일한 개념을 사용하고 있으나, 이성적인 것과 욕구적인 것에 대해서는 새로운 개념을 사용하고 있는 특징이 있다. 이처럼 플라톤의 소크라테스는 하나의 영혼이 세 부분으로 나누어져 있으며 그 세 부분은 각각 독자적인 원리에 의해서 움직이고 있음을 통찰하고 있는 것이다.

그런데 칸(Kahn, 1987)에 의하면 『국가』에서 플라톤은 영혼에 관한 총체적인 이론을 형성함으로써 체계적인 방식으로 욕구 개념을 설명한 최초의 철학자이다. 『국가』에 나타난 플라톤의 영혼론은 이성과 욕구를 강하게 대비시키는 아리스토텔레스적인 영혼론과는 다르게 이해되어야 한다. 왜냐하면 『국가』에서는 결코 이성과는 대비될 만한 그런 욕구 이론은 등장하지 않기 때문이다. 주지하다시피 아리스토텔레스는 욕구를 '불레시스'(boulēsis), 튀모스'(thymos) 그리고 '에피튀미아'(epithymia)로 나누고 있다. 이때 불레시스는 선한 것에 대한 지적인 욕구를 말하고, 튀모스는 분노나 명예와 같은 자기 단정적인 감정들을 말하며, 에피튀미아는 식욕이나 성욕과 같이 쾌락을 얻기 위해서 불러일으켜지는 육체적인 욕구를 말한다. 이 세 가지 개념을 포함하는 것으로 일반적인 욕구를 의미하는 '오렉시스'(orexis)가 있다. 그런데 칸의 말대로 아리스토텔레스의 영혼에 관한 이해 중에서 튀모스와 에피튀미아는 플라톤의 『국가』에 나타난 '영혼삼분설'에 직접적으로 기초하고 있지만 『국가』의 플라톤에게서는 아리스토텔레스의 오렉시스에 해당하는 욕구의 일반적인 개념은 발견되지는 않는다. 이것은 『국가』의 플라톤이 아리스토텔레스처럼 일반적인 의미에서의 욕구를 삼분하는 데 관심을 가지고 있었던 것이 아니라 '프쉬케'(psyche), 즉 '영혼'그 자체를 삼분하는 데 더 많은 관심을 가지고 있다는 것을 뜻하는 것이다. 다시 말해서『영혼론』(431a21-b25, 414a29-415a12)에서 아리스토텔레스는 영혼을 그 능력에 따라 '사고능력'(dianoetikon), '욕구능력'(orektikon), '감각능력'(aisthetikon) 그리고 '영양섭취능력'(threptikon) 등으로 구분하고 난 뒤[31] 욕구능력을 다시 세 영역으로 나누고 있지만, 플라톤은 영혼을 이성적인 부분, 격정적인 부분 그리고 욕구적인 부분으로만 나누고 있는 것이다. 이처럼 플라톤의 영혼삼분설은 영혼을 그 대상으로 하고 있다는 특징이 있는 것이다.[32]

그런데 영혼의 욕구능력에 대한 세분화는『국가』제8권을 고찰하여야 한다. 거기에서 소크라테스는 아리스토텔레스와 다르게 욕구를 이분화한다. 즉, 그는 욕구적인 부분을 생물학적으로 꼭 "필요한 욕구들"과 그렇지 않고 "불필요한 욕구들"로 나눈다(558d). 전자는 '식욕'과 같이 인간들이 거부하기 힘든 그러한 욕구들(559a-b)로 일정 정도 충족되면 인간을 유익하게 하는 그러한 것들을 말하며, 후자는 '과도한 식욕'이나 "성욕"(559c)과 같이 철저하게 배척되어야 하는 그런 요구들을 말한다. 그리고 소크라테스는 제9권에서 다시 위의 불필요한 욕구들을 '합법한 것들'과 '불법한 것들'(571b6)로 나눈다. 이때 합법한 것들이란 불필요한 욕구들 가운데에서도 "법률에 의해서 그리고 이성(logos)을 동반한 더 나은 욕구들에 의해서 억제됨으로써"(571b7-8) 불법한 것으로 이행되지 않는 그러한 욕구들

---

31) 이 네 가지 외에 '장소운동능력'(kinetikon kata topon)도 포함된다.

32) 플라톤처럼 이성을 욕구를 지배하고 통솔하는 것으로 설정하는 것은 이성과 욕구를 대립적인 관계로 이해하는 많은 사람들에게는 하나의 '범주착오'(category mistake)로 보일 수도 있다. 이런 논의에 대해서는 T. H. Irwin의『플라톤의 도덕이론』(1977)을 참고하라.

을 말한다. 불법한 욕구들이란 이성의 지배를 벗어나 거의 맹목적으로 활동하는 "짐승 같고 사나운 부분"(571c4)의 욕구를 말하는 것으로 이성이 "잠들어 있을 때 깨어나는"(571c3) 그러한 욕구들이기도 하다. 우리는 S. 프로이트의 주장[33]에 앞서서 이미 이러한 욕구의 위험성을 전해 듣고 있는 것이다(Kahn, 1987, 83).

> "이성적이고 유순하며 지배하는 모든 부분이 잠들 때면, 짐승 같고 사나운 부분은 잔뜩 먹고 마시고서는 발딱 일어나 잠을 물리치고 나가서는 제 기질을 충족시키려 꾀하지. 그런 때에 그것은 일체의 부끄러움과 분별에서 풀려나 해방된 터라, 무슨 짓이든 감행한다는 것을 자네는 알고 있네. 그것은 상상하게 되는 데 따라 어머니와도, 그 밖의 인간들이나 신들 중의 누구와도, 또는 짐승들 중의 어떤 것과도 교접하기를 주저하지 않으며, 누구든 살해하는 것도 주저하지 않거니와, 어떤 음식이든 삼가는 일도 없다네. 한마디로 말해서, 어리석거나 파렴치한 짓을 빼놓지 않고 저지른다네"(571c-d).

마치 '오이디푸스 콤플렉스'(Oedipus complex)를 연상시키는 듯한 이 언급은 이성의 지배력을 상실한 인간 영혼이 얼마나 허약한지를 보여준다. 불법한 욕구들의 힘은 우리의 상상 이상으로 강하다. 그리고 그러한 욕구들은 모든 인간에게 발생할 수 있다. 나아가 그러한 욕구들은 용기를 지향하는 수호자들은 물론, 엄격한 훈련과 시험을 거친 철인통치자들까지도 유혹할 수 있는 힘을 지니고 있다. 그

---

33) 여기에서 플라톤이 말하는 욕구는 프로이트의 '이드'(id)와 유사하고, 이성은 '에고'(ego)와 유사하며, 격정은 '슈퍼에고'(superego)와 유사하다. 하지만 플라톤의 원리들은 프로이트의 슈퍼에고처럼 내면적이고 자기처벌적인 것이 아니라, 타자와의 관계에서 경쟁적이고 외면적인 것을 지향한다. 즉, 그것은 권력이나 명예에 대한 사랑이나 무리 속에서 우두머리가 되고자 하는 욕구와 아주 밀접한 연관성을 지니고 있다. 이처럼, 플라톤의 격정은 본질적으로 사회적 특성들을 지니고 있으며, 그런 점에서 프로이트의 개념과는 차별화되는 것이다(Kahn, 1987, 83이하). 이에 대해서는 김영균의 책 348-349도 참조하라.

러기에 소크라테스는 "무섭고 사나우며 무법한(anomos) 종류의 욕구가 누구에게나 있는데, 우리 중에서 아주 절도 있는 걸로 생각되는 소수의 사람들에게도 이게 있다. 그러니까 이게 꿈속에서 명백해진다네"(572b)라고 언급하고 있는 것이다. 다음은 그러한 불법한 욕구들에 대해 이성적인 사람들이 어떻게 대처하는지에 대한 소크라테스의 언급이다.

> "반면에 어떤 사람이 스스로 건전하게 그리고 절제 있게 처신할 때는, 그리고 이 사람이 잠자리에 들 때는, 이렇게 할 것으로 나는 생각하네. 그는 자신의 이성적인 부분을 깨워서, 훌륭한 말들과 고찰들의 성찬으로 대접을 받게 하여, 홀로 명상에 잠기게 하는 한편으로, 욕구적인 부분들에 대해서는 모자람(endeia)도 충족도 느끼지 않도록 해주는데, 이렇게 함으로써 이 부분이 잠들게 되어, 그것의 기쁨이나 고통으로 '최선의 부분'(to beltiston)에 소동을 일으키는 일이 없게 하며, 이 부분이 자체로 혼자 생각을 하게 하고, 자기가 모르는 것에 대해, 그것이 과거의 것이든 현재의 것이든 또는 미래의 것이든, 동경하며 지각하게 되도록 하네. 또한 그는 같은 방식으로 격정적인 부분(to thymoeides)을 진정시킴으로써, 어떤 사람들에 대해 격분하게 되어 격앙된 상태로 잠드는 일이 없도록 하네. 그가 이들 두 부류는 안정시키는 한편, 앞의 셋째 것, 즉 지혜로움이 거기에 깃들게 되는 부류는 동하게 함으로써, 이처럼 안식을 얻게 된다면, 그런 상태에서 그는 진리를 가장 잘 파악하게 될 것이며, 그의 꿈속에서 나타나는 환영들이 그때에 가장 덜 '불법한'(paranomos) 것들일 것이라는 걸 자네는 알고 있네"(571d-572a).

이상이 욕구에 대한 플라톤의 이해이다.

그런데 플라톤의 소크라테스에 의하면 욕구와 이성 그리고 격정과 이성은 갈등하고 충돌한다. 먼저 욕구와 이성의 충돌은 '목마른 사람'의 비유를 통해 언급된다. 주지하다시피 목마른 사람에게 있어 '목마름'이란 욕구는 "좋은 것"에 대한 욕구가 아니라, 단지 "마실 것 자체"(439a)에 대한 맹목적인 갈구일 뿐이다. 즉, 목마른 사람의 영혼은 마시는 것 이외에는 그 어떤 것도 하고자 하지 않고 단지 마시기만을 목표로 하고 있는 것이다(439a-b). 이때 우리로 하여금 선하고 유익한 것과는 무관하게 무조건적으로 자신 앞에 있는 것을 마시도록 강제하고 인도하는 것은 욕구이고, 그럼에도 불구하고 그것이 좋은 것인지 악한 것인지, 그리고 그것이 유익한 것인지 해로운 것인지를 심사숙고하고 난 이후에야 그것을 마시도록 우리를 이끌고 설득하는 것은 이성이다. 소크라테스는 이성과 욕구의 대립을 다음과 같이 간략하게 요약하고 있는 것이다. "그러니까 이런 것들을 막는 것이 정작 생기게 될 경우에, 이것은 헤아림(추론: logismos)으로 해서 생기지만, 반면에 그쪽으로 이끌고 당기는 것은 어떤 처지나(감정: pathemata) 병적인 상태로 인하여 생기는 것이 아니겠는가?"(439c-d). 이처럼, 목마름의 비유를 통하여 소크라테스는 욕구가 대상에 대한 무차별적인 욕구임을 비판하면서 대상에 대한 합리적인 욕구인 이성을 따르도록 종용하고 있는 것이다.

다음으로 격정과 이성의 충돌은 '레온티노스의 이야기'를 통하여 언급된다. 소크라테스에 의하면, '격정'[34]은 이성과 욕구 중간에 자리하고 있으면서 한편으로는 이성과 욕구의 성격을 동시에 가지면서도, 또 다른 한편으로는 그것들과 차별화되어 제3의 것으로 자리

---

34) 격정이라는 개념은 기본적으로 '경쟁심'이나 '자존심', 또는 '명예감' 등과 연관된 것임을 알 수 있다(Cooper, 1984, 40). 그리고 레온티노스의 이야기와 연관된 것으로는 김혜경의 논문(1996, 1997, 1999)을 참고하라.

매김되는 것이다. 즉, 격정은 평소 욕구와 가까이 있다. 그런 점에서 이성과 대립각을 세운다. 하지만 그것은 어떤 특정한 대상을 도덕적으로 판단할 때에는 언제나 이성에 근거한다. 이런 점에서 격정은 욕구와 대립각을 세우는 것이다. 즉, "분노"(440a)와 "승리-애" 그리고 "명예-사랑"(581b) 등의 격정은 모두 이성과의 연관성 속에서 발생된 감정들이며, 이성이 결여되어 있을 경우에는 그 어떠한 격정도 발생되지 않는다. '레온티노스' 이야기는 이성과 격정의 관계를 설명하기 위해서 소크라테스가 언급하는 이야기이다. 간단히 말해 이야기기는 아글라이온의 아들 레온티오스가 시체를 보면서 한편으로는 보고 싶어 하면서도 또 다른 한편으로는 싫어서 외면하려 하였다는 사건을 언급하는 것인데, 이 이야기에서 소크라테스는 레온티노스가 시체를 보고 싶어 하는 것은 욕구에 이끌려서이고, 시체 보기를 외면하고 그러한 욕구에 저항하는 것(440a)은 "분노"(orgē)[35]의 감정과 연관되어 있다고 언급한다. 그런데 시체 보기를 거부하면서 일어난 분노의 감정은 하나의 도덕적 판단을 수반하는데, 그것은 이성과의 연관성 속에서 발생할 수 있는 것이다. 레온티노스의 이야기를 통하여 소크라테스는 격정이 친(親)이성적·반(反)욕구적인 특징을 지니고 있음을 언급하고 있는 것이다. 다음은 그것과 연관된 소크라테스의 언급이다.

> "격정적인 부분(to thymoeides)과 관련해서 우리가 보게 된 것이 방금 전과는 정반대로 되었다는 것일세. 아까는 이를 욕구적인 것

---

[35] 여기에서 분노는 내용상 격정을 언급한다. 격정에는 '기개'와 '분노'라는 두 가지 뜻이 함축되어 있다. 플라톤의 소크라테스에 의하면 태어나는 아이들은 대부분 격정으로 가득 차 있지만, 나이가 들고 교양을 쌓을수록 이성은 커진다(414a-b).

으로 우리가 생각했었지만, 지금은 그렇기는커녕, 혼의 내부에 있어서 헤아리는(이성적인) 부분(to logistikon)을 위해 무장을 한다고 우리가 말하고 있으니까 말일세"(440e).

하지만 그럼에도 불구하고 격정은 이성과 동일시될 수 없는 한계를 지니고 있다. 왜냐하면 격정은 그 스스로 충동을 느낄 수도 있으며 그런 한에서 욕구와 완전히 단절된 것 또한 아니기 때문이다. 주지하다시피 영혼 안에서 선하고 악한 것에 대한 전반적인 헤아림 또는 합리적인 판단력을 행사하는 것은 이성이다. 이러한 이성에 비교해볼 때 격정은 아무래도 선하고 악한 것들에 대한 전반적인 헤아림을 결여하고 있다. 그런 점에서 격정은 비합리적·반이성적 충동이다. 소크라테스는 호메로스의 시구를 인용하면서 그것을 다음과 같이 정리하고 있다. 『오디세이아』 20.17에 의하면, 오디세우스는 귀향한 후 자신의 왕궁에서 페넬로페의 하녀들이 못된 짓을 하는 것을 보고서는 크게 분노하였다. 하지만 그럼에도 불구하고, 그는 자신의 완벽한 복수를 위해 "제 가슴을 치면서" 자신의 격정을 억누른다. 그런데 이때 오디세우스는 순간적 격정보다는 철저하게 이성에 근거하여 행동하고 있음을 알 수 있다. 다음은 그것과 연관된 소크라테스의 언급이다.

"우리가 인용했던 호메로스의 그 구절도 이를 증언하고 있네. 즉, '하나, 그는 제 가슴을 치면서 이런 말로 제 심장을 나무랐다'라는 구절 말일세. 이 구절에서 분명히 호메로스는 더 나은 것과 더 못한 것에 관해서 헤아려본 부분이 헤아릴 줄 모르고 격하여지는 부분과 서로 다른 것으로서, 한쪽이 다른 쪽을 나무라는 것으로 묘사하고 있으니까 말일세"(441b-c).

이처럼 격정은 반이성적·친욕구적인 특징을 지니고 있는 것이다.

레온티노스와 오디세우스의 이야기를 종합해볼 때, 플라톤의 소크라테스에게 있어서 격정이란 것은 영혼 안에서 이성이나 욕구와는 차별화되는 제3의 부분임에도 불구하고, 자신만의 고유한 영역을 갖는 독립적인 존재라기보다는 그 중간에서 상황에 따라 자신의 위치를 자리매김하는 유동적인 존재임을 알 수 있다. 그러기에 소크라테스에게 있어 격정은 욕구보다는 이성적이나 이성에 비해서는 불완전하기에, 신이 주신 두 가지 교과목인 "시가와 체육"(411e)을 통하여 끊임없이 훈련되어야 하는 중간자적인 존재인 것이다. 다음은 그것과 연관된 언급이다.

> 그러니까 어떤 신이 이들 두 가지 교과목, 즉 시가(mousike)와 체육(gymnastike)을 인간들에게 주었는데, 이는 혼의 '격정적인 면'(to thymoeides)과 '지혜를 사랑하는 면'(to philosophon)을 위해서지, 부수적인 경우가 아니고서는, 혼과 육신을 위해서가 아닌 것 같다고 나로서는 말하고 싶네. 말하자면, 이 양면이 '적절한 정도'(to proskon)만큼 조정되고 이완됨으로써 서로 조화를 이루도록 하기 위해서 말일세(411e-412a).

이처럼 소크라테스는 영혼의 조화를 달성하기 위해서 시가와 체육교육의 중요성을 강조한다. 그런데 여기에서 강조되는 체육교육과 시가교육은, 무비판적으로 생각되듯이, 체육은 몸, 시가는 혼을 각각 보살피기 위한 것이 아니라 둘 다 무엇보다도 혼을 위한 것이다(김영균, 2008). 플라톤의 생각엔 체육교육과 시가교육이 모두 영혼을 위한 것이지 무비판적으로 생각되듯이 일대일 대응관계에 있는 것은 아니기 때문이다. 하여튼 플라톤은 이러한 교육을 통하여 궁극적으로 영혼의 이성적인 면과 격정적인 면의 상호 조화를 꾀하였던 것이다.

6. 맺음말

　플라톤적인 맥락에서 영혼 안에서 이성과 격정은 지배와 복종의 관계를 가진다. 그리고 이성에 의한 영혼의 지배 또는 이성에 의한 영혼의 인도는, 결국 영혼 전체의 조화를 그 주된 목표로 해야 한다. 물론 전도된 현실 세계에서 비이성적이 것들에 의한 이성적인 것의 지배가 실제적으로 이루어지고 있다는 것은 부정하기 힘든 사실이다. 하지만 플라톤의 소크라테스는 우리에게 시종일관 이성에 의한 영혼의 인도 또는 영혼의 조화를 지향할 것을 강조하고 있다.

　이성에 의한 영혼의 지배 혹은 인도의 문제는 소크라테스가 문답법을 통하여 실현하고자 하였던 영혼의 습관화와 다름 아니다. 체육교육과 시가교육을 통해서, 그리고 문답법을 통해서 그는 지속적으로 영혼의 조화 및 영혼의 습관화를 실현하고자 하였다. 특히 대화 상대자를 음미하고 그를 논리적으로 논파하며 그의 감정을 자극하고 그를 분노케 하는 모든 논박 활동은, 궁극적으로 대화상대자의 인격을 치유하고 그를 윤리적으로 성숙시키기 위한 일련의 철학적 활동인데, 이는 결국 플라톤의 감정 문제가 그의 이성 및 그의 욕구 문제와 따로 떨어져 독립적으로 존재할 수 있는 것이 아니라, 항상 그것들과의 관계성 속에서 그리고 '궁극적인 선'을 지향하면서 이루어져야 함을 암시한다. 엘레아에서 온 이방인의 말대로 이러한 소크라테스의 방법론은 단순한 수사술 또는 쟁론술이 아니라 인간 영혼을 돌보고 치유하는 '고상한 소피스테스술'이다. 만약 소크라테스의 문답법이 전도된 인간 영혼의 상처를 치유하고 그를 인격적으로 성장시키지 못한다면, 그의 문답법은 존립 가치를 상실하고 말 것이다. 역으로 소크라테스의 문답법이 현재까지도 영혼의 인도 내지는 영혼의 조화라는 인간학의 궁극적인 가치를 충족시켜 주고 현재까지 유의미한 방법론으로 자리매김하고 있는지도 모른다. 그러기에 플라톤에게 있어서 문답법과 감정의 문제는 윤리적인 측면에서 고찰되고 이해되어야 하는 것이다.

그럼에도 불구하고 문제는 남는다. "감정의 완전한 순화는 언제 이루어지나?" 그리고 "이성에 의한 감정의 완전한 제어는 항구적인가?" 물론 이러한 문제들은 한마디로 대답하기 힘든 난해한 문제들이다. 하지만 그것을 풀기 위한 자아의 노력은 계속되고 있다. 무엇보다도 감정은 다양한 체육교육과 시가교육을 통하여 자신의 방향성을 재정립해야 한다. 욕구보다는 이성을 지향하는 결단이 요구된다. 이성 역시 감정을 올바르게 인도하게 위해서는 "가장 중요한 배움"(to megiston mathēma, 504d)의 공부인 "좋음의 이데아"(hē tou agathou idea)에 대한 공부를 지속적으로 수행해야 할 것이다. 그렇지 않고서는 곧바로 비이성적인 부분들이 지닌 엄청난 힘에 압도당해 버리고 말 것이기 때문이다. 하지만 만약 우리 영혼이 이 좋음의 이데아에 대한 공부를 게을리하지 않는다면, 아마도 우리의 영혼은 존재의 어두움으로부터 아주 멀리 떨어져 존재할 수 있을 것이다.

제4장

플라톤 철학에서
영혼이란 무엇인가?

반면에 올바른 것들이 이롭다고 주장하는 자는 이런 주장을 하지 않겠는
가? 행하고 말해야 할 것들은, 이로써 내부의 인간이 이 인간을 최대한 장
악하게 되며, 많은 머리를 가진 짐승을, 마치 농부처럼, 유순한 머리들은
키우고 길들이되, 사나운 것들은 자라지 못하게 막아가며 보살피게 되는
한편으로, 사자의 성향을 협력자로 만들어서, 공동으로 모두를 돌보며, 서
로들 그리고 자기 자신과도 화목하게 만드는 그런 방향으로 조장하는 것
들이어야 한다고 말일세.

- 『국가』 589a-b

1. 머리말

'올바름'의 문제를 천착하는 것으로 알려진 플라톤의 『국가』는 형
이상학과 인식론 그리고 윤리학과 연관된 다양한 철학적 문제들을
함축한 플라톤 최고의 대화편 중의 하나이다. 그 가운데에서도 제4
권은 윤리학 또는 도덕철학과 연관하여 가장 중요한 철학적 문제들
중의 하나로 손꼽히는 인간 영혼의 문제, 즉 '영혼의 삼분' 및 '영혼
의 조화' 문제를 본격적으로 탐색한다. 구체적으로 세 부분으로 나

누어진 영혼에서 '지혜의 원리'와 동일시되는 영혼의 '이성적인 부분'은 '감정의 원리'와 동일시되는 영혼의 '격정적인 부분' 및 '욕망의 원리'로 동일시되는 영혼의 '욕구적인 부분'과 어떠한 관계를 맺고 있으며, 이것들은 상호 어떻게 충돌하고 조화되는가 하는 문제를 심도 있게 조망하고 있는 것이다. 하지만 이러한 논의는 『잔치』와 더불어 『파이드로스』, 『고르기아스』, 『필레보스』, 『티마이오스』 그리고 『법률』 등을 검토해야만 하는 지난(至難)한 작업 중의 하나이다. 그러기에 본 연구에서는 일단 지면상의 한계로 인하여 『국가』를 중심으로, 특히 제4권을 중심으로 영혼 삼분의 문제 및 영혼의 습관화 문제를 천착할 것이다.

주지하다시피, 『국가』 제4권은 국가의 올바른 상태는 국가를 구성하고 있는 세 부류의 사람들인 통치자들과 수호자들 그리고 일반시민들이 자신에게 주어진 일을 함으로써 실현될 수 있다는 것을 논증한다. 아울러 올바른 국가가 실현되기 위해서는 통치자들의 '지혜', 수호자들의 '용기' 그리고 일반 시민들의 '절제'가 절대적으로 필요함을 역설한다. 이것에 기반을 두어 플라톤의 소크라테스는 개인의 영혼도 국가의 조화와 유비적인 관계에 있는 그러한 조화가 필요함을 역설하는데, 이것은 영혼의 격정적인 부분 그리고 욕구적인 부분이 영혼의 이성적인 부분의 통제에 따라 조화와 화합을 이룰 때에만 가능한 그러한 상태이기도 하다. 이에 필자는 제4권에서 논의되는 플라톤의 소크라테스의 논의를 충실히 따르면서, 제4권에 나타난 다음의 문제들, 즉 인간 영혼의 본질과 그 구조의 문제, 그리고 이성적인 부분과 격정적인 부분 그리고 욕구적인 부분으로 이루어진 '영혼 삼분'의 문제와 그것들 간의 관계 문제, 나아가 시가교육과 체육교육에 의한 '영혼의 습관화', 즉 "이성과 법"(605ab)에 의해서 영혼을 "버릇 들이는(ethizein)"(604d) 문제를 집중적으로 고찰할 것이다. 다분히 윤리적이고 도덕철학적인 의미를 함축하는 이러한 문제들에 대한 논의를 통하여, 우리는 영혼에 대한 플라톤의 논의가 그의 도덕철학의 진수임을 확인할 수 있을 것이다.

구체적으로 필자는 다음 문제들을 천착할 것이다.[1] 첫째, 플라톤의『국가』에서 인간 영혼은 어떻게 나누어지는가? 영혼의 이성적인 부분, 격정정적인 부분 그리고 욕구적인 부분은 각각 어떤 의미를 지니는가? 둘째,『국가』에서 플라톤의 소크라테스는 왜 영혼을 삼분하는가? 영혼의 '격정적인 부분'은 이성적인 부분 및 욕구적인 부분과 달리 왜 영혼의 제3의 부분으로 새롭게 등장하는가? 그리고 격정적인 부분은 왜 중간자적 존재로 불리는가? 셋째, 삼분된 영혼은 어떻게 조화를 이루는가? 영혼의 조화를 위해서 시가교육과 체육교육은 어떠한 역할을 수행하는가? 그리고 인간 영혼과 몸은 궁극적으로 조화될 수 있는가?

2. 인간 영혼은 어떻게 나누어지는가?

영혼의 습관화 문제와 연관하여 가장 먼저 살펴보아야 할 부분은 『국가』 제10권이다. 플라톤은 거기에서 자신의 철학의 목표가 인간

---

[1] 윤리적 방법론으로서의 소크라테스의 문답법이 대화상대자와 청자 그리고 대화 현장에는 없었던 청중들의 감정을 자극하는 문제, 그리고 플라톤의 초기 대화편 중의 하나인 『라케스』에 등장하는 인물들의 감정 자극의 문제는 다음 졸고를 참고하라. 박규철,「플라톤 대화편에 나타난 문답법의 윤리적 의미와 '감정의 문제'」,『동서철학연구』제55호(2010).

영혼의 습관화에 있음을 분명히 한다. 즉, "이성과 법"(605ab)에 의해서 인간 영혼을 습관화하는 것이야말로 철학적 활동 주에서 가장 유의미한 것임을 언급하는 것이다. 이것과 연관된 『국가』의 목소리는 다음과 같다.[2]

> "일어닌 일에 대해 결단을 내리는 것(bouleuesthai)이네. 그리고 마치 주사위 던지기에서 던진 결과에 대해 하듯, 자신의 일들을, '이성'이 최선이라고 입증하는 방식에 따라, 처리하는 것일세. 마치 넘어진 아이들이 상처를 붙잡고 우는 데 시간을 보내야 할 것이 아니라, 의술로써 비탄이 사라지게 하는 식으로, 상처와 아픈 데를 낫게 하고 바로잡아 주는 데 가급적 빨리 대처하도록 **언제나 혼을 버릇 들이는 것일세.**"(강조는 필자가 한 것임. 이하 동일함) 내가 말했네(604c-d).

물론 영혼의 습관화 문제와 관련하여 가장 우선적으로 살펴보아야 할 부분은 '영혼 삼분'의 논의가 등장하는 제4권이다. 하지만 플라톤은 본 논의와 별도로 '영혼 이분'의 문제도 거론하는데, 그것은 제10권에 존재한다. 여기에서 플라톤의 소크라테스는 인간 영혼을 두 부분으로 나눈다. 그리고 그것을 상호 대립적 상호 갈등적 관계로 규정한다. 그에 의하면, 이성적인 부분은 합리적인 것으로 영혼의 우월한 부분을 말하며, 즉 "측정과 계산을 신뢰하는 부분"(603a)인 이성적인 부분은 "혼에 있어서 최선의 부분"(603a)이고, 비이성적인 부분은 이성에 반대되는 것으로 영혼을 "고통에 대한 기억 쪽으로 그리고 비탄 쪽으로 인도하며 이에 물릴 줄도 모르는 부분"

---

2) 『국가』에 대한 인용은 현재 이 대화편에 관한 가장 표준적인 번역본으로 알려진 박종현의 번역에 따른다. 『일곱째 편지』 및 『티마이오스』와 관련된 번역 역시 그의 번역을 따른다.

(604d), 즉 영혼의 "변변찮은 부분"(603a) 또는 "비겁과 친근한 것"(604d)인 영혼의 열등한 부분을 말한다.

이러한 입장에 근거해볼 때, 영혼의 이성적인 부분의 지배를 받는 사람들은[3] 개인적인 불행에 직면해서도 결코 자신의 "절도"(603e)를 상실하지 않은 채 품위 있게 행동한다. 이에 반해 비이성적인 부분의 지배를 받는 사람들은 그렇지 못하다. 영혼의 이성적인 부분이 "분별 있고 침착한 성격(ethos)으로 언제나 '자기동일성'을 유지하는 데"(604e) 반해서, 영혼의 비이성적인 부분들은 "화를 잘 내고"(605a) 자기동일성을 유지하지 못하기 때문이다(박규철, 2010, 23). 특히, 자기동일성을 유지하지 못하는 영혼의 비이성적인 부분들은 "모방적인 시인"(605a)[4]들은 시가 인간에게 주는 즐거움만을 강조하고 영혼의 비이성적인 부분을 "일깨워 키우고 강화함으로써 헤이라는(이성적인) 부분을 파멸시킨다"(605b). 하지만 이는 인간 영혼의 건전한 인격 형성을 저해하는 심각한 문제이다. 다음은 이와 연관된 언급이다.

"우리에게 있어서 그 성향상 최선의 것인 부분은 이성과 습관에 의해 충분히 교육받지 못한 처지라, 이 비탄하는 부분에 대한 감시를 풀게 되는데, 이는 남의 고통을 구경하고 있기 때문이며, 홀

---

3) "훌륭한 사람들"(603e3) 또는 "선량한 사람들"(605c7)로 이해될 수 있다.

4) 철학사에서 시인에 대한 플라톤의 비판은 예술 전체에 대한 부정으로 종종 오해되어 왔다. 하지만 플라톤 자신이 소크라테스의 입을 통해서 분명히 밝히고 있듯이, 즉 "즐거움을 위한 시와 모방이 훌륭히 다스려지는 나라에 자기가 있어야만 하는 어떤 논거"(607c)를 말할 수 있다면, 그는 결코 시를 '아름다운 나라'에서 추방하지 않을 것이라고 한다. 다시 말해서, 그는 "시가 즐거움을 주는 것일 뿐만 아니라 나라의 체제와 인간 생활을 위해서도 이로운 것이라는 걸" 증명할 수만 있다면, 이를 허용할 것이라고 말하고 있는 것이다. 이처럼 플라톤의 시인비판론은 시인 그 자체에 대한 전면적인 부정이 아니라, 인간 영혼의 비이성적인 부분이 이성과 법에 의해서 지배받지 못하고, 또한 인간의 인격을 도야시키는 데 기여하지 못한다면, 그것은 반드시 비판받아야만 하며, 그들이 담당하였던 교사로서의 역할 또한 제한되어야만 한다는 것으로 이해되어야 한다. 이처럼 플라톤의 소크라테스는 이성과 법에 의한 감정의 순화, 영혼의 습관화를 강조하고 있는 것이다.

룡한 사람이라고 하는 남이 어울리지 않게 슬피 울 경우에, 이 사람을 찬양하여 애처롭게 여긴다 해서, 자신으로서 부끄러울 것은 아무것도 없기 때문이라고 말일세. 오히려 그것은 덕을 본다고, 즉 즐거움을 얻는다고 믿고서, 시 전체를 경시함으로써 이 즐거움을 앗기게 되는 걸 용인하려 하지 않을 걸세. 남들의 불운을 즐기는 것이 필연적으로 자신들의 불운으로 바뀔 것임을 헤아리는 것은 소수의 사람에게나 가능하다고 나는 생각하기 때문이네. 남들의 불운 속에서 자라서 힘이 세어진 이 불쌍히 여기는 부분을 정작 자신의 불운에 당면해서 억제한다는 것은 쉽지가 않다네"(606a-b).

이런 점에서 볼 때, 제10권에서 논의되는 영혼 이분화의 요지는 영혼 전체의 조화가 달성되기 위해서는 비이성적인 부분들이 우선적으로 이성적인 부분의 지배를 받아야 한다는 것이다. 다르게 말해서 영혼의 이성적인 부분이 비이성적인 부분을 지배해야만 영혼의 전체적인 조화가 가능해진다는 말이다.

그런데 영혼의 본질과 구조에 대한 본격적인 논의는 필연적으로 제4권에 등장하는 '영혼 삼분'에 대한 논의를 필요로 한다. 주지하다시피, 영혼 삼분이라는 문제는 영혼을 '이성적인 부분'[5]과 '격정'(감정적인 부분) 그리고 '욕구적인 부분'으로 나누는 것으로 그 구체적인 언급은 제4권 435e-436a에 등장한다. 여기에서 플라톤의 소크라테스는 인간 영혼을 '배움을 좋아하는 부류'인 '토 필로마테스'(to philomathes)와 '격정적(기개적)인 부분'인 '토 튀모에이데스'(to thymoeides) 그리고 '돈을 좋아하는 부류'인 '토 필로크레마톤'(to philochrematon)으로 나누는데, 이때 토 필로마테스는 '배움의 원리' 또는 '이성의 원리'

---

5) 이성은 일차적으로 "배움을 좋아하는 부류"(to philomathes, 437e7)이다. 제9권에서 이성은 "헤아리고 추론하는"(hōi logizetai, 439d5) 능력으로 이해된다. 그리고 그것은 "배움을 좋아하고 (philomathes) 지혜를 사랑하는(philosophon)"(581b10) 것으로도 이해된다.

로, '토 튀모에이데스'는 '감정'과 '격정' 또는 '분노'와 '명예'의 원리로, 그리고 '토 필로크레마톤'은 돈에 집착하는 원리로 식욕과 성욕 그리고 신체적 쾌락과 연관된 '욕구의 원리'로 이해된다.

"그러니까 각자 안에는 나라에 있는 것들과 똑같은 종류들과 성격들이 있다는 데에 우리가 동의하는 것은 지극히 필연적이겠지? 그곳 이외의 다른 데서 나라에 있는 것들이 유래되지는 않았을 것이 분명하니까 말일세. 만약에 어떤 사람이 생각하기를, '격정적(기개적)인 부류'(to thymoeides)가 여러 나라 안에 생기게 되는 것이 이런 평판을 듣고 있는 개개인들, 이를테면 트라케 지방과 스키티케(스키타이) 지방 그리고 대개의 북방 지역에 사는 사람들에게서 유래되지 않았다고 한다면, 우스운 일이겠기 때문일세. 또는 그 어떤 곳보다도 우리 고장을 제일 내세움 직한 '배움을 좋아하는 부류'(to philomathes)나, 페니키아인들과 이집트 지역 사람들에게 적잖이 있다고 말할 수 있는 '돈을 좋아하는 부류'(to philochrematon)의 경우도 이는 마찬가지일 걸세." 내가 말했네(435e-436a).

"우리가 다음의 각 행위를 하는 게 우리 안에 있는 동일한 부분으로 하는 건지, 아니면 세 가지 부분이 있어서 각각의 다른 부분으로 다른 행위를 하는지는 말일세. 우리는 우리 안에 있는 것들 중의 한 가지로는 배우고, 다른 한 가지로는 발끈하며, 셋째 것으로는 음식과 생식 또는 이것들과 동류인 것들과 관련된 쾌락을 욕구하는지, 아니면 이런 각각의 행위를 우리가 일단 하기 시작하면, 그걸 혼 전체로 하는지는 말일세. 이를 제대로 결정짓기는 어려운 일일세"(436a-b).

그런데 가장 흔하게 사용되는 영혼 삼분의 모델은 제4권 439d-441c에 등장한다. 여기에서 플라톤의 소크라테스는 이성적인 부분을 '토 로기스티콘'(to logostikon)으로, 감정적인 부분 또는 격정적인 부분을 '토 튀모에이데스'(to thymoeides)로, 그리고 욕구적인 부분을 '토 에피튀메티콘'(to epithymetikon)으로 명명하는데, 이것에 근거해서 우리는 영혼을 '이성'과 '격정'(감정) 그리고 '욕구'로 삼분한다.

> "따라서 우리가 이것들을 두 가지 서로 다른 것들로 보고서, 그것으로써 혼이 헤아리게(추론하게) 되는 부분(면) 혼의 헤아리는(추론적·이성적: logistokon) 부분이라 부르는 반면, 그것으로써 혼이 사랑하고 배고파하며 목말라하거나 또는 그 밖의 다른 욕구들과 관련해서 흥분 상태에 있게 되는 부분은, 어떤 만족이나 쾌락들과 한편인 것으로서, 비이성적(헤아릴 줄 모르는: alogistikon)이며 욕구적인(epithymetikon) 부분이라 부른다 해도, 결코 불합리하지는 않을 걸세"(439d).

앞의 것, 즉 영혼을 '토 필로마테스'(to philomathes)와 '토 튀모에이데스'(to thymoeides) 그리고 '토 필로크레마톤'(to philochrematon)으로 나누는 것과 비교해볼 때, 후자의 경우, 즉 영혼을 '토 로기스티콘'(to logostikon) '토 튀모에이데스'(to thymoeides) 그리고 '토 에피튀메티콘'(to epithymetikon)으로 나누는 것은 영혼의 감정적인 부분 또는 격정적인 부분에 대해서는 동일한 개념을 사용하고 있으나, 이성적인 부분과 욕구적인 부분에 대해서는 다른 개념을 사용하고 있다. 이는 새로운 것으로 향후 논의될 영혼 개념에 관한 논의의 기본 뼈대를 이룬다.

이러한 논의를 통하여, 플라톤의 소크라테스는 하나의 영혼이 세 부분, 즉 이성적인 부분, 격정적인 부분 그리고 욕구적인 부분으로 이루어져 있으며, 그 부분들은 각각 독자적인 원리에 의해서 움직이고 있음을 강조한다.

3. 중간자적 존재로서의 영혼의 격정적인 부분: '목마른 사람의 비유'와 '레온티노스의 이야기'

그럼 플라톤의 소크라테스에 있어서 이성적인 부분과 욕구적인 부분, 그리고 이성적인 부분과 격정적인 부분은 어떠한 관계에 있는가? 단적으로 말하자면, 그 세 부분들은 서로 갈등하고 서로 충돌하는 관계에 있다. 플라톤의 소크라테스는 이성적인 부분과 욕구적인 부분의 충돌을 '목마른 사람'의 비유를 통해서 설명하고 있으며, 이성적인 부분과 격정적인 부분의 충돌을 '레온티노스의 이야기'를 통하여 설명하고 있다. 다음은 그 구체적인 언급이다.

먼저 소크라테스의 목마른 사람의 비유는 다음과 같이 이해된다(박규철, 2010 참조). 우리에게 잘 알려져 있듯이, 목마른 사람에게 있어 목마름이라고 하는 욕구 그 자체는 '선한 것' 또는 '최고로 좋은 그러한 것'에 관한 욕구가 아니다. 오히려 그것은 "마실 것 자체"(439a)에 대한 맹목적이고도 무차별적인 욕구이다. 따라서 플라톤의 소크라테스는 목마른 사람의 영혼은 "마시는 것 이외의 다른 어떤 것도 하고자 하지 않고, 마시기만을 갈구하며 이를 위해 서두르는 것"(439a-b)이라고 단정적으로 규정하고 있는 것이다. 이렇게 볼 때, 인간에게 있어 욕구라는 것은 영혼으로 하여금 단지 '선하게 보이는 것' 또는 '좋게 보이는 것'을 이성과 무관하게 맹목적·무차별적으로 추구하게 만드는 그러한 것이다. 그러기에 우리의 영혼은 이성에 근거하여 선하고 유익한 것 그러한 것을 지향해야 하지, 만약 그렇지 못할 경우에는 악하고 해로운 것에 쉽사리 노출될 수 있다는 것이 플라톤의 생각이다. 즉, 만약 우리의 영혼이 맹목적으로

마시기만을 강제하는 욕구에 이끌려 마시는 것 그 자체에만 집착한다면, 우리의 영혼은 그것이 '좋은 것'인지 아니면 '나쁜 것'인지, 그리고 그것이 '이로운 것'인지 아니면 '해로운 것'인지에 대한 전반적인 이해를 결여한 채 비이성적·비합리적으로 판단할 수 있다는 것이다. 그러기에 플라톤의 소크라테스는 욕구에 대한 이성의 우월성을 다음과 같이 정리한다.

> "그렇다면, 그 사람들에 관해서는 뭐라 말할 수 있을까? 그들의 혼 안에는 마시도록 시키는 것이 있는가 하면, 마시는 걸 막는 것이, 즉 그러도록 시키는 것과는 다르면서 이를 제압하는 게 있지 않은가?"
>
> (…)
>
> 그러니까 **이런 것들을 막는 것이 정작 생기게 될 경우에, 이것은 헤아림(추론: logismos)으로 해서 생기지만**, 반면에 그쪽으로 이끌고 당기는 것은 어떤 처지(감정: pathemata)나 병적인 상태로 인하여 생기는 것이 아니겠는가?"(439c-d). (…)
> "따라서 우리가 이것들을 두 가지 서로 다른 것들로 보고서, 그것으로써 혼이 헤아리게(추론하게) 되는 부분(면)을 혼의 헤아리는 (추론적·이성적: logistikon) 부분이라 부르는 반면, 그것으로써 혼이 사랑하고 배고파하며 목말라하거나 또는 그 밖의 다른 욕구들과 관련해서 흥분 상태에 있게 되는 부분은, 어떤 만족이나 쾌락들과 한편인 것으로서, 비이성적(헤아릴 줄 모르는: alogistikon)이며 욕구적인(epithymetikon) 부분이라 부른다 해도, 결코 불합리하지는 않을 걸세"(439d).

이처럼 목마름의 비유를 통하여 플라톤의 소크라테스는 욕구가 존재하는 대상에 대한 무차별적이고 맹목적인 욕구임을 비판하면서, 우리의 영혼이 대상에 대한 합리적이고 분별 있는 욕구인 이성을 따르도록 강조하고 있는 것이다.

　다음으로 영혼의 이성적인 부분과 격정적인 부분의 관계성은 레온티노스의 이야기를 통하여 고찰된다(박규철, 2010 참조). 주지하다시피, 이 이야기는 레온티노스가 한편으로는 시체 보기를 원하면서도 또 다른 한편으로는 시체 보기를 외면하려 하였다는 사례를 두고 이야기되는 것으로, 플라톤의 소크라테스는 여기에서 레온티노스가 영혼의 욕구적인 부분이 아니라 욕구적인 부분에 저항하는 강력한 힘인 "분노"(orgē)(440a)의 감정에 이끌렸다는 사건에 주목한다. 이는 인간 영혼 안에 욕구적인 충동에 반하는 격정적인 부분, 그리고 이성과 연관된 그 격정적인 부분의 윤리적 · 도덕적 판단이 존재하고 있음을 말해주고 있는 것으로, 여기에서 플라톤의 소크라테스는 영혼의 격정[6]적인 부분이 지니고 있는 이중적인 특징에 주목한다. 즉, 영혼의 격정적인 부분은 이성적인 부분과 욕구적인 부분의 중간 지대에 자리매김하고 있으면서, 한편으로는 이성적인 부분과 욕구적인 부분의 특징을 동시에 가지고 있으면서도, 또 다른 한편으로는 이성적인 부분 및 욕구적인 부분과 차별화되는 제3의 존재로 자리 잡고 있는 것이다. 다시 말해, 격정적인 부분은 이성적인 부분과 욕구적인 부분의 중간자적인 존재인 것이다. 우선적으로, 영혼의 격정적인 부분은 욕구적인 부분과 동근원적이다. 이 두 부분은 모두 이성적인 부분이 아니라는 공통된 특징이 있다. 그런 점에서 그 두 부분은 이성적인 부분과 강하게 대립한다. 하지만 그럼에도 불구하고 격정적인 부분은 이성적인 부분과도 연결되어 있다. 왜냐하면 욕

---

6) 격정이라는 개념은 기본적으로 '경쟁심'이나 '자존심', 또는 '명예감' 등과 연관된 것임을 알 수 있다(Cooper, 1984, 40). 그리고 레온티노스의 이야기와 연관된 것으로는 강성훈(2005)과 김혜경(1996, 1997, 1999)을 참고하라.

구적인 부분과 달리 격정적인 부분은 어떤 특정한 대상을 도덕적·윤리적으로 판단할 때에는 항상 이성적인 부분에 근거하여 합리적으로 판단하기 때문이다. 이런 점에서 격정적인 부분은 이성적인 부분과 함께 욕구적인 부분에 강하게 대립한다. 영혼의 격정적인 부분들이 지닌 사례들, 즉 "분노"(440a)나 "승리-애" 그리고 "명예-사랑"(581b) 등의 감정은 모두 이성적인 부분과의 연관성 속에서 발생된 도덕적·윤리적 감정들이다. 다시 말해, 이러한 도덕적 감정들은 이성적인 판단이 결핍되어 있을 때에는 발생되지는 않는 그러한 것이다. 이처럼 레온티노스 이야기는 격정적인 부분이 욕구적인 부분보다 이성적인 부분과 밀접하게 연관되어 있다는 것을 보여주는 하나의 사례이다. 다음은 이와 연관된 소크라테스의 언급이다.

> "**격정적인 부분(to thymoeides)**과 관련해서 우리가 보게 된 것이 방금 전과는 정반대로 되었다는 것일세. 아까는 이를 욕구적인 것으로 우리가 생각했었지만, 지금은 그렇기는커녕, **혼의 내부에 있어서 헤아리는(이성적인) 부분(to logistikon)을 위해 무장을 한다**고 우리가 말하고 있으니까 말일세"(440e).

하지만 그럼에도 불구하고 영혼의 격정적인 부분은 이성적인 부분과 동일시될 수 없는 존재이다. 그런 점에서 그것은 분명 한계를 안고 있다. 왜냐하면 영혼의 격정적인 부분은 이성을 동반하지 않으면 욕구와 선택적 친화력을 형성하며, 그런 한에서 그것은 욕구적인 부분과 연속적인 관계에 있기 때문이다. 주지하다시피, 영혼의 이성적인 부분은 선한 것과 악한 것 또는 좋은 것과 나쁜 것에 대한 전반적인 판단 또는 합리적인 이해력을 행사한다. 그런데 영혼의 이성적인 부분과 비교해서, 격정적인 부분은 선한 것과 악한 것 또는 좋은 것과 나쁜 것에 대한 일반적인 이해력을 소유하고 있지 못하다. 이런 점에서 볼 때 격정적인 부분은 합리적인 이성 없이는 욕구가 제공하는 충동에 쉽사리 노출될 수 있는 것이다. 우리는 그러한 사례를 오디세우스의 사례를 통해서도 확인할 수 있다.[7] 다음은 그것과 연관된 소크라테스의 언급이다.

> "우리가 인용했던 호메로스의 그 구절도 이를 증언하고 있네. 즉, '하나, 그는 제 가슴을 치면서 이런 말로 제 심장을 나무랐다'라는 구절 말일세. 이 구절에서 분명히 호메로스는 더 나은 것과 더 못한 것에 관해서 헤아려 본 부분이 헤아릴 줄 모르고 격하여지는 부분과 서로 다른 것으로서, 한쪽이 다른 쪽을 나무라는 것으로 묘사하고 있으니까 말일세"(441b-c).

이처럼 플라톤의 소크라테스에게 있어 영혼의 격정적인 부분은 이성에 의해서 보충 내지는 매개되지 않고서는 욕구에 노출될 수 있는 나약한 존재인 것이다.

위에서 언급된 레온티노스의 이야기와 오디세우스의 이야기를 종합해볼 때, 우리는 다음 결론에 도달할 수 있다. 즉, 플라톤의 소크라테스에게 있어서 격정 또는 감정이라는 개념은 한편으로는 이성과는 동일시되고 욕구와는 차별화되는 그러한 존재임과 동시에, 또 다른 한편으로는 욕구와는 동일시되고 이성과는 차별화되는 그러한 존재로 드러난다. 다시 말해서 격정 또는 감정은 이중적인 존재이자

---

7) 이에 대한 사례는 호메로스의 『오디세이아』(20.17)에 있다. 여기에서 오디세우스는 귀향한 후 자신의 왕궁에서 페넬로페의 하녀들이 못된 짓을 하는 것을 보고서는 크게 분노하였다. 하지만 그럼에도 불구하고, 그는 자신의 완벽한 복수를 위해 "제 가슴을 치면서" 자신의 격정을 억누른다. 그런데 이때 오디세우스는 순간적 격정보다는 철저하게 이성에 근거하여 행동하고 있음을 알 수 있다(박규철, 2010, 26 참조).

중간자적인 존재이다.

4. 삼분된 영혼의 조화 및 영혼과 몸의 조화는 어떻게 가능한가?

중간자적인 존재로서의 감정 또는 격정은 이성에 의해 습관화되어야 한다. 그러기에 플라톤의 소크라테스에게 있어 격정은 욕구보다는 이성적이나 이성에 비해서는 불완전하기에, 신이 주신 두 가지 교과목인 "시가와 체육"(411e)을 통하여 끊임없이 훈련되어야 하는 중간자적인 존재인 것이다. 다음은 이와 연관된 언급들이다.

> "그러니까 어떤 신이 이들 두 가지 교과목, 즉 시가(mousike)와 체육(gymnastike)을 인간들에게 주었는데, 이는 혼의 '격정적인 면'(to thymoeides)과 '지혜를 사랑하는 면'(to philosophon)을 위해서지, 부수적인 경우가 아니고서는, 혼과 육신을 위해서가 아닌 것 같다고 나로서는 말하고 싶네. 말하자면, **이 양면이 '적절한 정도'(to proskon)만큼 조정되고 이완됨으로써 서로 조화를 이루도록 하기 위해서** 말일세"(411e-412a).

> (…)

> "그렇다면 **시가와 체육을 가장 훌륭하게 혼화하여**, 이를 혼에 가장 알맞게 제공하는 그런 사람이 완벽한 의미에 있어서 가장 시가적이며 가장 조화로운 사람이라고, 현악기의 현들을 서로 조율해 내는 사람보다도 훨씬 더 그런 사람이라고 우리가 말하여 지당할 걸세"(412a).
> "그렇다면, 앞서 우리가 말했듯, 시가와 체육의 혼화가 이 둘을 조화되게 만들지 않겠는가? 헤아리는 부분은 훌륭한 말과 학문으로

조장하여 키워주되, 격정적인 부분은 달래는 말로 이완시키며 화
성과 리듬으로 순화시킴으로써 말일세"(441e).

이처럼 플라톤의 소크라테스는 영혼의 조화8)를 달성하기 위해서
시가교육과 체육교육9)의 중요성을 강조한다. 그런데 이때 시가교육
과 체육교육은 잘못 이해되어서는 안 된다(김영균, 2008). 왜냐하면
잘못 이해되면 시가교육은 영혼을 위해서, 그리고 체육교육은 신체
를 위해서 기능하는 것으로 이해될 수 있으나 이는 완전히 잘못된
이해이다. 왜냐하면 플라톤의 본의에 입각해볼 때, 시가교육은 영혼
의 이성적인 부분의 도야를 위해서 존재하고, 체육교육은 영혼의 격
정적인 부분의 도야를 위해서 존재하기 때문에, 시가교육과 체육교
육은 모두 영혼의 전반적인 도야를 위해서 기능하고 있는 것이기 때
문이다.

이러하게 하여 플라톤에게 있어 체육교육과 시가교육은 영혼 전
체의 조화를 위해서 존재한다. 그리고 이러한 교육을 통하여 인간은
영혼의 이성적인 면과 격정적인 면은 궁극적인 조화를 이룩한다. 플
라톤의 소크라테스는 영혼에 있어서 이성과 격정 그리고 욕구가 본
래적으로 조화로운 관계에 있으며, 그러한 조화로운 관계는 영혼의
"우의와 화합"(philia kai ksymphōnia, 442d1)이라는 말로 표현될 수
있음을 다음과 같은 말로 언급한다.

---

8) 인간 안에 있는 영혼의 세 부분들의 각각이 지배(통솔: archē) 및 피지배와 관련해서 저마다 제
일을 하지 않을 때 일어나는 일들로는 공금횡령, 신전 약탈, 도둑질, 친구에 대한 배신, 국가 반
역, 신의 없음, 간통, 불효, 불경 등이 있다(442e-443a).
9) 체육교육에 관해서 다음 구절도 참고하라. "더욱이 그는 이 체조와 운동도, 다른 운동선수들이
힘을 위해서 먹을 것과 운동을 대하듯 하는 것이 아니라, 힘을 염두에 두고서보다 제 천성의
'격정적인 면'(to thymoeides)을 염두에 두고 이를 일깨우느라, 힘들여서 할 걸세"(410b).

"그러면 다음은 어떤가? 절제 있는 사람이라 부르게 되는 것은 이들 같은 **세 부분 간의 '우의와 화합'에 의해서**, 즉 지배하는 쪽과 그 두 지배받는 쪽 사이에 헤아리는 부분이 지배를 해야 된다는 데 대해서 **의견의 일치를 보고서**, 이 부분에 대해 나머지 두 부분이 반목하지 않을 때에 있어서가 아니겠는가?"(442c-d).

그런데 여기에서 눈에 띄는 것은 영혼의 세 부분 간의 우의와 화합은 영혼의 이성적인 부분이 영혼의 비이성적인 부분들을 지배함으로써 가능할 수 있다는 사실이다. 본문에서 그것은 "의견의 일치를 보고서"라는 문구로 제시되고 있다. 사실상 플라톤의 이러한 생각은 "올바름이 무엇인가?"라는 『국가』편 전체의 문제의식과 그 맥이 닿아 있는 의미심장한 발언이기도 하다. 이런 점에서 볼 때, 플라톤의 소크라테스는 올바름이란 바로 "외적인 자기 일의 수행과 관련된 것"(443d1)이 아니라, 바로 "내적인 자기 일의 수행"(443d1), 즉 '영혼 그 자체의 조화'에서 발견됨을 강조한다. 플라톤의 소크라테스는 그것을 다음과 같이 언급한다.

"사실 **'올바름'**이 그런 어떤 것 같네. 하지만 그것은 외적인 자기 일의 수행과 관련된 것이 아니라, 내적인 자기 일의 수행, 즉 참된 자기 자신 그리고 참된 자신의 일과 관련된 것일세. 자기 안에 있는 각각의 것이 남의 일을 하는 일이 없도록, 또한 혼의 각 부류가 서로들 참견하는 일도 없도록 하는 반면, 참된 의미에서 자신의 것인 것들을 잘 조절하고 스스로 자신을 지배하며 통솔하고 또한 자기 자신과 화목함으로써, **이들 세 부분을, 마치 영락없는 음계의 세 음정, 즉 최저음과 최고음 그리고 중간음처럼, 전체적으로 조화시키네**"(443d-444a).

이러한 논의에 입각해볼 때, '올바르지 못함'이란 것은 자연스럽게 영혼의 부조화, 즉 영혼의 세 부분들 간의 일종의 "내분"(stasis)이다. 즉, 영혼의 세 부분들 간의 일종의 "참견"(polypragmosynē)과 "간섭"(allotriopragmosynē)이며, 영혼 전체에 대해 일부 부분들의 "모반"(epanastasis)인 것이다(444b). 다르게 말해서, 영혼의 세 부분들 간의 "혼란과 방황"이 바로 올바르지 못함이며, "무절제요, 비겁이며 무지"와 동일시되는 그러한 바의 것이다(444b). 그러기에 플라톤의 소크라테스는 올바름과 올바르지 못함을 다음과 같이 정의한다.

> "'올바름'을 생기게 함은 곧 혼에 있어서 여러 부분이 서로 지배하며 지배받는 관계를 '성향에 따라' 확립함이요, 반면에 '올바르지 못함'을 생기게 함은 곧 서로 다스리며 다스림을 받는 관계를 '성향에 어긋나게' 확립함이 아니겠는가?"(444d).

그 결과 플라톤의 소크라테스는 "훌륭함"과 '훌륭하지 못함', 즉 "나쁨"을 영혼과 연관하여 다음과 같이 정의한다.

> "훌륭함(aretē)은 일종의 혼의 건강(hygieia)이요, 아름다움(kallos)이며 좋은 상태(euexia)인 반면, 나쁨(kakia)은 일종의 혼의 질병(nosos)이요, 추함(aischos)이며 허약함(astheneia)인 것 같으이"(444d-e).

그런데 플라톤의 이러한 생각은 그의 후기 대화편 중의 하나인 『티마이오스』[10]에서도 그대로 드러나는데(Johansen, 2000), 거기에서 그는 영혼의 세 부분들 간의 조화를 넘어서 몸과 영혼 간의 균형 잡힌 도야임을 강조한다. 다음은 그의 말이다.

---

10) 『티마이오스』에 나타난 영혼 삼분에 대해서는 T. K. Johansen(2000)의 논의를 참고하라.

"둘 다[몸과 마음의 질환]에 대한 한 가지 구제책(soteria)은, 혼이 몸을 제쳐놓은 채로도 또는 몸이 혼을 제쳐놓은 채로도 활동하지 않도록 함으로써, 둘이 자신들을 지켜서 균형을 이루어 건강하게 되도록 하는 것입니다. 바로 수학자야말로 또는 그 밖의 다른 지적인 연구에 열성적으로 종사하는 이야말로 체육을 가까이함으로써 신체의 운동도 해주어야 하거니와, 이와는 달리 정성들여 몸만들기를 하는 사람 역시 시가(詩歌: mousike) 및 모든 지혜에 대한 사랑(철학: philosophia)을 이용함으로써, 혼의 운동들을 상응하게 해주어야만 합니다. 마약에 누군가가 '훌륭하디훌륭한' 사람으로 정당하게 그리고 옳게 불리려면 말씀입니다"(88b-d).

이처럼 플라톤은 몸과 영혼의 불균형으로 인하여 질환을 앓고 있는 사람들에 대한 하나의 적극적인 구제책으로 체육교육과 시가교육의 중요성을 역설한다. 이는 흔히 생각되듯이 중기 철학과 후기 철학의 연속성을 보여주고 있는 것일 뿐만 아니라, 플라톤 철학이 시종일관 인간의 영혼의 완전한 조화, 즉 이성과 감정의 온전한 조화를 목표로 하고 있는 하나의 고귀한 도덕철학임을 보여주고 있는 하나의 확실한 증거이기도 하다.

5. 맺음말

『국가』 제4권에 나타난 플라톤 철학의 궁극적인 지향점은 삼분된 영혼의 조화이다. 그것을 충족시키기 위해서, 플라톤은 우선 영혼의 이성적인 부분에 의한 격정적인 부분의 지배 또는 이성에 의한 영혼의 인도를 강조하며, 그다음으로는 영혼 전체의 조화를 지향한다. 그리고 그것은 『티마이오스』(88b-d)에 나타난 인간 영혼과 몸의 조화

사상과도 연결된다. 물론 현실은 이성의 지배를 받지 않는 격정이 지배하고 맹목적 욕망이 꿈틀거리는 세계이다. 그리고 우리는 그러한 비이성적인 것들이 빚어내는 다양한 세계를 여기저기에서 목격하고 있다. 하지만 만약 우리가 비본질적인 것에 의한 본질적인 것의 지배를 용인한다면, 우리의 삶은 그 선한 의미를 획득하지 못할 것이며, 이 세상은 혼돈으로 가득찰 것이다. 그러기에 플라톤은 그의 『일곱째 편지』(326a)에서 다음과 같은 말로 이러한 사태를 경고하고 있다.

> "그래서 나는 바른 철학을 찬양하면서 정치든 사사로운 일이든 간에 모든 것이 올바르게 되는 걸 본다는 것은 바른 철학으로부터나 가능한 일이라고 단언하지 않을 수 없게 되었소. 따라서 바르게 그리고 진정으로 지혜를 사랑하는 이들의 부류가 정치적인 직위들을 떠맡게 되거나 아니면 현재 나라들에 있어서 집권하고 있는 부류의 사람들이 어떤 섭리에 의해서 진정으로 철학을 하게 되기 이전에는, 인류는 결코 악과 불행의 종식을 못 보게 될 것이라고 단언하게 되었소"(326a).

인류를 선과 행복의 세계로 인도하기 위해서 플라톤은 『국가』 제4권에서 영혼의 습관화를 언급한다. 이는 영혼의 이성적인 부분에 의한 비이성적인 부분의 지배와 통제를 의미한다. 구체적으로 말하자면 체육교육과 시가교육에 의한 영혼의 습관화이다. 이때 체육교육이란 인간 영혼의 격정적인 부분에 대한 순화와 연관되고, 시가교육은 인간 영혼의 이성적인 부분에 대한 순화와 연관된다. 이 두 가지 교육은 일반적으로 이해되고 있듯이, 전자가 인간의 영혼, 후자가 인간의 몸을 위해서 봉사하는 것이 아니라, 둘 다 인간 영혼을 위해서 기여하고 있는 것이다. 이런 점에서 시가교육과 체육교육은 인간 영혼 전체의 조화를 꾀하고 있는 것이다.

그럼에도 불구하고 우리의 연구에는 남아 있는 문제가 많다. 우선 "현실 세계에서 이성에 의한 영혼의 순화는 온전하게 그리고 완벽하게 이루어지는가?" 하는 문제는 차후에 다시 한번 논의되어야 한다. 아울러 "시가교육과 체육교육은 모든 사람에게 보편적으로 적용 가능한가?"라는 문제 또한 보충 설명이 필요하다. 하지만 무엇보다도 필요한 것은 "좋음의 이데아"와 연관하여 영혼의 습관화 및 제반 교육이 이루어져야 한다는 것이다. 이것은 우리의 다음 연구에서 필연적으로 논의되어야만 하는 문제이기도 하다. 그래서 필자는 『국가』에 나타난 다음 구절로 이 글의 마지막 말을 대신한다.

> "그러니 여보게나, 그런 사람으로서는 더 먼 길을 에돌아가야만 되며, 또한 신체를 단련하는 것 못지않게 공부하는 데 있어서도 열심히 해야만 하네. 그렇지 못하면, 그는 우리가 방금 말했듯, 그에게 가장 적합하고 '가장 중요한(최고의) 배움'(to megiston mathema)의 목표에는 결코 이르지 못할 걸세."

> (…)

> "'좋음(to agathon)의 이데아'(he tou agathou idea)가 '가장 중요한(최고의) 배움'이라는 것을, 그리고 바로 이 이데아 덕분에 올바른 것들도 그 밖의 다른 것들도 유용하고 유익한 것들로 된다는 것을 자네는 여러 차례 들었을 테니까 말일세. 자네는 방금도 이걸 내가 말하려 하고 있었다는 걸 익히 알고 있었으며, 게다가 우리가 이데아를 충분히는 알고 있지 못하다는 것도 알고 있네. 그러나 만약에 우리가 이걸 모른다면, 이것을 제외한 채 다른 것들을 우리가 아무리 많이 안다고 할지라도, 그건 우리에게 아무런 덕도 되지 않는다는 걸 자네는 알고 있네. 마치 우리가 어떤 것의 '좋음'을 빠뜨린 채 그걸 소유한들 아무 소용이 없듯이 말일세. 혹시

자네는 소유가, 정작 좋은 것이 아닐지라도, 모두 이득이 되는 것이라 생각하는가? 혹은 좋음을 제외한 다른 모든 것을 이해하면서도, 정작 아름답고 좋은 것은 아무것도 이해하지 못한다고 할지라도 그렇겠는가?"

제 2 부

회의주의란
무엇인가?

제1장

아르케실라오스 철학에서
회의주의란 무엇인가?

지혜라는 것이 무엇인지, 너무도 멀고 깊으니, 누가 그것을 알 수 있겠
는가.

- 전도서 7: 24

1. 머리말

그리스신화에는 '키마이라'라는 괴물이 등장한다. 호메로스에 의
하면, 그 괴물은 "신에게서 태어나고 인간에게서 태어나지 않았으
며, 앞쪽은 사자요, 뒤쪽은 뱀이요, 가운데는 염소"(Ili. 6.180-1)의
형상을 하고 있었다. 게다가 그 괴물은 머리까지 3개였는데, 헤시오
도스는 "하나는 눈을 부라리는 사자의 머리고 하나는 암염소의 머리
고 하나는 강력한 용의 머리였다"(The. 321-22)고 기록하고 있다.
이처럼 그리스신화에서 키마이라는, '반인반수'(半人半獸)였던 그의
부모 튀폰(Typhon)이나 애키드나(Echidna)처럼, '잡종(雜種) 생명체'
의 모습을 하고 있다.

그런데 서구의 고대철학사에서 키마이라 같은 존재라는 비판을 들었던 철학자가 있다. 그가 바로 아르케실라오스(Archesilaos, B.C. 315-241)이다. 기원전 3세기 중기 아카데미학파의 창시자이기도 하였던 그는, 스토아학파의 일원이자 제논의 제자였던 아리스톤에 의해서 "앞모습은 플라톤, 뒷모습은 피론, 그리고 중간은 디오도로스(Diodorus)"(*DL.* 4 33)의 모습을 한 철학자란 혹평을 들었다.[1] 하지만 아리스톤이 이렇게 비난한 배경에는 헬레니즘 시기 서로 대립각을 형성하였던 스토아학파와 아카데미학파 간의 인식론적 대립·갈등이 내재되어 있다. 역사적으로, 제논으로부터 시작된 플라톤 철학의 계승 주도권 논쟁은 아르케실라오스에 의해 본격화되었다. 그 후 그 두 학파 간의 인식론적 대립·갈등은 크뤼시포스, 카르네아데스(Karneades, B.C. 214-129) 그리고 안티오코스 등을 거치면서 심화된 논쟁의 역사를 형성하였다. 비록 아르케실라오스의 회의주의 철학은 신아카데미학파의 계승자였던 안티오코스(Antiochos of Ascalon)에 의해 막을 내렸지만, 그들의 회의주의는 900년간 지속된 플라톤주의의 긴 역사 속에서 가장 중요한 학파 중의 하나, 즉 구(舊)아카데미(Old Academy: Speusippos와 Xenocrates가 주도)와 신플라톤주의(Neo-Platonism) 가운데 위치하였던 공식적인 학파였던 것이다. 이런 점에서 볼 때, 아르케실라오스에 대한 아리스톤의 비난은 중기 아카데미학파에 대한 스토아학파의 의견을 대변하는 것일 뿐, 철학자 아르케실라오스에 대한 설득력 있는 해석은 아닌 것으로 판명이 된다. 그럼 과연 스토아 철

---

1) 아리스톤이 아르케실라오스를 설명함에 있어 플라톤 및 피론과 같이 대립적인 입장을 취한 두 사람을 디오도로스의 변증법에 의해 하나로 엮어 만들 수 있는 그런 존재로 묘사하는 것은, 그 자체로 일종의 모독에 가까운 설명이라 할 수 있다(D. N. Sedley, 1983, 15).

학자들에 의해서 왜곡되지 않았던 아르케실라오스 본연의 철학은 어떠하였나? 그리고 그가 진정으로 보여주고자 하였던 철학의 본모습은 어떤 것이었는가? 이것이 본 논문의 화두(話頭)다.

주지하다시피, 플라톤 사후 그의 철학을 계승·발전시키고자 하는 후학들의 노력은 시간의 흐름에 따라 다양하게 전개되었다. 약 900년간에 걸쳐 진행되었던 플라톤주의의 역사는 구아카데미의 '수학적 플라톤주의', 중기 및 신아카데미의 '회의주의적 플라톤주의', 중기 플라톤주의(Middle Platonism)의 '절충주의적 플라톤주의', 신플라톤주의의 '초월적 플라톤주의', 플로티노스(Plotinos)의 제자 포르피리오스(Porphyrios)가 중심이 되었던 로마학파의 '관상(thēoria)적 플라톤주의', 로마학파와 노선을 달리하는 이암블리코스(Iamblichos, 245-325)로 대표되는 시리아학파의 '테우르기아(theurgia)적 플라톤주의', 프로클로스(Proclos, 410-485)로 대표되는 아테네학파의 '체계적 플라톤주의', 막시무스(Maximus of Ephesos)와 율리아누스(Flavius Claudius Julianus, 331-363) 황제로 대표되는 페르가몬학파의 '이교(異敎)적 플라톤주의' 그리고 올림피오도로스(Olympiodoros)로 대표되는 알렉산드리아학파의 '주석(註釋)적 플라톤주의' 등으로 범주화될 수 있다. 그런데 이러한 플라톤주의의 변천사 가운데에서도 아르케실라오스를 중심으로 하는 아카데미의 회의주의는 플로티노스의 신플라톤주의가 등장하기 이전까지 헬레니즘 시기의 아카데미를 지배하였던 가장 영향력 있는 플라톤주의였다. 그러기에 아르케실라오스의 아카데미 회의주의에 대한 연구를 빼놓고는 플라톤주의에 대한 온전한 이해를 완료했다고는 말할 수 없는 것이다.

물론, 초월적 이데아에 대한 객관적 진리 탐구를 강조하는 전통적인 플라톤 철학과 회의주의를 표방하는 아르케실라오스의 철학은 상당히 다른 면모를 보이는 것이 사실이다. 또한, 플라톤이 보여주었던 철학에 대해 우호적인 입장을 취하고 있는 대부분의 플라톤주의자들 역시, 아카데미 회의주의자들의 주장에 대해 부정적인 것 또한 사실이다. 하지만 이것은 그렇게 간단히 단정 지을 수 있는 문제는 아니다. 왜냐하면 기원전 1세기 후기 아카데미의 수장이었던 안티오코스가 회의주의를 버린 채, 구아카데미의 독단적 학풍으로 회귀하기 이전까지, 플라톤 사후 약 200년 동안 아카데미를 실질적으로 지배하였던 것은 회의주의였으며, 그 대표자였던 아르케실라오스가 보여주고자 하였던 것은 소크라테스적 논박법(elenchos)을 통해 진리를 탐구하는 것이었기 때문이다. 이런 점에서 볼 때, 아르케실라오스의 회의주의는 내부적으로는 '수학주의'로 경도된 구아카데미의 독단주의를 갱신하고, 외부적으로는 감각적 확실성을 절대시하는 스토아학파의 독단적 인식론을 논파하기 위해, 소크라테스의 논박법, 즉 소크라테스의 비판철학 정신을 극대화하는 과정에서 생겨났던 플라톤주의의 일종이었던 것이다.

본 논문은 그동안 그 중요성에도 불구하고 상대적으로 소홀히 취급되어 온 중기 아카데미의 아르케실라오스 회의주의 사상에 대한 철학사적 연구를 통하여, 일차적으로는 그의 철학이 플라톤 철학에 대한 단순한 왜곡이라는 종전의 시각을 불식시킴과 아울러, 궁극적으로는 그의 철학이 소크라테스의 논박법의 정신을 충실히 계승하고 있는 비판철학임을 밝히기 위한 시도에서 작성되었다.2) 특히, 본

---

2) 아르케실라오스의 회의주의 철학을 해석하는 데에는 2가지 접근 방법이 있다. 하나는 변증법적 해석이고, 다른 하나는 반(反)변증법적 해석이다. 전자의 입장을 따르고 있는 학자로는

연구자는 키케로(Cicero)와 섹스투스 엠피리쿠스(Sextus Empiricus) 그리고 디오게네스 라에르티오스(Diogenes Laertios) 등의 보고를 중심으로, 스토아학파의 독단주의적 인식론에 대한 아르케실라오스의 비판의 정당성을 고찰하면서, 그의 비판철학이 지니는 유의미성을 천착할 것이다. 이를 위해 필자는 다음 3가지 문제를 집중적으로 다룰 것이다.[3] (1) 아르케실라오스는 소크라테스의 비판철학을 어떻게 계승·발전시켰나? 그리고 그의 소크라테스 해석은 과연 정당한가? (2) 스토아학파의 독단주의적 인식론에 대한 아르케실라오스의 비판은 정당한가? 그리고 '파악불가능성'(akatalēpsia)와 '판단유보'(epochē)에 대한 아르케실라오스의 생각은 유의미한가? (3) 아르케실라오스는 파악불가능성과 판단유보를 주장하면서도 어떻게 '행위의 가능성'을 주장하였는가? 그리고 '합리적인 것'(eulogon)에 대한 그의 생각은 스토아학파의 '행동불가'(apraxia) 논증에 대한 적절한 답변인가?

2. 소크라테스 비판철학의 계승자로서 아르케실라오스와 그의 회의주의

아르케실라오스의 회의주의는 피론, 플라톤 그리고 소크라테스의 영향권하에 있다. 특히, 그는 논박법(elenchos)을 강조하는 소크라테

Couissin(1983[1929]), Cooper(2004), Ioppolo(1981, 1986, 2000), Frede(1984), Schofield(1999), Sedley(1983) 등이 있으며, 후자의 입장을 지지하는 학자들로는 Bett(1989), Brittain(2001), Striker(1980) 그리고 오유석(2005) 등이 있다. 필자는 변증법적 해석을 중심으로 본 논의를 구성한다.

3) 섹스투스 엠피리쿠스는 아카데미 회의주의를 플라톤의 아카데미, 아르케실라오스의 중간 아카데미, 카르네아데스와 클레이토마코스의 신아카데미, 필론과 카르미다스의 제4의 아카데미 그리고 안티오코스의 제5의 아카데미로 나누어 이해한다(*PH.* 1.220).

스의 비판철학으로부터 많은 영향을 받았다. 그의 이러한 생각은 플라톤 대화편에 나타난 변증법적 탐구를 통해 형성되었는데, 그의 이러한 방법론은 스토아학파의 제논의 독단적 견해를 논파하는 데도 그대로 적용되었다. 이러한 영향 탓에, 그는 플라톤 아카데미 내부 및 외부로부터 비판의 대상이 되었다. 그럼 우리는 아르케실라오스의 회의주의를 어떻게 이해해야 할까?

사실, 아르케실라오스와 대립각을 세우고 있던 스토아학파의 제논은 인간의 인식 능력에 대한 과도한 자신감을 가지고 있었다. 이에 반해, 피론주의는 인간 인식 능력에 대한 대안 없는 무기력함을 보여주었다. 이에 아르케실라오스는 제논처럼 자만하지도 않고, 피론처럼 무기력하지도 않은 새로운 철학을 생각하게 되었는데, 그 결과 그가 찾은 것이 바로 소크라테스의 비판철학이었다. 먼저, 피론의 계승자였던 섹스투스 엠피리쿠스는 아르케실라오스의 회의주의를 피론주의 회의주의와 동일시한다(*PH.* 1. 232). "왜냐하면 그는 어떤 대상의 존재 혹은 비존재와 관련해서 확언한 적이 없으며, 믿을 만한 또는 믿을 만하지 않음과 관련해서 어떤 것을 다른 것보다 선호하지 않았으며, 모든 대상에 관해서 판단을 유보했기 때문이다. 또한 아르케실라오스는 자신의 목표가 '판단유보'(epochē)라고 주장하는데, 우리도 말한 바 있듯이, '마음의 평안'(ataraxia)이 판단유보에 뒤따른다." 이처럼 섹스투스는 판단유보와 마음의 평안이라는 개념을 매개로 아르케실라오스와 피론의 회의주의를 동일시한다.[4]

---

4) 아리스톤과 함께, 중기 플라톤주의자 누메니오스 역시 아르케실라오스가 존재하는 모든 것에 대한 판단을 유보했다는 점을 들어 그를 피론의 추종자였다고 말한다(Eusebius, *Praeparatio evangelica.* 14.6.5; Thorsurd 2010, p.62에서 재인용).

하지만 아르케실라오스가 피론을 존경한 것은 사실이지만, 그가 자신의 철학을 피론과 일치시키고 있다는 섹스투스의 해석은 다소 무리가 있다. 더욱이 섹스투스가 이 말을 통해서 목적하는 바는 아르케실라오스가 피론의 사상을 모방하였다는 것이다. 그런데 만약 이러한 가정을 수용하게 된다면, 우리는 그가 플라톤의 직계 제자 라인에 서 있었던 아카네미학파의 사람으로서의 위상과 소크라테스의 영향을 설명하지 못하는 한계에 직면한다. 왜냐하면, 피론 철학에 있어 아포리아의 사태가 진리 탐구의 여정이 정착해야 할 기점이라고 한다면, 아르케실라오스에게 있어서 그것은 플라톤이나 소크라테스처럼 더 높은 진리를 탐구하기 위한 출발점이기 때문이다(Thorsurd, 2010, p.62).

그런데 섹스투스는 동일한 문헌에서 전혀 다른 해석도 제시한다. 아르케실라오스를 '독단주의자'(dogmatist)로 규정하는 것이다. 그에 의하면, "아르케실라오스는 처음 보기에는 마치 피론주의자인 듯 생각되었으나, 실제로는 독단주의자였다. 또한 그는 아포리아를 제기하는 방법을 통해서, 자신들의 동료들이 본성적으로 플라톤의 이론 체계(dogmata)를 받아들일 만한 능력이 있는지 시험해보곤 했다. 이 때문에 아르케실라오스는 아포리아를 제기하는 철학자라고 여겨졌다. 하지만 실제로 그는 자신의 동료들 중 재능 있는 자들에게는 플라톤의 가르침을 전수해주었다." 그런데 섹스투스의 이러한 해석은 아르케실라오스를 스토아학파와 같은 독단주의자로 해석하는 것인데, 이러한 해석 역시 많은 문제점을 안고 있다. 무엇보다도, 우리는 아르케실라오스가 기원전 268년 이후부터 플라톤 아카데미를 실질적으로 이끌었던 학원의 수장(首長)임을 잊어서는 안 된다. 그는 플라톤으로부터 전해지는 아카데미의 정통성을 부여받았던 철학자였던 것이다.

물론, 우리가 아는 플라톤은 '변증법'(dialektikē)을 통하여 절대적이고 완전한 그러면서도 영원한 진리를 확보하려고 하였던 철학자였다. 이런 점에서 그는 분명 회의주의자는 아니었다. 하지만 그는 비교적 자신의 주장을 명확히 제시하는 『크리톤』, 『고르기아스』, 『국가』 그리고 『법률』 등의 대화편을 제외한 아포리아적인 대화편들, 즉 『테아이테토스』나 『파르메니데스』 등에서 회의주의에 가까운 결론을 도출하고 있다. 아르케실라오스가 관심을 가졌던 것은 바로 이러한 아포리아(aporia)적인 대화편들이었고, 여기에서 그는 소크라테스의 논박법을 새롭게 발견하였다.[5] 하지만 그는 거기에서 결코 자신의 회의주의를 정당화시켜 줄 주장이나 이론 또는 학설을 발견하였던 것은 아니었다. 이런 점에서 그의 철학은 소크라테스 비판철학의 진정한 부활이라고 할 수 있는 것이다(Acad. 1.15-7).

소크라테스 비판철학의 부활로서 아르케실라오스 철학은 우선적으로 사물에 대한 '파악불가능성'(akatalēpsia)과 '판단유보'(epochē) 2가지를 강조한다. 이때, 전자는 사물에 대해서는 "감각을 통해서든 마음을 통해서든 확실하게 알 수 있는 것은 없다"(De. Or. 3.67)라는 회의주의적 입장을 정식화한 것이고, 후자는 파악 불가능성이라는 입장을 모든 사물에 보편적으로 적용시킨 것이다.[6] 파악 불가능성과 판단유보를 중심으로 한 그의 철학은 기원전 3세기(268년) 아카데미의 공식적인 철학으로써, 기원전 155년에 아카데미의 지도자로

---

5) 아르케실라오스는 플라톤 대화편에 대한 연구, 특히 대담자가 지닌 기존의 신념과 지식을 파괴하는 소크라테스의 논박법에 대한 연구를 통하여, 소크라테스도 '파악불가능성'과 '판단유보'를 실천하고 있었음을 발견하고, 그것을 자신의 회의주의 철학에 그대로 적용시켰다.

6) 키케로는 아르케실라오스의 파악 불가능성 개념이 교리적으로 이해되는 것을 금한다. 왜냐하면 그것이 교리적으로 이해되는 순간, 그것은 판단유보의 본래 정신과 불일치하기 때문이다(Adad. I.45).

부상했던 카르네아데스(Carneades)가 등장하기까지 별다른 수정 없이 그대로 활용되었으며, 카르네아데스 또한 조금의 변형은 있었지만, 그의 철학을 계승·발전시켰다. 철학사가 디오게네스 라에르티오스는 그의 철학사적 의미를 다음과 같이 정리하고 있다.

> "반대논증이 성립한다는 이유로 판단을 유보했던 최초의 사람이었고, 또한 하나의 문제를 [찬·반] 양쪽 측면에서 논증한 최초의 사람이었다. 나아가 플라톤으로부터 전해져 온 체계에 손을 대, 질문과 답변으로 그것을 더욱더 '논쟁술'(eristikē)에 가까운 것으로 만든 최초의 사람이기도 하였다"(DL. 4.28). 게다가 그는 "모든 것에 대하여 판단을 유보한 결과, 그는 결코 어떠한 책도 쓰지 않았다"(DL. 4.32)고 한다.

소크라테스의 후예답게, 아르케실라오스는 자신의 회의주의를 철저히 변증법적인 방법 속에서 구현하였다. 그가 대화상대자들에게 보여주었던 것은 그들의 신념이나 주장이 확실한 근거에 기반을 두고 있지 않다는 것이다. 그는 결코 자신의 주장을 먼저 내세우지 않았다. 사실 실재에 대한 지식 파악의 불가능성과 판단유보는 강요될 문제도 아니다. 그것은 대화상대자들이 스스로 깨우칠 문제다. 이는 그가 소크라테스의 논박법 정신에 얼마나 철저했는가를 보여주는 좋은 사례이기도 하다. 그런데 아르케실라오스는 소크라테스의 논박법과 비판철학의 정신을 확장하여 적용하였다.[7] 독단주의가 팽배했던 헬레니즘 상황 속에서, 그는 비판의 강도를 높여야 할 필요성을 느꼈기 때문이다. 특히 '파악인상'(katalēptike phantasia)의 확실성에

---

7) 키케로는 아르케실라오스 회의주의의 기원이 소크라테스 이전에도 있었음을 언급한다. 그에 의하면, 소크라테스 이전 철학자들도 '사물들의 모호성'과, '인간의 마음과 감각의 제한성', 그리고 '삶의 유한성' 등으로 인하여, 회의주의적 입장을 피력하였다(Acad. 1.44-45).

근거한 스토아학파의 인식론과 대결하는 상황에서는 더더욱 그러하였을 것이다. 그래서 그는 '무지의 지'에 대한 소크라테스의 고백, 즉 "나는 내 자신이 조금도 지혜로운 사람이 아니라는 것을 알고 (syneidenai) 있다"(*Ap.* 21b)라는 고백에 만족하지 않고, 그것을 더 멀리 밀고 나간다. 즉, 그는 자신이 무지하다는 사실조차도 확실하게 알 수 없다는 회의주의적 입장을 표명하였던 것이다.(*DL.* 4.28, *Acad.* 1.45). 하지만 그는 근본정신에 있어서는 소크라테스를 벗어나지 않았다. 어쩌면, 그가 어떠한 철학적 저술도 남기지 않았던 것은 글보다는 사람들과의 직접적인 대화 속에서 사람들을 '치유'하고자 하였던 소크라테스와 맥을 같이하였던 것이라고도 볼 수 있다.8) 이런 점에서 볼 때, 그의 철학은 소크라테스의 진리 탐구의 방법론을 한 단계 발전시킨 철학이라 할 수 있다.

3. 스토아학파의 인식론에 대한 아르케실라오스의 비판과 변증법적 탐구

진리에 대한 아르케실라오스의 변증법적 탐구는 사물에 대한 '보편적인 판단유보'로 나타난다. 그는 플라톤 철학의 심오함을 훼손하

---

8) 소크라테스는 논박법을 통하여 대화상대자들의 거짓된 생각을 논파하고, 그들을 참된 인식의 세계로 인도하고자 노력하였다. 그와 논쟁한 대담자들은 자신이 알고 있는 것이 전복되는 아포리아의 상태를 경험하였으며, 그 어떤 것도 확실하게 알 수 있는 것은 없다는 사실을 깨달았다. 하지만 소크라테스의 논박법에는 최소한 그의 고유한 철학적 입장들이 전제되어 있다고도 볼 수 있는데, 그것은 다음 2가지다. 첫째, 소크라테스는 지식을 덕과 일치시키며, 덕이란 훌륭한 삶을 살아가기 위한 필수적 요소이다(*Ap.* 20c, 21b). 둘째, 만일 누군가가 이러한 지식을 가지고 있다면, 그는 절대로 논박당하지 않을 것이다(*Gorg.* 473b). 그런데 이에 관한 문제는 여기에서 해결할 수 없는 난해한 문제이기에, 필자의 다음 논문에서 독립적으로 다루고자 한다.

는 제반 철학에 대해서 비판을 수행한다. 이런 점에서 그의 철학은 피론의 철학과 닮았다. 하지만 그는 피론처럼 판단유보를 통한 마음의 평화에 안주하지는 않는다. 오히려 그는 소크라테스처럼 독단적 이론을 당연시하는 모든 시도, 특히 제논 중심의 스토아 철학에 대한 비판을 수행하는 가운데에서 참된 철학의 기능을 본다. 아르케실라오스의 철학을 규명하는 데에는 무엇보다도 스토아 철학과의 대립 및 갈등 관계가 이해되어야 한다. 딜론(Dillon)은 아르케실라오스가 제논의 새로운 스토아주의가 보다 발전된 플라톤주의로 일반인들에게 이해되고 성공을 거두는 것에 자극을 받아 자신의 회의주의적인 해석을 전개하게 되었다고 지적한다(Dillon, 2003, 235-7).[9]

사실, 키프로스 키티온 출신의 제논(B.C. 335-263)은 아르케실라오스보다 먼저 소크라테스의 철학에 관심을 가졌으며 그것을 기반으로 새로운 스토아 철학을 전개시켰던 사람이다. 무역상으로 활동하였던 그는 20대 후반에 풍랑으로 인하여 우연히 아테네에 기착하게 되었는데, 도시의 한 서점에서 우연히 크세노폰의 『회상록(*Memolabilia*)』을 접하고는 소크라테스 철학에 매료되었다. 그 뒤, 소크라테스 철학을 더 공부하기 위해, 키니코스학파의 크라테스에게 갔으며, 그다음으로 스틸폰, 디오도로스, 필론과 같은 메가라학파의 철학자들을 찾아갔다. 그런데 제논은 그 이전에 피론 밑에서 회의주의 철학도 공부하였다. 하지만, 피론의 철학이 지닌 급진적이면서도 부정적인 성격으로 인하여, 곧 그의 철학을 떠났다고 한다. 마지막으로 그는 아카데미에 입문하여, 아르케실라오스의 스승이기도 하였던 폴레몬

---

9) J. Dillon, 2003, 235-7.

(Polemon)으로부터 큰 가르침을 받았다고 한다. 그 후, 그는 자신의 이러한 학적 편력을 기반으로 하여 당대의 모든 천학을 종합한 스토아 철학을 창안하였다(*DL.* 7. 1-25). 그런데 스토아학파의 수장으로서 제논은 공공연히 자신의 철학이 소크라테스 철학을 진정으로 계승하였다고 주장하였는데, 이는 그와 동일한 생각을 가지고 있던 아카데미학파의 아르케실라오스의 비판을 초래하였다. 왜냐하면 아르케실라오스가 보기에, 제논과 스토아 철학은 자신과 아카데미학파와는 다르게, 비판철학자로서 소크라테스의 철학을 심각하게 왜곡·변형하고 있었기 때문이다. 이렇게 하여, 소크라테스의 철학을 진정으로 계승한 사람이 누구인가를 놓고, 아카데미학파와 스토아학파 간의 200년간에 걸친 기나긴 논쟁이 시작되었으며, 그것은 학파의 자존심을 건 진검승부의 성격을 띠기까지 하였다.

그런데 제논이 고대철학사에 끼친 공헌도 과소평가될 수는 없다. 우선 그는 덕과 행복을 가능케 해주는 논박 불가능한 지식 획득의 문제에 있어서 '경험주의적인 요소'를 강하게 주장하였다(Frede, 1999, 295-322). 특히, 그는 영혼의 가사성과 영혼과 감각 대상과의 동일성이라는 유물론적 경향의 경험주의 철학을 전개하였다. 하지만 감각지각에 근거한 그의 인식론은 아르케실라오스는 물론, 플라톤이나 소크라테스와는 전혀 다른 종류의 철학이었다. 키케로에 의하면 (*Acad.* 1.40-2), 제논에게 중요한 것은 '파악인상'[10]으로, 이는 그에게 지식 형성의 핵심적 요소였다. 그 과정을 살펴보면, 인간은 감각

---

10) 제논이 강조하는 파악인상의 3가지 조건은 다음과 같다. (1) 파악인상은 존재하는 것으로부터 발생한다. (2) 파악인상은 실재하는 그대로 각인되고 흔적을 남기며 형성된다(*Acad.* 2.77). (3) 파악인상은 존재하지 않는 것으로부터는 발생하지 않는다(*Acad.* 2.77, *M.* 7.252). 이처럼 제논은 파악에 의해서 현자와 우자를 구분한다(*Acad.* 1. 42).

을 가지고서 사물을 인식하는데 여기에서 '인상'이 생긴다. 그리고 우리의 영혼이 이러한 인상에 '동의'할 때 파악인상이 생기는데, 이 것은 참되고 자기 보증적인 것이며 일체의 오류를 배제한 것이기도 하다. 그 뒤, 이러한 파악인상이 기반이 되어 '학적 지식'이 구성된다.[11] 이처럼 제논은 인식의 발전 단계를 '인상', '동의', '파악인상' 그리고 '학적 지식'으로 설명하고 있다.[12] 그리고 그리한 인식의 최고 단계에 도달한 사람을 '현자'라 칭하였다(*DL*. 7. 107).

아르케실라오스는 이러한 제논의 인식론이 지닌 독단주의적인 요소를 강하게 비판한다(*M*. 7.150-9, *Acad*. 2.66-7). 그가 생각하기에, 제논의 인식론이 지닌 가장 큰 문제점은 인상이 파악가능하다는 그의 전제이다. 왜냐하면, 그는 우연적이고 불확정적인 인상을 파악가능한 것, 필연적으로 인식 가능한 것으로 생각하고 있기 때문이다. 사실, 현실 세계 속에서 파악인상은 파악인상이 아닌 것들과 완전히 구별되어 이해되지 않는다. 왜냐하면 인간의 인식은 다양한 형태의 '속임수'와 '착각'에 노출되어 있으며, 참된 인상이라고 여겨지는 것에는 항상 거짓된 인상이 병행하여 존재하기 때문이다(*Acad*. 2.77). 이에 아르케실라오스는 다음 2가지 반박사례를 중심으로 스토아학파의 인식 이론에 공격을 가한다. 먼저, 인간의 인식에는 비정상적인 상태에서 발생된 비파악적인 인상들이 존재하고, 이러한 인상들은 참된 인상들과 구분되지 않는 거짓된 인상들이 있다. 예를 들자

---

11) 제논은 파악인상에 의한 지식의 형성을 강조하나, 아르케실라오스는 파악인상이 비파악적인 인상과 구별 불가능함을 주장한다. 이후, 그들의 논쟁은 크리시포스와 카르네이데스로까지 확장된다.

12) 키케로에 의하면, 제논은 학적 지식을 확보하는 과정을 다음과 같은 비유로 설명하기도 한다. 손바닥을 펼친 상태는 '인상', 손가락을 조금 굽힌 상태는 '동의', 주먹을 쥔 상태는 '파악인상' 그리고 주먹을 쥔 손을 다른 손으로 감싸 안는 것을 학적 지식이라고 한다(*Acad*. 2. 145).

면, '광인'이나 '수면상태의 사람' 그리고 '술 취한 사람' 등의 인상이 그러한 것들이다(*Acad.* 2 47-53, 88-90). 단적인 예로, 광기 상태에서 자신의 처자식을 원수로 생각해 살해하였던 헤라클레스의 경우가 있을 수 있다. 에우리피데스의 『헤라클레스의 자녀들(*Hērakleidei*)』에 의하면, 헤라클레스는 헤라가 불어넣은 '광기'로 인해, 자기 자식을 에우뤼스테우스(Eurystheus)로 착각해 죽이고, 그의 부인마저 죽인다. 설상가상으로 자기 아버지인 암피트뤼온(Amphitryon)마저 죽이려 하나, 불행 중 다행으로 그의 아버지는 목숨을 건진다(*Acad.* 2. 89). 또한, 수면 상태에 있는 사람도 거짓된 인상을 가질 수 있다. 예를 들면, 로마 시인 엔니우스(Quintus Ennius, B.C. 239-169)의 『연대기(*Annales*)』에서 갈바(Servius Galba, B.C. 3-A.D. 69)는 자기 꿈에 시인 호메로스가 등장하였다고 이야기하고 있으며, 엔니우스의 『에피카르무스(*Epicharmus*)』에서 시인은 자신이 죽었던 꿈을 꾼 것 같다고 회상하고 있다(*Acad.* 2 51). 이처럼 인간의 인식에는 비정상적인 상태에서 발생된 비(非)파악인상이 존재하고, 이것들은 참된 인상들과 구분되지 않는 그러한 것들이다.

다음으로, 정상적인 상태에서 발생한 인상들이나, 파악인상이 아닌 거짓된 인상들도 존재한다(*Acad.* 2 54-8, *M.* 7.408-10). 그 예로는 '쌍둥이'나 '달걀' 그리고 '모래' 같은 것들이 있다. 가령, 쌍둥이 α 와 쌍둥이 β 가 있다고 하자. 둘은 너무 닮아 보는 사람들에게 동일한 인상을 줄 수 있다. 그래서 제3자가 그들의 차이점을 아무리 세밀하게 찾아내려고 해도, 그들의 차이점을 정확히 구별해내기란 그리 쉬운 일이 아니다. 달걀이나 반지도장에 의해서 찍힌 도장자국들 등도 마찬가지다. 그들이 서로 다른 사물인 건 분명하지만, 제논

식의 감각지각에만 의지할 경우, 그것들의 차이점을 명확히 밝혀내기란 거의 불가능에 가깝다. 이처럼 인간은 파악인상이 아닌 거짓된 인상에 의해서 지배를 받을 수 있는 것이다. 그런데 섹스투스도 또한 스토아학파의 감각적 인식론의 문제점을 잘 알고 있다. 그래서 그는 개별적 대상에 대한 스토아 식의 '동의'보다는 아르케실라오스 식의 '판단유보'가 우월하다고 하면서, 그것을 다음과 같이 옹호하고 있다(*PH*. 1. 233),

> "한편 아르케실라오스는 개별적 대상에 관한 판단유보는 좋은 반면, 각각의 동의(sygkatathesis)는 나쁜 것이라고 말했다. 하지만 우리는 다음과 같은 점을 지적할 수 있다. 우리는 우리에게 분명히 보이는 현상에 따라서, 확언하지 않으면서 위와 같은 것들을 진술하는 반면, 아르케실라오스는 사물의 본성과 관련해서 위와 같은 내용을 주장하며, 이런 이유로 판단유보가 그 자체 좋은 것인 반면, (불분명한 대상에 대한) 동의는 나쁜 것이라고 말했다."

결과적으로, 스토아학파의 인식론에는 인상들 간의 '불구별성'의 문제, 즉 참된 인상과 거짓된 인상, 또는 파악인상과 비파악적 인상들 간의 구별이 모호하다는 한계에 부닥친다.

하지만 스토아학파의 입장에서도 반론은 가능하다. 도스러드(Thorsrud, 2010, 65)는 스토아학파가 '식별 불가능한 것들의 동일성 원리'(the principle of the identity of indiscernibles), 즉 이 세상에 존재하는 모든 판명한 실재들은 원리적으로 적어도 식별이 가능하다는 원리에 입각하여 반론을 전개하고 있음을 지적한다(*Acad.* 2.57-58, 2.85-86, *M* 7.252). 사실, 제논에 의하면, 이 세계에 존재하는 것들은 모두 그 자신만의 고유한 속성을 가지고 있다. 우리 눈에 유사하게 보이는 사물들도, 사실은 모든 면에서 동일한 것은 아니다. 그리고 이것은 파악인상의 문제와 연관해서도 같은 설명이 가능하다. 광인이나 수면 상태에 있는 사람처럼 비정상적인 상태에 있는 사람들의 인상을 구별 불가능한 것으로 간주해서는 안 된다. 그리고 정상적인 상태에서 유사하게 보이는 것들도 사실 동일한 것으로 취급되어서도 안 된다. 그럼 그러한 구별을 가능하게 하는 것은 무엇인가? 제논은 그것을 확실한 지식을 소유한 현자에게서 찾는다. 즉, 현자는 파악인상을 기반으로 확실한 지식을 소유한 존재로서, 보통 사람들의 눈에 동일하게 보이는 것들의 차이점을 명확히 구분해낼 수 있는 능력을 가지고 있는 것이다. 아울러, 그는 최상의 정신 상태를 유지하면서, 거짓된 인상으로부터 참된 인상을 확실히 구별해내는 것이다. 이처럼 스토아에서 강조되는 '현자'라는 존재는 아르케실라오스의 비판으로부터 완전히 자유로울 수 있는 그런 존재인 것이다 (*Acad.* 2.57, 59, 145).

하지만, 스토아학파가 현자 개념을 내세워 파악인상에 대한 인식 주체자의 탁월성을 강조한다 할지라도, 거기에는 여전히 거짓된 인상의 존재가능성의 문제, 즉 참된 인상 곁에 병행하여 존재하는 거짓된 인상의 문제가 남아 있다. 백 번 천 번 양보하여 현자의 인식 단계를 높인다 해도, 그것으로 인간의 파악 능력 범위를 넘어 존재하는 사물들의 유사성의 비밀을 완전히 해결할 수는 없는 것이다, 호센펠더와 뢰트(2011, 467)도 제논 식의 인식론이 가진 문제점을 다음과 같이 정리하고 있다. "이와 같이 착각에 빠지는 경우는 결코 배제될 수 없고, 더더구나 단순한 이성, 곧 이미 그 자체에 모순을 안고 있으면서 동시에 감각적인 기관에 의존하는 이성을 통해서는 도저히 극복될 수 없다고 보았다"(*Acad.* 2.77, 99, 84, 103; *M.* 7.164, 402) 이에, 아르케실라오스는 자신의 지론인 판단유보의 방식을 강조한다. 즉, 현자도 파악인상을 완전히 소유할 수 없기에, 모든 상황에서 인상에 대한 동의 내지는 판단을 유보할 것을 권하는 것이다(*Acad.* 2. 53, 107). 그리고 이것은 스토아적인 현자가 자신의 능력을 최고도로 계발시키는 그런 단계에 도달한다고 할지라도, 여전히 유효한 그런 방식인 것이다(Thorsrud, 2010, 66 참조).

정리하자면, 아르케실라오스는 스토아학파의 인식론의 한계점들, 즉 지식 탐구의 준거점이 되는 파악인상의 불충분성, 그리고 그러한 불충분한 파악인상에 근거해 사물을 이해하는 현자의 한계 등을 살펴보았다. 그 결과, 그는 존재하는 것들에 대한 파악가능성은 부재하며, 우리는 일체의 사물에 대한 판단을 유보해야 한다는 자신의 회의주의적 철학의 정당성을 확인하였다.

4. 행위불가 논증에 대한 아르케실라오스의 대응과 실천적 판단기준으로서 '합리적인 것'의 의미

아르케실라오스에 대한 스토아학파의 반격은 '행동불가'(aprxia) 논증, 즉 판단을 유보하면 어떠한 행동도 하지 못할 것이라는 행동불가 논증에 집중된다.[13] 이에 맞서, 아르케실라오스는 행동 불가능

---

13) 에피쿠로스의 제자였던 람프사쿠스의 콜로테스(B.C. 320-268)는 스토아학파의 논리를 이용하여 아르케실라오스를 공격하였다. 이에 플루타르코스는 콜로테스에 맞서 아르케실라오스의 논리를 옹호하는 논증을 펼쳤다. 특히, 그는 아르케실라오스가 에포케(epochê)를 테제로 설정하지 않았음을 강조하였다. 이에 대해서는 Eleni Kechagia(2011)를 참고하라.

성의 불가능성, 즉 '행위 가능성'을 입증하고자 한다. 다시 말해, 그는 판단유보에 입각하면서도 정상적인 '삶'과 '행동' 그리고 인간적인 '행복'이 가능함을 입증하려 하였다. 그런데 어떻게 보면 아르케실라오스는 행위불가 논증에 반드시 대응하지 않았을 수도 있다. 그리고 이에 대한 판단 자체를 유보하면, 그는 자신의 논리를 일관되게 밀고 나갈 수도 있었다. 하지만, 그는 그렇게 하지 않았다. 왜냐하면 이러한 비판을 무시해 버린다면, 회의주의를 지향하는 자신의 고유한 철학적 학풍은 지킬 수 없을 것이며, 자신의 제자들 또한 설득시킬 수 없을 것이라고 생각하였기 때문이다(Thorsrud, 2010, 69-70).

스토아학파의 비판에 맞서 아르케실라오스는 삶의 실천적 판단기준으로서 '합리적인 것'(eulogon)[14]이라는 개념을 제시한다. 그런데 이 개념 역시 스토아학파에 대한 비판을 통해서 이루어진다. 주지하다시피, 스토아학파에서 인간의 행위를 가능케 하는 것은 '인상'(phantasia, *Acad.* 2.18, 1.40)과 '충동'(hormē, *Acad.* 2.24) 그리고 '동의'(sunkatathesis, *Acad.* 2.37)의 3요소이다(*Acad.* 2.145). 이때, 인상은 영혼이 감각지각을 매개로 하여 대상을 반영하는 움직임이다. 충동은 인식주체인 영혼이 동의를 하도록 강제하는 자극이다. 마지막으로 동의는 인식주체인 영혼에서 인상을 평가하고 수용하는 일련의 활동이다. 만약 인간에게 동의의 단계가 없다면, 인간 행위의 가능성은 발생되지 않는다. 예를 들어, 어떤 사람이 아주 쓴 약을 먹는다고 하자. 그런데 그 사람이 그 약을 먹을 경우는, 그가 그것을 먹

---

14) eulogon은 '그럴듯함'(오유석, 1985), '합리적인 감각표상'(오유석, 2011), '이성(합리)적인 것'(조규홍, 2011) 등으로 번역되나, 엄밀하게는 '합리적인 것으로 간주되는 감각표상'으로 옮겨야 한다. 하지만 필자는 이것을 간략하게 하여 '합리적인 것'으로 옮긴다.

고 싶어 하는 긍정적인 욕망이 작동할 경우인데, 그러한 경우는 그 약이 그의 몸을 건강하게 해줄 것이라는 이성적 판단에 그가 동의할 그런 경우일 것이다. 하지만, 만약에 그가 동의하지 않는다면, 그는 결코 그 약을 먹지 않을 것이다. 이처럼 스토아학파는 인간 행위에 있어 동의가 행위를 촉발시키는 가장 결정적인 요인임을 지적한다.

하지만, 이에 맞서 아르케실라오스는 강한 반대의견을 피력한다. 즉, 인간 행위는 스토아식의 동의 없이도 가능하다는 것이다. 다시 말해, 행위는 인상과 충동만으로도 가능하다는 것이다(*Col.* 1122a-d). 그것은 마치 외적 자극과 내적 반응으로 이루어진 동물의 본능적인 행동모델과 유사한 것이다. 인간 역시 이러한 모델과 유사하게 자극에 반응하고 행동하는 것이다(Thorsrud, 2010, 69-70). 다음은 아르케실라오스의 행위 이론에 대해 플루타르코스가 전하는 내용이다.

"(1) 모든 것에 대해 동의(sunkatathesis)를 유보하는 것은, 그것에 대항하여 자세하게 논의하거나 긴 논증들을 작성한 사람들에 의해서도 전혀 흔들리지 않았다. 하지만 스토아학파의 관점에서 그것(판단유보)을 고르곤(Gorgon)과 같은 '행위불가'와 최종적으로 맞서게 하면서, 그 논증들은 잊혀갔다. 왜냐하면 그것들 모두가 왜곡하고 변경한다 할지라도, 충동이 동의로 바뀌는 것은 거부되었으며, 국면을 전환시키는 것으로서 감각도 받아들여지지 않았고, 오히려 동의를 요구하지도 않은 채, 그 자신의 주도권하에서 행위로 이끌리는 것처럼 보이기 때문이다. (...) (2) 영혼은 3개의 움직임을 가지고 있는데, 그것은 감각과 충동 그리고 동의. [이 3가지 가운데에서] 감각의 움직임은, 설사 우리가 원한다 할지라도, 제거할 수는 없다. 오히려, 사물과 접촉할 때마다, 우리는 인상을 얻게 되고, 그것들에 의해서 영향을 받는다. (3) 충동의 움직임은, 그것이 인상에 의해 그것이 야기될 때, 사람을 적절한 대상으로 적극적으로 움직이게 한다. 왜냐하면 저울추가 한쪽으로 기우는 일이나 경향성은 지배적인 능력 안에서 일어나기 때문이다. 그래서 모든 것에 대해서 판단을 유보하는 사람은 이러한 움직임을 제거하지 않고, 오히려 우리를 자연스럽게 적절한 것으로 보이는 것으로 그것들을 이끄는 충동을 이용한다. (...) (5) 행위는 2가지를 필요로 한다. 적절한 것에 대한 인상과 현상되는 적절한 대상에 대한 충동. 이것들 중 어떠한 것도 판단유보와 충돌하지는 않는다. 왜냐하면 논증은 우리를 억견에서 멀리하게 하지만, 인상이나 충동으로부터는 그렇게 하지 않기 때문이다. 그러므로 적절한 어떤 것이 현상될 때마다, 억견이라고 하는 것은 우리를 그쪽으로 움직여 나아가게 하는 데에는 요구되지는 않는다. [사실] 충동이란 것은, 영혼의 과정이자 움직임이기에, 직접적으로 일어난다"(*Col.* 1122a-d).

사실, 아르케실라오스에게 인간 행위의 가능성은 그리 복잡한 이론이 아니다. 그것은, 동물에게 있어서의 행위와 같이, 자신에게 속하는 고유한 것에 대한 인상에 의해 충동적으로 일어나는 것이다. 그래서 키케로는 "동물이 '자신에게 속하는 것'(oikeion)으로 나타내어지는 것에 대한 충동에 실패할 리 없는 것처럼, [인간의] 마음도 그것이 보여주는 명료한 것을 승인하는 데 실패할 리 없다"(*Acad.* 2.38)고 보고하고 있는 것이다. 그러기에 스토아식의 동의는 부차적인 것이다. 아울러, 파악인상이나 지식의 획득 또한 불필요하다.[15] 물론, 스토아학파는 훌륭한 삶이란 파악인상에 대한 확실한 지식에 기반을 두어야 하며, 이러한 지식을 소유한 현자만이 "올바른 행위"(katorthōma, *Acad.* 1.37)를 할 수 있다고 주장한다. 나아가, 인간에게 이러한 차원이 없다면, 인간의 삶은 동물의 삶과 별다른 차이

---

15) 아르케실라오스에게 있어 동의의 유보는 학적 지식이나 철학적 논쟁점들을 구성하는 경우, 즉 우리 신념을 이론이나 테제로 고착화하는 경우로 한정지어 이해해야 한다. 그에게도 일상적인 삶이나 행위 그리고 행복은 가능하였기 때문이다.

도 없을 것이라고 한다. 하지만 아르케실라오스는, 만약 어떠한 것도 알려질 수 없고 또한 그러한 지식을 소유한 현자도 없다고 한다면, 현자의 행위로 간주되는 올바른 행위도 그 의미를 확보하지 못할 것이며, 현자의 올바른 행위와 그 단계에 도달하지 못한 비(非)현자의 "적절한 행위"(kathēkon, *Acad.* 1.37) 사이의 엄격한 구분도 사라져버릴 것이다. 나아가, 스토아학파가 자랑하는 현자의 올바른 행위라는 것도 사실은 비현자의 적절한 행위와 동일한 그런 것으로 드러나고 말 것이다. 이처럼 아르케실라오스는 스토아적 전제에 입각해서 그들의 한계를 비판한다.16)

이러한 비판을 통하여, 아르케실라오스는 인간행위의 실천적인 기준으로서 '합리적인 것'이란 개념을 제시한다. 그리고 그것을 통해서 인간 행위와 행복의 가능성을 모색한다. 그런데 여기에서 아르케실라오스가 말하는 합리적인 것이란 개념은 조심스럽게 수용되어야 한다. 왜냐하면 그것은 파악인상을 전제로 한 스토아학파의 합리적 정당화(*DL* 7.76)와 달리, 파악인상이나 동의 그리고 그 어떠한 신념도 전제하지 않는 그런 합리적 정당화, 즉 그 어떠한 테제나 이론 그리고 학설 수립도 목표로 하지 않는 그런 정당화이기 때문이다. 물론, 스토아학파의 파악인상이나 진리 개념이 지닌 장점도 있으며, 또 그런 인식론에서 지적 확실성을 찾으려는 사람들 또한 있다. 하지만 그럼에도 불구하고 파악인상을 전제로 하는 스토아적인

---

16) 아르케실라오스는 자기 전제를 제시하지 않은 채, 스토아적인 전제에 입각해서 그들의 한계점을 노출시키는 것으로 유명하다. 이러한 접근 방법은 흔히 변증법적 해석이라 불리며, 이러한 해석을 지지하는 연구가들로는 Couissin(1983[1929]), Cooper(2004), Ioppolo(1981, 1986, 2000), Frede(1984), Schofield(1999), Sedley(1983), Striker(1983) 등이 있다. 그중 한 명인 스트리커(1983)에 의하면, 아카데미학파의 모든 논증은 파악 불가능성이나 판단유보에 대한 증명의 방식으로 제공된 것이 아니라, 오직 스토아학파의 철학적 전제를 비판하기 위한 의도에서 제공된 것임을 강조하고 있다(호센펠더·뢰트, 472 참조).

인식론은 그 자체로 독단적일 뿐만 아니라, 불확실하고 변화무쌍한 현실에 제대로 대응하지 못하는 한계를 안고 있다. 그러기에 아르케실라오스의 합리적인 정당화는 철저히 반(反)독단적인 맥락에서 이해되어야 한다.

브리테인에 의하면, 아르케실라오스의 합리적 정당화는 '가설적 성격'을 띤다(Brittain, 2005). 인간은 삶의 현실에 대한 잠정적인 가설을 수립할 수 있고, 그 가설에 근거해 행동할 수 있다는 말이다. 그런데, 가설이란 사실상 조건과 상황에 따라 변화 가능한 유한한 설명 체계이지, 확실성에 기반을 둔 불변하는 실체로서의 이론 체계가 아니다. 이는 아르케실라오스 철학의 탄생 배경과도 밀접한 연관을 갖는데, 앞에서 언급했듯이 그는 한편으로는 스토아의 독단을 피하고, 또 다른 한편으로는 피론식의 이론적 무기력함도 회피하고자 하였는데, 가설로서의 합리성 개념 안에는 그의 이러한 문제의식이 잘 반영되어 있는 것이다. 그러기에 그의 합리성 개념은 스토아적인 독단으로서의 이론 체계, 즉 우리의 인상이나 신념을 이론이나 테제로 고착시키는 것도 거부하나, 동시에 일상적인 삶이나 행위에 대한 어떠한 설명이나 이해도 거부하는 피론 식의 접근방법도 거부하고 있는 것이다. 이런 점에서 그는 온건한 합리주의자의 면모를 보인다.

그런데, 아르케실라오스의 합리성 개념은 '자연적인 것'이란 개념을 통해서 온전히 이해될 수 있다. 스승 폴레몬(Polemon)의 영향하에서, 아르케실라오스는 자연적인 삶에서 '최상의 선'을 찾고자 하였다(호센펠더와 뢰트, 457). 카르네아데스 역시 "최고의 선은 '자연적으로 처음 존재하는 것들과의 친교'에 자리한다"고 보고하고 있다(Ibid. 457). 그리고 아르케실라오스는 "최고의 가치가 '자연적인 질서' 자체라는 사실과 인간은 그때마다 맡겨진 역할을 파악하고 그 역할을 수행했다면 행복을 성취할 수 있다"(Ibid. 482)고 생각하였다. 그에게 합리적인 것이란 곧 '자연적인 것'이고, 자연적인 것을 행하면, 인간은 '완전하게' 행동할 수 있는 것이다(Ibid. 482). 이렇게 하여, 확실한 지식을 소유한 현자에 의해서만 행복이 성취될 수 있다고 주장하였던 스토아학파의 행복관념은 아르케실라오스에 의해서 이제 대전환의 계기를 맞는다. 그 결과, 행복은 희귀하지도 않고, 많은 것을 성취한 후에야 얻을 수 있는 그런 것도 아니었다. 오히려 그것은 판단유보와 일치하며, 손쉽게 획득 가능한 그런 것으로 드러났다(Thorsrud, 2010, 68). 이런 점에서 섹스투스의 다음 말은 주목할 만하다.

> "아르케실라오스는 모든 것에 대해 판단을 유보하는 자는 '합리적인 것'[to eulogon]에 의해 어떤 것을 선택하고 회피하며 행동 일반을 다스릴 것이라고 말한다. 그리고 행복은 신중함을 통해서 얻어지고, 신중함이란 바른 행동을 낳으며, 바른 행동은 그 내용이 무엇이든지 간에, 한번 행해짐으로써 합리적인 정당화를 얻게 될 것이라고 말한다. 그러므로 그러한 합리적인 의지에 것으로 간주되는 인상을 획득한 사람은 올바르게 행동하고 행복해진다"(*M* 7.158, *LS*. 69b로 번역).

하지만 섹스투스의 이러한 언급에 기대어, 섹스투스가 추종하던 피론주의 회의주의와 아르케실라오스의 아카데미 회의주의가 동일하다고 간주되어서는 안 된다. 무엇보다도, 아르케실라오스는 일련의 합리적 정당화 과정을 통해서, "행복은 프로네시스(Phronesis), 곧 '지혜'의 산물이요, 지혜는 카토르토마타(Katorthomata), 곧 '완전한 행위들' 안에 내재해 있으며, 그 완전한 행위란 그것이 행해질 때 그 자체를 위해서 하나의 이성적 정당성을 갖는 행위를 함의하기 때문이다"(*M*. 7.158; 호센펠더와 뢰트 481 재인용)라고 주장한다. 이런 점에서, 그는 피론과 같은 극단적인 의미의 행위불가론자, 즉 사고 위험에 직면해서 본능적으로 피하는 것이나 일상생활에서의 기본적인 움직임을 포함한 일체의 행동에 대한 판단 그 자체까지도 중지해 버리는 과격한 의미의 회의주의자는 아니었다. 오히려 그는 독단에 대한 비판을 통하여, 플라톤 아카데미의 순수성을 지키고자 하였던 열렬한 플라톤주의자였던 것이다. 이런 점이 바로 그가 피론과 같은 회의주의 계열에 있었으면서도, 그와 뜻을 같이할 수 없었던 이유들 중의 하나이기도 하였다(호센펠더와 뢰트, 483-4).

요약하면, 아르케실라오스는 회의적 방법으로 확실한 지식의 형성 가능성을 부정하면서도, 스토아학파가 문제 제기하는 행위 불가능성이란 난제를 자신의 고유한 '합리적인 것'이란 개념에 근거해서 해명하고, 그것을 인간행위의 실천적 판단기준으로 제시한다. 결과적으로 아카데미 회의주의는 회의주의의 근본정신을 견지하면서도, 심각한 회의주의로의 이행을 막고 새로운 실천철학을 전개하였다.

5. 맺음말

지난 2,000년간 서구철학사는 아르케실라오스의 회의주의 철학에 대하여 '군맹무상'(群盲撫象)[17]의 오류를 범하였다. 사실, 아르케실

---

17) 『열반경』에 나오는 말로 여러 소경이 코끼리를 어루만진다는 것으로, 사물을 자기 주관대로

라오스의 철학은 소크라테스의 비판철학을 충실히 계승한 플라톤 철학의 한 종류임에도 불구하고, 아카데미학파 안팎으로 오해의 대상이 되었다. 지금도 그러한 경향은 완전히 사라지지 않았다. 하지만 아르케실라오스 철학은 독단에 대한 비판과 보편적인 판단유보를 통하여 그 어떤 것에도 얽매이지 않는 마음의 평화를 제공해주었다. 이런 점에서 그의 철학은 행복의 철학이었다. 이런 점에서 줄스 에반스의 다음 언급은 아르케실라오스를 비롯한 고대 회의론자의 철학적 의의를 적절히 요약하고 있다.

> "고대 회의론자들은 고통스러운 감정을 유발하는 주된 원인이 바로 이런 독단이라고 주장했다. 인간은 너무 성급하게 결론으로 나아가고 자신의 믿음을 과신하기 때문에, 지나치게 우울해지거나 즐거워하게 된다는 얘기다. 인간은 신이 인간의 편이며 아무것도 잘못되지 않을 거라고 확신하거나, 반대로 우주는 인간에게 등을 돌리고 있으며 아무 일도 제대로 되지 않을 거라고 생각한다. 신이 인간사에 개입한다고 믿지 않는 에피쿠로스 신봉자라 해도 즐거움이 좋은 거라고 독단적으로 주장하며, 괴로움을 겪을 때는 우울해진다"(Jules Evans, 2012, 201).

무엇보다도, 아르케실라오스는 철학에서 독단주의자들이 지닌 제반 문제점들을 비판하기 위해서, '파악불가능성'과 '보편적 판단유보'라는 개념을 제시하였다. 그것은 우리가 아는 것은 거의 없으며, 일체의 사물에 대한 판단을 보편적으로 유보해야 한다는 강력한 권유이기도 하였다. 특히, 아르케실라오스는 자신의 이러한 회의주의 철학을 제논 및 스토아학파와의 대결 구도 속에서 구성하였는데, 그

본다는 뜻이다.

핵심적인 논쟁점은 '파악인상', '현자' 그리고 '행위 가능성'의 문제였다.

첫째, 아르케실라오스는 당대의 철학계를 주도하였던 스토아학파의 독단적 인식론을 파악인상을 중심으로 비판하였다. 제논에 의하면, 진리의 기준은 감각에 있으며, 구체적으로 그것은 지식의 핵심 요소인 파악인상이었다. 하지만 아르케실라오스가 보기에 제논의 파악인상은 진리 기준이 되기에는 불충분한 개념이었다. 왜냐하면 인간의 인식은 다양한 형태의 '속임수'와 '착각'에 노출되어 있으며, 참된 인상이라고 여겨지는 것에는 항상 거짓된 인상이 병행하여 존재하기 때문이다. 이런 점에서 볼 때, 제논은 인상이 파악 가능하다는 것을 증명하는 것이 아니라, 전제하고 있다고 보아야 한다.

둘째로, 아르케실라오스는 제논의 현자 개념 또한 비판하였다. 제논에 의하면, 현자는 파악인상에 대한 이해를 기반으로 하여 확실한 지식을 소유한 존재이다. 현자는 항상 최상의 정신 상태를 유지하는 자로서, 거짓된 인상들로부터 참된 인상을 구별해낼 줄 아는 능력을 지녔다. 하지만 아르케실라오스는 이에 이의를 제기한다. 왜냐하면 현자의 탁월함은 파악인상에 의존하는데, 파악인상 자체가 존재하지 않는다면, 현자의 존재는 무의미해지기 때문이다. 또한, 현자의 탁월한 이해능력에 의해서도, 사물들 사이에 존재하는 거짓된 인상의 존재 가능성, 즉 참된 인상 곁에 병행하여 존재하는 거짓된 인상의 존재 문제는 해결될 수 없기 때문이다. 이렇게 볼 때, 제논의 현자도, 만약 그가 파악인상을 온전히 확보할 수 없다면, 사물에 대한 일체의 판단을 유보할 수밖에 없을 것이다.

마지막으로, 아르케실라오스는 스토아학파가 제기한 '행동불가'

논증에 대한 재(再)비판으로써 '행위 가능성'을 언급한다. 주지하다시피, 제논은 인간 행위가 인상, 충동, 그리고 동의라는 3가지 요소에 의해서 이루어진다고 하였다. 특히, 이 가운데에서도 동의는 인간 행위를 유발하는 가장 결정적인 요소임을 강조하였다. 하지만, 아르케실라오스가 보기에, 제논의 말은 심각한 문제점을 안고 있다. 왜냐하면, 인간 행위는 스토아식의 동의 없이도, 즉 인상과 충동만으로도 얼마든지 가능하기 때문이다. 그것은 마치 자극과 반응으로 이루어진 본능적 행동모델과 유사한 것이다. 이처럼 아르케실라오스는 동의, 나아가 이론이나 테제를 거부하는 본능적 행위 모델을 제시한다. 하지만 그의 언급은 이론이나 테제 자체를 거부하는 피론학파의 생각과 동일시되어서는 안 된다. 왜냐하면 아르케실라오스는 피론과 달리 삶의 실천적 판단기준으로서 '합리적인 것'(eulogon)이라는 개념을 제시하기 때문이다. 하지만, 이 개념 역시 독단주의자들이 말하는 이론이나 테제와 동일시되어서는 안 된다. 오히려 그것은 가설 내지는 가정의 성격을 띠는 것으로, '자연적인 것'과 동일시된다. 즉, 자연적인 삶에서 '최상의 선'을 찾고자 하는 것이 그의 합리성인 것이다. 이렇게 하여, 아르케실라오스는 완전한 지식의 소유자인 현자에 의해서만 가능하였던 스토아적 행복 개념을 완전히 변형시켜, 일상적 삶 속에서도 손쉽게 획득 가능한 자연적인 것으로써 행복 개념을 재정립하였다.

결론적으로, 아르케실라오스의 회의주의 철학은 불확실성과 불안이 팽배하였던 헬레니즘 시기에 인간들에게 독단으로부터 벗어난 진정한 행복을 찾는 방법을 제시해주었다. 그는 그것을 한편으로는 제논을 중심으로 한 스토아학파에 대한 비판을 통하여 보여주었으며, 다른 한편으로는 플라톤의 대화편에 나타난 소크라테스의 논박법의 정신을 되살림으로써 보여주었다. 비록 스토아힉파에 가한 그의 비판은 또다시 그들의 공격에 노출되지만, 그로부터 시작된 아카데미학파와 스토아학파의 긴 논쟁은 헬레니즘 시기의 철학의 깊이를 한층 더 업그레이드시키기에 충분하였다.

제2장

고대 회의주의는
어떻게 변천해갔는가?

> 발이 빠르다고 해서 달리기에서 이기는 것도 아니고, 용사라고 해서 전쟁에서 이기는 것도 아니더라. 지혜가 있다고 해서 먹을 것이 생기는 것도 아니며, 총명하다고 해서 재물을 모으는 것도 아니며, 배웠다고 해서 늘 잘 되는 것도 아니더라. 불행한 때와 재난은 누구에게나 닥친다.
>
> — 전도서 9: 11

1. 머리말

"의심하지 않는다면, 어찌 확신이 있을 때의 기쁨이 있으랴." 독일의 작가 괴테(Johann Wolfgang von Goethe)의 말이다. '회의'와 '의심'의 중요성을 일깨우는 이 말은, 독단과 아집 속에서 살아가는 현대인들에게 "어떻게 삶을 살아갈 것인가?"라는 화두(話頭)를 던져주고 있다. 그런데 21세기 한국사회는 괴테의 이러한 충고와 달리, 강력한 종교적 도그마와 편파적인 정치적 이데올로기의 지배 아래 놓여 있다. 종교적 관용과 정치적 배려는 그 설득력을 잃고 있다. 도

그마와 이데올로기로 점철된 세계 속에서 현대인들은 불안하고 불행하다. "과연 이러한 불안과 불행으로부터 벗어날 수 있는 길은 있는가?" "있다면, 그것은 무엇인가?"

이러한 문제의식하에서, 필자는 '고대 회의주의'(ancient scepticism)가 삶에 대한 지적인 태도, 나아가 삶의 '기술'(technē)이라는 생각을 하게 되었다. 데카르트(Rene Descartes, 1596-1650)의 '방법적 회의'나 인식론에 경도된 현대철학에서의 회의주의와 차별화되는 이러한 고대 회의주의는 헬레니즘 시기 만개하였다. 하지만, 중세 초기에 회의주의는 견제와 비판의 대상이 되었다. 처음에는 회의주의에 몸담고 있었으나, 이후에 기독교로 개종하였던 아우구스티누스(Aurelius Augustinus, 354-430)에 의해, 아카데미 회의주의에 대한 강력한 비판이 제기된 이후로, 고대 회의주의는 철학사에서 '미운 오리새끼'로 전락하고 만다. 즉, 고대 회의주의가 망각되었던 것이다. 물론, 중세철학사에서 아우구스티누스가 차지하는 비중은 새삼 강조할 필요가 없다. 회의주의에 대한 그의 해석 또한 무시할 수 없다. 하지만 회의주의에 관한 한, 그의 언급은 비(非)논증적이다.[1] 왜냐하면 『아카데미에 반대하여(*Contra Academicos*)』라는 그의 저서는, 기독교로 개종한 이후 자신의 신앙을 정당화하는 차원에서는 유의미하나, 고대 회의주의에 대한 철학적 비판으로서는 많은 문제점을 안고 있기 때문이다. 그럼에도 불구하고, 서구 철학의 주된 흐름은 아우구스티누스의 이러한 판단에 기대어, 고대 회의주의를 거부하는 방향으로

---

1) 아우구스티누스의 회의주의 비판에 대한 재(再)비판의 성격을 지닌 것으로는 Carlos Levy와 Luciano Floridi의 논문을 참고하라. 이에 반해, 아우구스티누스의 회의주의 비판에 우호적인 입장을 피력하는 것으로는 오유석(2011)과 Gerad O'daly의 논문을 참고하라.

흘러갔다.[2]

근대 철학의 아버지라 불리는 데카르트 또한 고대 회의주의를 왜곡시키는 데 일정한 역할을 하였다. 사실, 이탈리아 르네상스 시기, 섹스투스 엠피리쿠스(Sextus Empiricus, 2-3세기)의『피론주의 개요』[3]를 비롯한 고대 회의주의 문헌들의 번역으로 인하여, 고대 회의주의는 재발견되고 부흥되었다. 아울러, 몽테뉴와 같은 걸출한 철학자도 배출되었다. 하지만 데카르트는 명석하고 판명한 것이 진리가 되어야 한다는 생각 아래, 고대 회의주의를 그 자체로 강조하기보다는 '확실성'(certainty)을 추구하는 하나의 방편 내지 도구로써 강조하였다. 그 결과, 삶을 지혜롭게 살기 위한 지적인 태도로써 고대 회의주의의 기술은 복구되지 않고 소멸된다. 이처럼 데카르트도, 아우구스티누스와 마찬가지로, 고대 회의주의의 철학사적 중요성을 간과하였다.

사실, 고대 회의주의는 헬레니즘 시기 주된 철학적 경향 중의 하나였다. 고대 회의주의를 아카데미학파와 피론학파로 나누어 생각해봤을 때, 전자의 범주에 속하는 아르케실라오스(Arcesilaos of Pitane, B.C. 315-241)와 카르네아데스(Carneades of Cyrene, B.C. 214-129) 같은 철학자는 플라톤의 직계 제자들이었다. 그리고 회의주의를 강조하던 그들의 아카데미는 안티오코스(Antiochos of Ascalon, B.C. 120-68)가 거부하기 전까지 약 200년 동안 플라톤 아카데미를 실질적으로 지배하였다. 그리고 후자의 범주에 속하는 피론(Pyrrho of Elis, B.C. 360년경-272년경)이나 섹스투스 엠피리쿠스의 회의주의

---

2) Carlos Levy, 2010, 81-104.

3) 섹스투스 엠피리쿠스의『피론주의 개요(*Outlines of Pyrrhonism*)』에 대한 번역은 오유석의 것을 따른다. 그리고 논문에서 이 책을 인용할 때는 *PH*.로 약하여 사용한다.

는 르네상스 시기의 활발한 번역작업을 통하여, 고대 회의주의를 부활시키고 근대철학으로의 길을 열었다. 몽테뉴는 그러한 영향을 직접적으로 받았던 최초의 르네상스인이었으며, 데카르트 또한 그 영향권하에 있던 인물이었다. 비록 이 시기 회의주의 운동이 인문주의자들에 의한 문헌학적인 작업에서 출발한 것이 사실임에도 불구하고, 그 운동은 고대 회의주의를 철학의 중심 무대로 이동시키는 힘을 가지고 있었다. 이처럼 아우구스티누스에 의해서 그 존재감이 상실되었던 고대 회의주의는 르네상스기에 화려하게 등장한다.

본 논문은 인식론 중심의 현대 회의주의와 차별화되는 실천철학으로서의 고대 회의주의의 진면목을 노정시키기 위해, 헬레니즘 시기에서 르네상스 시기에 이르는 회의주의의 전승사를 거시적으로 분석함으로써, 아카데미 회의주의와 피론주의 회의주의로 대표되는 고대 회의주의의 변천과정을 총체적으로 조망하기 위한 시도에서 작성되었다. 특히 본 연구자는 Richard Bett, Carlos Levy, 그리고 Luciano Floridi 등의 견해를 중심으로, 고대 회의주의의 개념과 그 변천사 그리고 그 현대적 의의를 조망하는 데 집중할 것이다. 이를 위해 본 연구자는 크게 다음 3가지 물음을 중심으로 논의를 진행할 것이다. (1) 고대 회의주의란 무엇인가? 그리고 그것은 오늘을 살고 있는 우리들에게 어떤 실천적 의미를 제공해주는가? (2) 중세 시기 고대 회의주의는 '왜' 망각되어 갔는가? 그리고 고대 회의주의에 대한 아우구스티누스의 비판은 '과연' 정당한가? (3) 르네상스 시기 고대 회의주의의 재발견과 부활은 어떻게 이루어졌는가? 그리고 몽테뉴의 철학은 고대 회의주의의 역사에서 어떤 의미를 지니는가?

2. 고대 회의주의의 성립과 전개: 아카데미 회의주의 vs. 피론주의 회의주의

고대 회의주의는 판단유보를 통한 마음의 평화 획득에 집중한다. 이에 반해, 현대 회의주의는 지식의 형성 가능성에 의문을 갖고 그 것을 부정한다. 전자가 불확실한 현실에 대응하는 하나의 삶의 기술 이라면, 후자는 지식만을 문제 삼는 인식론적 개념이다. 이런 점에 서 현대 회의주의와 차별화된 고대 회의주의의 개념은 실천철학적 의미를 지닌다.[4]

피론주의 회의주의의 완성자인 섹스투스 엠피리쿠스는 회의주의 가 갖는 실천철학적 의미를 잘 포착하고 있다. 그에 의하면, 진정한 회의주의자는 일체의 사물에 대해 헛된 판단을 하지 않고, 오직 판 단유보를 통한 마음의 평정에만 마음을 쏟는다(*PH.* Ⅰ. 26).

> "회의주의자는 감각표상들을 평가해서 어떤 감각표상이 참이고 어떤 감각표상이 거짓인지 파악함으로써 마음의 평안을 얻으려는 목적으로 철학활동을 시작했으나, (감각표상과 관련된) 상반된 주 장들이 동일한 설득력을 가진다는 사실을 발견했으며, 이러한 논 쟁을 해결할 수 없기 때문에 결국 판단을 유보하게 된 것이기 때 문이다. 그런데 회의주의자가 판단을 유보하자, 뜻밖에도 믿음과 관련된 '마음의 평안'(ataraxia)이 그에게 찾아왔다"(*PH.* Ⅰ. 26).

그런데 섹스투스 엠피리쿠스는 판단유보가 적용할 수 있는 영역 을 삶의 전 영역으로 설정한다. 그리고 철학의 3대 영역이라 불리는 논리학, 물리학 그리고 윤리학에도 회의주의적 주제들을 적용시킨다

---

4) Richard Bett(2010), pp.1-2 참조.

(*PH*. Ⅰ. 18). 단적으로 말해, 그는 어떠한 주제든지 간에, 그 문제의 진위를 놓고 경쟁하는 모든 사태에 대하여 판단을 유보할 것을 권유하는 제반 설득과정 전체를 회의주의라 명명하는 것이다. 이런 점에서, 그의 회의주의는 인식적 측면과 아울러, 광범위한 윤리적 측면, 다시 말해 실천적 측면까지도 함축하는 것이다.[5]

섹스투스 엠피리쿠스에게 "회의주의의 길"(skeptikē agōgē)은 "탐구의 길"(zētētikē agōgē)이다(*Ph*. Ⅰ. 7). 탐구주의자로서 회의주의자는 "독단주의자들"(dogmatikoi)도 아니고, "인식 불가능성"(akatalēpsia)[6]을 옹호하는 자들도 아니다. 왜냐하면, 독단주의자들이란 아리스토텔레스나 스토아학파 그리고 아리스토텔레스학파처럼 진리를 발견했다고 성급하게 주장하는 자들이고, 인식 불가능성을 옹호하는 자들이란 카르네아데스와 클레이토마코스같이 진리에 대한 탐구 자체를 완전히 거부하는 자들인 데 반해서, 진정한 회의주의자는 진리에 대한 탐구 가능성을 믿고, 계속해서 진리를 탐구하는 사람들이기 때문이다.[7] 이런 점에서, 진정한 회의주의는 "어떤 방식으로든 보이는 것들과 사유되는 것들을 대립시키는 능력이며, 서로 대립되는 사태들이나 진술들이 힘에 있어서 평형을 이루는 능력"(*Ph*. Ⅰ. 8)이며, 그러한 능력으로 인해서 사람들을 판단유보와 마음의 평안에 이르

---

5) Richard Bett, 2010, 1-2.

6) 아카데미 회의주의의 변천사를 보면, 그것은 하나로 묶어서 이야기하기 힘든 다양한 모습들을 가지고 있다. 섹스투스는 엠피리쿠스는 『피론주의 개요』(Ⅰ. 220-1)에서 그것을 크게 5가지 단계, 즉 (1) 플라톤의 구(舊)아카데미, (2) 아르케실라오스의 중기 아카데미, (3) 카르네아데스와 클레이토마코스의 아카데미, (4) 필론과 카르미다스의 아카데미 그리고 (5) 안티오코스의 아카데미로 나누어 분석한다.

7) 섹스투스 엠피리쿠스는 『피론주의 개요』(*Ph*. Ⅰ. 220-35)에서 아카데미 회의주의와 피론주의 회의주의를 구분하여 설명한다. 하지만, 필자는 본 논문에서 그것을 다루지는 않을 것이다. 그 작업은 필자의 후속 논문에서 진행될 것이다.

게 하는 것이다.

철학사적으로 볼 때, 헬레니즘 시기의 고대 회의주의는 서로 다른 2개의 학파에 의해서 형성되고 유지되었다. 그 하나는 피론주의 회의주의이고, 다른 하나는 아카데미 회의주의이다. 전자를 대표하는 철학자로는 피론, 티몬, 아이네시데모스, 섹스투스 엠피리쿠스 등이 있으며, 후자를 대표하는 철학자로는 아르케실라오스, 카르네아데스 그리고 필론 등이 있다.[8]

고대 회의주의 역사에서 가장 먼저 언급되어야 할 인물은 피론이다. 디오게네스 라에르티오스(Diogenes Laertius, 기원후 3세기 활동)[9]에 의하면, 피론은 펠로폰네소스반도의 서부 지역에 있는 엘리스에서 태어났다. 처음에는 화가였으나, 후에 스틸폰(Stilpon of Megara, B.C. 360-280)의 아들 브뤼손의 제자가 되었다. 그 뒤, 그는 아낙사르코스(Anaxarchus of Abdera, B.C. 380-20)의 제자가 되었으며, 그와 함께 알렉산더의 동방원전에도 참여하였다. 이 과정에서 그는 "나체 상태의 현자들과 박사들"을 만났다(*DL* 9.61). 인도철학자들과의 만남으로 인하여, 그는 회의주의의 핵심 테제인 '불가해성'(akatalepsia)과 '판단유보'(epochē)를 철학 속에 도입하였으며, '마음의 평화' (ataraxia)도 강조하였다(*DL* 9.61). 마음의 평화와 관련된 2가지 유명한 일화가 있다. 하나는 그의 스승인 아낙사르코스와 연관된 것이다. 어느

---

8) 키케로 역시 아카데미 회의주의 계열의 철학자이다. 사실, 키케로는 당대의 모든 철학자, 즉 에피쿠로스학파의 파이드루스(B.C. 140-70), 스토아학파의 디오도투스(B.C. 60년경 사망) 그리고 아카데미학파의 필론 등으로부터 철학을 배웠다. 하지만, 그는 스스로 아카데미학파의 일원임을 자처하였다. 회의주의와 관련된 그의 저서는 『아카데미학파(*Academica I, II*)』이며, 본 논문에서 그것은 *Acad.*로 약하여 사용된다.

9) 디오게네스 라에르티오스의 주된 작품으로는 고대 철학자들의 철학과 생애를 정리한 『철학자 열전(*Lives and Opinions of Eminent Philosophers*)』이 있다. 필자는 본 논문에서 그것을 약하여 *DL*로 표기한다.

날 그는 아낙사르코스가 늪에 빠졌는데도 그를 살리려고 하지 않고 그대로 가버렸다. 주위 사람들은 그를 꾸짖었으나 아낙사르코스만은 오히려 그의 무관심과 평정심을 칭찬하였다. 다른 하나는 돼지와 연관된 것이다.[10] 어느 날 피론은 항해를 하다가 폭풍우를 만났는데, 배에 탄 모든 사람은 파랗게 질려 겁을 먹고 있었다. 그때, 그는 무심한 상태에서 먹이를 먹고 있던 돼지를 가리키며, "현자는 이렇게 마음이 흐트러지지 않은 상태로 있지 않으면 안 된다"(DL. 9 67, 정양범 역)라고 말하였다고 한다. 무엇보다도 피론은 사물들의 '불확정성'과 '유동성'에 주목하였다. 이것에 근거하여 그는 판단유보와 마음의 평화를 천착하였다. 그 뒤, 피론의 회의주의는 성실하고도 충실한 그의 제자 티몬[11](Timon, B.C. 325-235)에 의해서 계승·발전된다.

피론주의와 달리, 아카데미 회의주의는 아르케실라오스, 카르네아데스 그리고 필론(Philo of Larissa, B.C. 159-84) 등에 의해서 계승 발전된다. 먼저, 최초로 아카데미 회의주의학파를 창설한 사람은 피타네의 아르케실라오스였다. 그는 피론과 유사하게, 모든 사태엔 필연적으로 반대 의견이 성립되기에, 일체의 판단을 유보해야 한다고 주장했다. 그는 하나의 문제에 대하여 찬성과 반대 양편에서 주장을 펼쳤으며, 1문1답 방법을 통하여 논쟁을 즐겼던 사람으로도 유명하다(DL. 4.28). 그런데 아르케실라오스는 자신의 회의주의가 소크라

10) 1989년에 발표된 이문열의 단편소설 『필론의 돼지』의 제목은 『피론의 돼지』로 바뀌어야 한다. 철학사에 등장하는 필론으로는 알렉산드리아 출신의 유대철학자 필론과 라리사 출신의 아카데미 회의주의 철학자 필론이 있다. 하지만 위 소설에서 이문열이 인용하고 있는 일화는 피론과 연관된 것이다.

11) 말테 호센펠더·볼프강 뢰트에 의하면, 티몬은 어린 시절 무용수로 지냈으며, 스틸폰의 가르침을 받고자 메가라로 갔다가, 나중에 피론이 머물던 엘리스로 왔다. 한때 칼케돈에서 소피스트로 행세하여 돈과 명성을 얻었다. 스승과 달리, 시적이며 철학적인 작품들을 많이 집필하였으며, 피론과 데모크리토스, 프로타고라스 그리고 크세노파네스 등을 제외한 대부분의 철학자들을 조롱하였다. 말테 호센펠더·볼프강 뢰트, 조규홍 역, 『헬레니즘 철학사』, 2011, 352.

테스로부터 유래하고 있음을 강하게 주장하였다(*Acad.* I. 45). 왜냐하면, 그가 보기에 플라톤의 대화에 등장하는 소크라테스는 판단유보의 관점을 유지한 채, 회의주의적인 토론을 즐기는 그런 인물로 비쳐졌기 때문이다. 아르케실라오스가 회의주의를 강조한 이후, 플라톤의 아카데미는 약 2세기 넘게 회의주의의 지배 아래 있었다.

아르케실라오스 다음으로 아카데미 회의주의를 이끌었던 인물은 키레네의 카르네아데스였다. 디오게네스 라에르티오스에 의하면, 그는 스토아학파의 철학자, 특히 크리시포스의 책을 읽고 그에게 날카로운 반론을 펼쳤던 것으로 유명하다(*DL.* 4. 62).[12] 사실, 크리시포스는 아르케실라오스의 비판으로 인해 훼손되었던 스토아학파의 이론을 수정·보완했던 사람이었는데, 카르네아데스는 회의적 논변을 이용하여 그런 그를 잠재웠던 것이다.[13] 그런데 그의 논리의 백미(白眉)는 기원전 156/5년 로마에서 행해졌던 그의 연설이었다. 이 연설에서 그는 정의라는 주제를 놓고 하루는 그것을 정당화하는 연설을 펼치고, 그다음 날에는 그것을 부정하는 연설을 펼쳤는데, 로마 시민들은 그의 이러한 연설을 듣고 정신이 혼미해질 정도였다.[14] 그런데 그의 이러한 모순된 연설에는 그의 회의주의적 방법론이 자리 잡고 있다. 즉, 그는 정의 개념 그 자체를 비판하는 데 관심이 있었던 것이 아니라, 정의에 대해 긍정논리를 펼치는 사람이나, 부정논리를 펼치는 사람들 모두 논리적 한계, 즉 불충분한 근거를 가지고 있다는 것을 보여주고자 하였던 것이다.[15] 하지만, 당시의 검열

---

12) 디오게네스 라에르티오스는 그것을 다음과 같이 언급한다. "크리시푸스가 없었다면, 어디에서 내가 존재했겠는가?"(*DL.* 4. 62).

13) Gisela Striker, 2010, 200.

14) 말테 호센펠더·볼프강 뢰트, 2011, 459-60.

관이었던 카토(Marcus Porcius Cato, Censorius, B.C. 234-149)는 그의 연설이 가지는 대(對)사회적 부정적 효과를 고려해, 그의 회의적 방법론을 비판하였으며, 조속한 시일 내에 그가 로마를 떠나야 된다고 주장하였다.[16] 그런데 그는, 피론이나 아르케실라오스처럼, 자신의 작품을 남기지 않았기에, 그에 대한 탐구는 그의 제자들, 즉 클레이토마코스(Kleitomachos, B.C. 186-109)[17]와 메트로도로스(Metrodoros, B.C. 145-70) 그리고 카르마다스(Charmadas, B.C. 164-95) 등의 작품을 통해서 이해될 수밖에 없다.

카르네아데스 이후, 기원전 1세기를 기점으로 하여, 아카데미 회의주의는 급격하게 쇠퇴한다. 이 시기 아카데미 회의주의는 라리사 출신의 필론이 이끌었는데, 그는 카르네아데스의 제자였던 칼리클레스와 클레이토마코스 밑에서 철학을 공부하였다. 클레이토마코스가 죽고 난 뒤에는 아카데미의 수장이 되었으나, 말년에는 전통적인 플라톤 철학을 복원시키고자 하였던 제자 안티오코스와 스토아학파의 대표자였던 파나이티오스(Panaitos, B.C. 185-110)[18]의 공격으로, 자신의 회의주의를 부분적으로 수정하였다.[19] 즉, 그는 아르케실라오

---

15) Ibid. 459-60.

16) 플루타르크, 2000, 580-1.

17) 디오게네스 라에르티오스에 의하면, 클레이토마코스는 불혹이 지나서야 카르네아데스의 제자가 되었다고 한다. 하지만 근면 성실하여, 당대 철학 학파들 모두에 정통하였다고 한다. 카르네아데스의 뒤를 이어 아카데미의 수장이 되었으며, 400권이 넘는 책을 집필하였다고 전해진다(DL. 4. 67).

18) 파나이티오스는, 포세이도이오스와 함께, 중기 스토아학파(B.C. 2-1세기)를 이끌었던 인물이다. 그는 기존의 스토아학파가 강조했던 '아파테이아'(apatheia) 개념을 거부하면서 아리스토텔레스학파의 '중용'의 덕을 재도입하였던 것으로 유명하다.

19) 필론 철학의 이러한 극적 변화는 그가 아테네를 떠나 로마에서 활동하면서부터 시작되었다. 로마에서 그는 아테네와는 전혀 다른 지적 분위기, 즉 대립된 학파들 간의 변론에는 관심이 없는 채, 인간은 무엇을 알 수 있으며, 인간은 어떻게 살아야 하는가라는 것을 묻는 로마 시민들의 질문을 받게 되는데, 이러한 질문들로 인하여 그는 클레이토마코스의 급진적인 회의주의를 부분적으로 버리고, 메트로도로스의 완화된 회의주의를 부분적으로 수용하게 되었던 것이

스와 카르네아데스에 의해 일반화된 판단유보를 포기한 채, 상식적 차원에서 '개연적 억견'(doxa)의 형성 가능성을 수용하였던 것이다. 하지만, 200년간 지속되던 아카데미 회의주의는 안티오코스(Antiochos, ?-B.C. 68)에 의해서 그 종말을 맞이하였다. 그는 자신이 아리스토텔레스와 스토아학파 모두가 동의할 만한 플라톤 철학의 진수를 발견했다고 주장하면서, 기존의 회의적 아카데미와는 전혀 다른 아카데미, 즉 스토아학파 쪽으로 기울어진 새로운 아카데미를 이끌었다. 섹스투스 엠피리쿠스는 이것을 제5 아카데미라고 명명한다(*PH.* Ⅰ. 220). 서로 의견을 달리하며 경쟁하던 필론과 안티오코스가 떠나고 난 이후, 고대 회의주의 전통은 아를의 파보리누스(Favorinus, A.D. 80-160)[20]가 일시적으로 계승하였으나, 그 후론 아카데미 회의주의는 그 힘을 상실하고 만다.

필론 이후, 아카데미에서는 놀라운 사건이 발생한다. 아카데미학파의 일원이었던 크노소스 출신의 아이네시데모스(Ainesidemos, B.C. 1세기 활동)가 아카데미 회의주의와는 전혀 다른 종류의 새로운 회의주의, 즉 피론을 시조로 하는 피론주의 회의주의를 주창하였던 것이다. 사실, 아이네시데모스는 메노도토스와 함께 "플라톤은 회의주의자"(*PH.* Ⅰ. 222)라는 과격한 입장을 견지하고 있었는데, 그의 이러한 입장으로 인하여 그는 아카데미 내 독단주의자들과 강하게 대립하였다. 대립 이후, 그는 아카데미를 떠났으며, 티몬 계열의 헤라클레이데스 밑에서 철학을 공부하였다. 시종일관, 피론의 입장에서 기존 철학이 지닌 제반 문제들을 비판하였던 그는, 이러한 비판

___

다. Carlos Levy, 앞의 책, 85-7.

20) 파보리누스는 2세기경 하드리아누스 황제 재임 기간에 활동하였던 회의주의 철학자였다. 플루타르크와는 친구 사이이며, 『망명에 대하여(*On Exile*)』라는 강의문이 남아 있다.

을 통하여 피론이 강조하였던 판단유보의 중요성을 고대 사회에 새롭게 조명히였다.

기원후 2-3세기에 활동하였던 섹스투스 엠피리쿠스는 아이네시데모스에 의해 재정립된 피론주의 회의주의를 재정립하고 체계화하였다. 그는 의사이자 철학자였으며, 피론주의를 체계화한 『피론주의 개요』와 독단론자들을 논박하는 저서들[21]을 집필하였다. 특히, 『피론주의 개요』에서 회의주의의 목표를 "(독단적인) 견해(doxa)와 관련해서는 마음의 평안이며, 우리에게 불가피하게 주어지는 것들과 관련해서는 감정의 순화(metriopatheia)"(*PH.* Ⅰ. 25)라고 설정하였으며, 어떠한 독단적 믿음에 의존하지 않고서도 일상적 삶의 영역에서의 실천이 가능함을 주장하였다. 다음은 그가 강조하였던 일상적 삶에 있어서의 4가지 기준들이다.

> "자연의 인도를 통해서 우리는 본성적으로 감각할 수 있으며 사유할 수 있게 된다. 그리고 느낌의 필연적 요구가 있기 때문에, 배고픔이 우리를 먹을 것으로 인도하고 목마름이 우리를 마실 것으로 인도한다. 한편 법률과 관습의 전통이 있음으로 인해, 우리는 일상생활에서 경건함을 좋은 것으로 여기고 불경함을 나쁜 것으로 받아들이게 된다. 그리고 마지막으로 전문기술의 교육이 있기 때문에, 우리는 전수받은 기술들을 이용해서 살아갈 수 있다. 우리는 이러한 모든 삶의 기준들에 관해 어떠한 독단적 믿음도 없이 기술한다"(*PH.* Ⅰ. 23-4).

섹스투스 엠피리쿠스의 회의주의는 메노도토스(Menodotos, 2세기경), 테오다스(Theodas) 그리고 사투르니누스(Saturininus) 등이 계승

---

21) 이 범주에는 『논리학자들에 반대하여(*Against the Logicians*)』, 『자연학자들에 반대하여(*Against the Physicists*)』, 『윤리학자들에 반대하여(*Against the Ethicists*)』 그리고 『학자들에 반대하여(*Against the Professors*)』가 있다.

하였다. 이들은 의학 분야에서의 경험적 태도를 강조하고 실증적 풍
토를 조성하였지만, 섹스투스 엠피리쿠스는 회의주의가 실증주의와
연계될 수 없음을 분명히 하였다.[22] 그 후, 피론주의 회의주의 운동
은 철학사에서 서서히 쇠퇴해갔으며, 그에 따라 섹스투스 엠피리쿠
스의 귀중한 저술들 또한 그 존재감을 잃어갔다. 하지만, 르네상스
시기를 전후로, 피론주의 회의주의는 부흥의 계기를 마련한다. 고전
학에 대한 연구 열풍을 타고 서구에서는 키케로의 저작들과 섹스투
스 엠피리쿠스의 저작들이 큰 인기를 끌었는데,[23] 전자는 아카데미
회의주의를, 그리고 후자는 피론주의 회의주의를 대변하였다. 특히,
섹스투스 엠피리쿠스의 저작들은 몽테뉴를 비롯한 르네상스 지식인
들에게 직접적인 영향을 끼쳤다.

위와 같이, 고대 회의주의는 불확실성과 유동성으로 가득 찬 현실
에 대응하는 삶의 기술로 등장하여, 스토아학파 및 에피쿠로스학파
와 함께 헬레니즘 철학을 삼분하였다. 비록 고대 회의주의의 내부는
아카데미 회의주의와 피론주의 회의주의로 양분되지만, 그 두 학파
는 모두 공통적으로 삶에 대한 지적인 태도와 실천을 강조하였다.

3. 고대 회의주의의 망각과 재인식: 아우구스티누스,
   알 가잘리, 솔즈베리의 요한네스, 겐트의 헨리쿠스

중세는 고대 회의주의의 망각의 시대였다. 12-13세기 솔즈베리의

---

22) 말테 호센펠더·볼프강 뢰트, 2011, 355.
23) 이 부분은 본 논문의 제4장에서 언급될 것이다.

요한네스와 겐트의 헨리쿠스가 회의주의의 재인식의 계기를 마련하기 전까지, 그러한 흐름은 계속되었다. 중세 초기 아카데미 회의주의에 대한 아우구스티누스의 비판은 거셌다. 하지만, 이러한 비판에 대한 회의주의자들의 재(再)비판이나 반론은 전혀 이루어지지 못하였다. 중세 전반을 지배하였던 기독교적 신에 대한 믿음과 '초월적 실재론'의 영향 때문이었다. 그런데 아우구스티누스 이전의 양상은 좀 달랐다. 그 때에는 회의주의에 대한 비판보다는 철학 자체에 대한 비판이 더 강했다. 그러한 비판의 중심에는 테르툴리아누스(Tertullianus, 160-240)가 있었다. 비록 그는 그리스 철학과 라틴 문화에 대한 조예가 깊었던 사람이었음에도 불구하고, 철학을 기독교 신앙 안으로 끌어들이는 제반 시도에 대해서 강하게 반발하였다. 나아가, 인간의 지식 추구 자체에 대해서도 부정적으로 평가하였다. "스토아주의자 및 플라톤주의자, 그리고 변증론을 잡다하게 끌어들여 잡종의 6크리스트교를 만들어내려는 모든 시도를 멀리하라"(『이단자들에 대한 규정(The Prescription Against Heretics)』 7)라는 말이 보여주듯이, 그는 의심할 여지없는 확실한 지식이란 그렇게 많지 않으며, 지식과 지혜를 탐구하는 철학 또한 추천할 만한 것이 못 된다고 생각하였다.[24] 그런데 그의 이러한 생각의 배후에는 사도 바울이 있다. 왜냐하면 바울 역시 그리스 철학과 철학에 근거한 지식 탐구를 "속임수"(골로새서 2: 8) 내지는 "세상의 초등학문"(2: 8)으로 간주하였으며, 세상의 지혜로서는 신을 결코 알 수 없다고 단정적으로 말하고 있기 때문이다(고린도전서 1: 21).

---

24) 클라우스 리젠버그, 2007, 26.

철학적 이성에 대한 바울과 테르툴리아누스의 비판 이후, 회의주의에 대한 집중적인 비판은 아우구스티누스가 마련하였다. 기독교로 개종(改宗)한 이후, 그가 가장 먼저 한 것은『아카데미학파 반박』이란 저서를 집필하는 일이었다. 보통의 경우라면, 신앙 관련 서적을 집필하였겠지만, 그는 지식의 확실성을 부정하는 키케로의『아카데미학파』에 맞서, 진리 인식의 가능성을 적극적으로 옹호하였던 것이다.[25] 아마도, 인간의 인식 가능성 자체를 부정하는 카르네아데스 같은 아카데미 회의주의자들의 생각을 논파하지 않고서는, 자신의 신앙을 지킬 수 없을 것이라는 그의 우려(憂慮) 때문이었을 것이다. 개종 이전에 그가 회의주의에 가졌던 애착은『고백록』제5권 제10장에 잘 드러나 있다. "그즈음 문득 아카데미파라는 철학자들이 생각에 떠올랐는데 모든 것이 회의스럽다, 인간은 진리를 깨칠 수 없다고 단정해버리는 그들이 누구보다도 현명하게 보이는 것이었습니다. 그들의 진의를 미처 알아내지 못한 나이었지만 당시의 여론대로 그들이야말로 옳게 깨닫는 것이라고 여겨졌습니다"(『고백록』제5권 제10장, 최민순 역). 이 고백이 보여주듯이, 마니교에서 이탈하였던 아우구스티누스는 아카데미 회의주의에서 마음의 평화를 찾았다. 하지만 기독교로 개종한 이후, 사정은 달라졌다. 왜냐하면 진리 인식의 가능성을 부정하는 회의주의는 기독교에 반(反)하는 철학이었기 때문이다. 이처럼 중세 초기 고대 회의주의는 아우구스티누스의 영향 아래, 견제와 비판의 대상이 되는 문제의 철학이었다.

　그런데 신과 초월적 실재론을 강조하는 기독교의 입장은 역설적

---

25) 아먼드 A. 마우러, 2007, 27-30.

으로 회의주의의 입장과 유사하다고 여겨질 수 있다. 하지만 그러한 단순 비교는 논의의 초점을 흐릴 수 있다. 왜냐하면 서구에서 기독교 신앙을 철학적으로 옹호하고자 하는 중세 및 근대[26]의 철학자들은 인간 이성이 불확실한 현실을 투명하고 확실하게 이해할 수 있다는 데 흥미를 가지고 있는 것이 아니라, 인간적인 지식을 추구하는 것 자체가 신을 믿고 따르는 것보다 열등한 것임을 입증하는 데 더 많은 관심을 가지고 있기 때문이다.[27] 물론, 기독교 철학자들과 회의주의자들 모두 유한한 인간의 지적 '오만'(hybris)과 한계에 대해 부정적인 입장을 소유하고 있음은 분명하다. 하지만 그럼에도 불구하고, 그들 사이에는 본질적인 차이점이 있다. 중세 기독교 철학이 본질적으로 신앙과 도그마 그리고 구원이라는 문제에 관심을 가지고 있는 데 반해서, 고대 회의주의는 시종일관 '도그마 비판', '타자에 대한 관용' 그리고 '마음의 평화'에 초점을 맞추고 있는 것이다. 즉, 회의주의자들은 인간 지식에 대한 회의를 매개로 하여 제반 사물에 대한 '판단유보'에 머무르는 데 반해서, 기독교 철학자들은 인간 지식과 지성에 대한 회의를 통하여 신으로 나아가고자 하였던 것이다.[28] 하지만 이것이 곧바로 중세철학 전체가 교조적·반동적 철학이란 것을 의미하는 것은 아니다. 오히려 여기에서 강조되어야 할 것은, 중세기에는 절대자 신에 대한 믿음과 초월적 실재론이 너무 강력했기 때문에, 철학적 논의에서 고대 회의주의가 주된 논의의 대상이 아니었다는 것이다. 그리고 설사 회의주의에 관한 논의들이 있

---

26) 근대 철학자들 중에서 기독교 철학을 전개한 이들은 파스칼과 키에르케고르 등이 있으며, 현대에는 레프 셰스토프(Lev Shestov, 1866-1938) 등이 있다.

27) Luciano Floridi, 2010, 268-9.

28) Ibid.

었다손 치더라도, 그것은 어디까지나 신앙적·종교적 차원에서 전개된 것이지, 결코 순수하게 철학적·논리적 차원에서 전개된 것은 아니라는 것이다. 이런 점에서 우리는 고대 회의주의에 대한 온전한 부활을 르네상스 시기까지 기다려야만 하는 것이다.

하지만, 그 이전에 동구의 비잔틴 제국과 중동의 이슬람 문화권에서의 회의주의 연구 경황은 언급할 만한 가치가 있다. 서구와 달리, 그 두 문화권에서는 회의주의 철학에 대해서 다소 우호적이었다. 그들은 공통적으로 그리스어를 자유롭게 구사할 줄 알았으며, 회의주의에 관한 1차 자료들 역시 서구보다 풍부하게 가지고 있었다. 이런 장점들로 인하여, 그들은 서구보다 더 발달된 회의주의적 사유를 펼칠 수 있었다.[29] 먼저, 비잔틴 제국에서의 회의주의와 연관해서 주목할 만한 인물로는 9세기 비잔틴 인문주의의 시조라고 할 수 있는 총주교 포티오스(Photios, 810-890)가 있다. 그는 고전적 교양 전반에 대한 지식을 기반으로 회의주의를 신학과 접목시키는 시도를 하였으며,[30] 특히 자신의 주저인 『장서(Bibliotheca)』에서 아이네시데모스에 관한 일차자료들을 수록하고 있는데, 이는 아이네시데모스의 원본이 상실된 상황에서 아주 소중한 자료로 간주되었다.[31] 다음으로, 이슬람 문화권의 알 가잘리(al-Ghazālī: Algazel, 1058-1111)[32]는 『철학자의 모순(The Incoherence of the Philosophers)』이라는 그의 유명

---

29) Ibid. 274.

30) 클라우스 리벤베르그, 2007, 68.

31) Luciano Floridi, 2010, 274.

32) 알 가잘리는 페르시아에서 태어났으며, 아슈아리파(수니파의 아슈아리를 시조로 하고, 이성적 사변에 의해서 정통신학 변증하는 학파)의 신학의 영향하에 있다. 논리학 연구에서 시작된 그의 철학은 『철학자의 모순』에서 절정에 달한다. 여기에서 그는 기존의 이슬람 교리에 반대되는, 사변적 견해들을 증명해 보이려고 했던 아비첸나와 같은 철학자들에 대항해서 이슬람교를 옹호했다.

한 저술에서, "코란에 반대되는 우주의 영원성과 필연성 그리고 능동 지성의 단일성 같은 아리스토텔레스와 아비첸나(Avicenna, 아랍명은 Ibn Sina, 980-1037)의 이론을 논박하려는 하나의 시도"[33]를 전개하였다. 그는 여기에서 이성에 기반을 둔 그들의 신학적·철학적 확실성에 의문을 제기하였으며, 특히 아리스토텔레스가 충분히 논증하지 못한 20개의 테제를 논박하는 데 주력하였다. 그 후, 그의 이러한 회의주의는 12세기 유대 철학계에서 핵심적 역할을 수행하였던 스페인의 철학자이자 히브리 시인인 유다 할레비(Judah Halevi, 1085-1141)에게도 직접적인 영향을 끼쳤다.[34] E. 질송(Etienne Gilsong, 1884-1978)에 의하면, 유다 할레비는 주저인 『코자리(*Kozari*)』를 통해, "순수하게 유대적이고, 할 수 있는 한 덜 철학적인 그런 신학을 옹호하였다(필자 일부 수정). 그는 스콜라주의자와 철학의 하나님을 믿지 아니하고, 아브라함과 이삭의 하나님을 믿는다"라고 분석하고 있다.[35] 이처럼, 알 가잘리와 같이 유다 할레비도 종교에 대해 합리적 해석을 시도하는 모든 철학자의 시도를 강하게 비판하였다.

그런데 12세기와 13세기를 지나면서 서구 사회에도 비잔틴 제국이나 이슬람 문화권 못지않은 출중한 회의주의 관련 철학자들이 등장한다. 그들이 바로 솔즈베리의 요한네스(John of Salisbury, 1125-1180)와 겐트(Ghent)의 헨리쿠스(Henry of Ghent, 1217-1293)였다. 먼저, 솔즈베리의 요한네스는 샤르트르의 주교인 훌베르투스(Fulbertus)에 의해 설립된 샤르트르학파의 핵심 철학자들 중의 한 사람이다.

---

33) 아만드 A. 마우러, 2007, 133.
34) Luciano Floridi, 2010, 274.
35) E. 질송, 1995, 326.

샤르트르 인문주의에 의해 양육된 그는, 베르길리우스(Vergikius), 키케로, 세네카(Seneca) 그리고 오비디우스(Ovidius) 등 당대 라틴 문학 전체에 대한 해박한 지식을 소유하고 있었다. 특히 그는, 키케로와 같이, 자신을 아카데미 회의주의자와 동일시하였다. 다음은 그의 언급이다.[36]

> "나는 나 자신을 아카데미아학파의 구성원이라고 선언하는 데 어떤 부끄러움도 느끼지 않으며, 나는 현자에게 의심스러워 보이는 모든 문제에서 그들의 규칙에 충실하다. 왜냐하면 이 학파가 모든 논의에다 난해의 요소를 끌어들이는 것으로 되어 있다고 해도, 그 어느 것도 진리에 대한 비판적인 탐구에 그 이상 바쳐진 것이 없기 때문이며, 노년에 이 학파로 피신했던 키케로의 권위에 근거하여 우리는 어떤 것도 (이것보다) 진보에 더 호의적이지 않다고 말한다. 가끔 섭리, 운명, 의지의 자유 등에 대한 진술들에서, 나는 여전히 미해결의 문제인 것에 대한 독단적인 보호자로서보다는 오히려 아카데미아학파의 제자로서 간주될 수 있다."

이처럼, 솔즈베리의 요한네스는 "철학적인 문제에 있어서 온건한 회의주의자"로 자신을 자리매김하였다. 비록, 그는 신앙, 감각 그리고 이성을 진리의 원천으로 간주하였으나, 대부분의 철학적인 문제들에 대해서는 아카데미 회의주의자들처럼, 판단유보를 강조하고, 그것에 만족하였다.[37]

다음으로, 겐트의 헨리쿠스는 아우구스티누스 노선을 따라 회의주의적 주제들을 비판적으로 고찰하였던 인물이었다. 우선, 그는 플

---

36) 아만드 A. 마우러, 2007, 111-2. 본문의 인용문은 솔즈베리 요한네스의 저저 『폴리크라티쿠스(Polycraticus)』의 일부를 아만드 A. 마우러 교수가 번역한 것을 재인용한 것이다.
37) 아만드 A. 마우러, 2007, 112.

라톤·아우구스티누스적인 진리 개념에 입각해, 인간의 진리 파악이 오직 '신적 조명'(divine illumination)에 의한 것임을 분명히 하였다. 철학사가 F. 코플스톤(Frederick Copleston)은 헨리쿠스의 인식론이 아우구스티누스의 조명설에 근거해 있으며, 그것은 "경험을 바탕으로 한 형이상학 체계를 구성하는 인간 정신의 능력에 대한 회의주의"라고 규정짓고 있다.[38] 나아가, 그는 헨리쿠스의 인식론이 아우구스티누스적인 요소를 강하게 인정한다면, 그것은 "감각과 지성의 자연적 작용은 대상의 비교적 피상적인 인식으로서 인간의 정상적인 인식이라고 불리는 것을 설명해주지만, 인간 인식의 가능한 범위 전체를 설명해주지 않으며, 또 설명할 수도 없다."[39]라고 언급하면서, 그의 인식론이 경험을 통한 자연적 인식의 가능성을 봉쇄한다고 주장한다. 비록 헨리쿠스의 회의주의적 철학에 대한 다양한 찬반 논쟁이 있음에도 불구하고, 그것이 13세기 이후 서구철학계의 회의주의 운동, 예를 들자면 둔스 스코투스(Johannes Duns Scotus, 1266-1308)와 오캄(William of Ockham, 1285-1349?) 등의 회의주의 운동을 가속화시켰음은 부인할 수 없는 사실이다.[40]

위와 같이, 아카데미학파에 대한 아우구스티누스의 비판이 있은 이후, 서구의 회의주의 관련 담론은 비잔틴제국이나 이슬람문화권에 비해서 열악한 것이 사실이었다. 하지만 12-13세기 솔즈베리의 요한네스가 아카데미 회의주의의 정신을 재발견하고, 겐트의 헨리쿠스가 인간 인식에 대한 회의주의적 작업을 시도한 이후, 서구는 본격적으

---

38) F. 코플스톤, 1988, 600.

39) Ibid. 589-91.

40) 제니퍼 마이클 헥트, 2011, 397.

로 회의주의적 담론을 재개할 수 있게 되었다.

4. 고대 회의주의의 재발견과 부활: 플레톤, 필렐포, 스테파누스, 몽테뉴

L. 플로리디의 논지를 따라가자면,[41] 이탈리아 르네상스 시기에 고대 회의주의는 재발견되고 부활한다. 특히, 14-16세기에는 섹스투스 엠피리쿠스의 작품을 비롯한 많은 회의주의 관련 문헌들이 소개되고 번역되었는데, 이러한 작업을 통하여 고대 회의주의는 철학의 중심으로 등장한다. 물론, 르네상스 시기 고대 회의주의는 그 연구의 방향이 문헌의 발굴과 번역에 집중되다 보니, 철학적으로 주목할 만한 논쟁이나 저작은 부재하였다. 하지만 그럼에도 불구하고, 르네상스 회의주의는 몽테뉴와 같은 걸출한 회의주의 철학자를 배출하였으며, 17세기 철학적 방법론 및 인식론에 커다란 토대를 제공하였다. 르네상스 회의주의를 대표하는 인물로는 게미스투스 플레톤 (Gemisthus Plethon, 1360-1452), 프란체스코 필렐포(Francesco Filelfo, 1398-1481), 헨리쿠스 스테파누스(Henricus Stephanus: Henri Estienne, 1528-1598)[42] 그리고 몽테뉴(Michel de Montaigne, 1533-1592) 등이 있다. 먼저, 14세기의 신플라톤주의자 플레톤은 이탈리아 르네상

---

41) Luciano Floridi, 2007, 277-82. 그런데 르네상스 시기에 대한 논의에 있어서, Luciano Floridi는 "몽테뉴로부터 회의주의에 대한 논리적이고 인식론적인 주제들이 출현하기 시작했다. 비록 그 것들이 한결같이 실천적이고 종교적인 틀 속에 갇혀 있기는 하지만 말이다"(282)라는 문구를 통해 몽테뉴를 과도기적이면서도 이중적인 인물로 그리고 있다. 하지만 필자는, 그와 달리, 몽테뉴를 회의주의적 이성으로 무장한 실천철학자 내지는 휴머니스트로 그리고자 한다.

42) 프랑스 학자이자 인쇄업자인 스테파누스는 1578년에 플라톤 저작을 그리스어 판과 라틴어 판으로 출판하기도 하였다.

스 시기의 고대 회의주의를 언급함에 있어 가장 먼저 주목할 만한 인물이다. 그는 이딜리아 르네상스 시기 플라톤 철학과 종교의 부흥을 시도하였던 사람으로, 신플라톤주의에 관한 한 당대 최고의 강연자였다. 플라톤 대화편이라곤 『티마이오스』, 『파이돈』 그리고 『메논』 등만 알려져 있던 시기에, 그가 선보였던 플라톤과 신플라톤주의에 대한 강연은 수많은 사람들을 감동시켰다. 그중 한 명이 15세기 '플라톤 학술원'의 창설자였던 코시모 데 메디치(Cosimo de' Medici, 1389-1464)였다. 고대 회의주의와 연관해서도, 그는 풍부한 지식을 가지고 있었다. 하지만 이러한 지적 배경과 달리, 그는 고대 회의주의의 철학적 유의미성에 대해서는 부정적인 시각을 가지고 있었다. 그의 저서 『법률에 관한 논문(*Treatise upon the Laws*)』[43]에는 피론과 소피스트 프로타고라스의 철학이 비교적 상세히 언급되고 있음에도 불구하고, 그 해석에서만큼은 매우 부정적인 시각을 견지하고 있기 때문이다. 아마도 그가 가진 플라톤주의의 형이상학적 전제 때문이었을 것이다. 그 후, 그의 사상을 충실하게 계승하였던 사람으로는 추기경 베사리온(John Bessarion, 1403-1472)[44]이 있다. 이처럼, 플레톤으로 인해 고대 회의주의는 재발견의 발판을 마련하게 된다. 다음으로, 필렐포가 있다. 플레톤과 달리, 그는 피론주의를 중심으로 한 고대 회의주의에 대해 우호적인 입장을 가지고 있었다. 그는 섹스투스 엠피리쿠스에 관심을 가진 최초의 이탈리아인이었으며, 섹스투스 엠피리쿠스에 관한 의미 있는 편지를 책으로 묶어 출판한 학자

---

43) Luciano Floridi, 2010, 277.

44) 플레톤의 제1제자로 추기경 베사리온이 있다. 콘스탄티노플에서 교육을 받았던 그는 1423년에 수사, 1437년에 대주교, 그리고 1439년에 추기경이 되었다. 그의 작품 중 가장 중요한 것으로는 트레비존드의 게오르기오스의 아리스토텔레스주의에 대항해 플라톤을 옹호한 논문인 『플라톤에 대한 무고자에 대해서(*In calumniatorem Platonis*)』가 있다.

였다. 특히 그의 저서는 1454년과 1564년 사이에 최소 9판을 인쇄할 정도로 르네상스 시대의 베스트셀러가 되기도 하였다.[45] 이처럼 르네상스 초기 고대 회의주의에 대한 학자들의 연구는 회의주의 그 자체에 대한 연구보다는 회의주의 관련 문헌을 발굴하고 번역하는 일에 집중되었다.

플레톤과 필렐포 다음으로 주목할 인물로는 폴리치아노(Angelo Poliziano, 1454-1494)와 헨리쿠스 스테파누스(Henri Estienne, 1528-1598)가 있다. L. 플로리디에 의하면, 폴리치아노는 섹스투스 엠피리쿠스의 전체 저작 중 일부의 인용문을 편집하여 한 권의 요약본 형식의 철학사를 만들었던 사람이며, 스테파누스는 섹스투스 엠피리쿠스의 『피론주의 개요』를 1562년에 번역 출간하였던 사람이다.[46] 특히 스테파누스의 번역본은 고대 회의주의에 대한 당대 지식인들의 관심을 증폭시켰다. 그 후, 그들의 작업에 힘입어 서구 사회는 회의주의에 대한 철학적 분석을 시도할 수 있게 된다.

몽테뉴는 섹스투스 엠피리쿠스의 저작에 힘입어 철학적 사유를 펼쳤던 최초의 르네상스인이었다. 역사학과 문헌학적 연구가 주를 이루는 가운데에서도, 그는 고대 회의주의를 철학적 차원에서 훌륭하게 복원시켰다. 특히 피론주의 회의주의에 내재된 상대주의적 인식론의 유의미성을 발견하여, 그것을 글쓰기에 적용시켰던 최초의 근대인이기도 하였다. S. E. 스텀프 · J. 피저에 의하면, 몽테뉴는 소

---

45) Luciano Floridi, 2010, 278.

46) Luciano Floridi, 2010, 278-81. Luciano Floridi의 보고에 의하면, 1569년 불란서 신학자이자 가톨릭 사제인 장티엥 헤르베투스는 섹스투스 엠피리쿠스의 『학자들에 대한 반박』이란 책의 라틴어 번역본을 출간하였는데, 이 책은 순수한 철학적 관심에서보다는 회의주의를 '기독교화' 하기 위한 종교적 목적에서 기획 출판되었다.

크라테스 이전 철학의 근본문제였던 '시원'(archē)에 대해서 "저것이 참일 가능성이 없는 것처럼, 이것이 참일 가능성도 없다"고 주창한 회의주의자들의 판단을 그대로 수용하였다.[47] 그에게 회의주의는 인간 정신을 자유롭게 해주는 기술임과 동시에, 인간과 자연에 대한 계속적인 탐구를 가능하게 해주는 원동력이었다. 이런 점에서 그는 일상적인 경험을 벗어나 사물의 본질을 단박에 파악하고자 하는 모든 정신적 활동을 금하였다. 왜냐하면 그렇게 하는 순간, 인간 정신은 평정을 잃고 혼란에 빠지기 때문이었다. 무엇보다도, 그는 정치적 · 종교적 영역에 있어서 인간의 '광기'를 경계하였다. 사실, 몽테뉴가 살았던 시기는 '위그노 전쟁'(1562-1598)[48]과 같은 광신적인 종교전쟁이 지배하던 시기였다. 이런 참혹한 정신의 위기 속에서, 그는 종교에 대한 관용을 지지하였으며, 회의주의적인 이성을 찬미하였다. 그리고 고전에 대한 해박한 지식을 바탕으로 하여, '에세'(essai)라는 독특한 문학 형식을 만들어냈으며, 『수상록』은 이러한 에세 문학의 결정체였다. 그런데 이와 동시에 『수상록』은 회의주의의 역사에 있어서 결코 무시될 수 없는 철학 작품이기도 하였다. 왜냐하면 "레몽 세봉을 위한 변명"(Apology for Raymond Sebond)[49]이라는 타이틀이 붙은 제2권 제12장은 회의주의의 역사에서 가장 주목할 만한 글 중의 하나이기 때문이다. 사실, 이 글은 레몽 세봉이라

---

47) 새뮤얼 이녹 스텀프 · 제임스 피저, 2004, 316.

48) 위그노는 프랑스 개신교 신자들을 가리키는 말로, 그 주된 구성원들은 상공업자들이었다. 신흥 부르주아 세력이 기존의 지배 권력인 가톨릭 세력 및 귀족들과 충돌한 것이 바로 위그노 전쟁이다.

49) 피론주의 회의주의와 근세의 신앙주의는 밀접한 연관관계를 갖고 있음에도, 본 논문에서 그것에 대한 논의는 지면 관계상 생략되었다. 이 문제에 관해서는 다음 논문을 참고하라. 황설중, 「퓌론주의와 근세의 신앙주의-몽테뉴의 『레이몽 스봉의 변호』를 중심으로」, 『철학사상』 28집, 2008, 243-89.

는 사람의 견해를 더 잘 이해해, 가톨릭교회를 옹호하고자 하였던 친구 마르그리트 공주의 요청으로 집필된 것이었다. 하지만, 이 글에서 몽테뉴는 세봉의 입을 통해 표면적으로는 이성을 통해 무신론자들의 공격으로부터 기독교를 지켜내겠다고 말하게 하지만, 실상 그가 보여주고자 하였던 것은 종교와 기독교에 대한 가시 돋친 비판이었다.[50] 총 6부분으로 이루어져 있는 이 글에서 세봉의 견해를 소개하는 것은 고작 첫 번째 부분인 데 반해서, 나머지 5부분은 모두 피론주의 회의주의에 입각한 종교와 지식에 대한 회의적 비판이 전개되고 있다는 것이 그것을 방증한다. 그에겐 모든 것이 의심되고, 모든 판단이 유보되었다. 인간의 위대함은 이성의 오만이나 독단에 있지 않고, 이성의 한계를 수용하는 용기와 겸손에 있었다. 이런 점에서 그가 섹스투스 엠피리쿠스의 책들과 함께 성경의 '전도서'[51]에 애착을 보였다는 것은 우연이 아니다. 이처럼, 몽테뉴는 시종일관 고대로부터 유래한 소박하면서도, 그러나 비판적인 회의주의를 주장하였던 것이다.

위와 같이, 이탈리아 르네상스는 다양한 문헌학적 작업과 철학적 반성을 통하여 고대 회의주의를 재발견한다. 스테파누스에 의해 번역·출간된 섹스투스 엠피리쿠스의 문헌들은 피론주의 회의주의의 온전한 부활을 가능하게 하였다. 몽테뉴는 그러한 고대 회의주의의 영향을 직접적으로 받았던 사람이며, 17세기 이후의 근대철학 역시 그 영향권하에서 벗어날 수 없다.[52]

---

50) 제니퍼 마이클 헥트(2011), pp.446-459 참조.

51) 구약 가운데에서도 전도서는 삶의 불확실성과 유동성 그리고 신의 헤아릴 수 없는 신비를 기록한 책으로 유명하다.

52) 17세기 이후 서구 회의주의의 전반적인 역사 이해를 위해서는 Richard Popkin(2003)의 책을

5. 맺음말

"의심생암귀"(疑心生暗鬼)라는 말이 있다. "의심하면 없는 귀신도 만든다"라는 말이다. 동양 고전인 『열자(列子)』에 나오는 이 말은, 의심과 회의에 대한 당대 사람들의 부정적인 인식을 반영하고 있다. 하지만 세상이 불확실성과 유동성으로 가득 차고, 우리의 판단이 오류로 전락할 가능성이 상존할 때, 가장 지혜로운 삶의 기술은 사물에 대한 판단을 유보하고, 그것에 근거해서 마음의 평안을 얻는 것이다. 그런데 헬레니즘기의 고대 회의주의자들은 우리들에게 불확실한 삶에 대응하는 기술로서 회의주의를 가르쳐주었으며, 솔즈베리의 요한네스와 몽테뉴로 대표되는 계승자들은 고대 회의주의가 가진 의미들을 재발견하였던 사람들이었다. 헬레니즘에서 르네상스까지 고대 회의주의의 전승사를 통하여, 서구철학사에서 고대 회의주의가 가진 유의미성을 고찰하였던 본 연구는, 다음 3가지 결론에 도달하였다.

첫째, 헬레니즘 시기 고대 회의주의는 삶에 대한 기술로 정립되었다. 이러한 고대 회의주의에는 크게 2가지 큰 흐름이 있었는데, 하나는 아르케실라오스와 카르네아데스로 대표되는 아카데미 회의주의였고, 다른 하나는 피론과 아이네시데모스 그리고 섹스투스 엠피리쿠스로 대표되는 피론주의 회의주의였다. 그런데 섹스투스 엠피리쿠스는 회의주의의 본질을 '탐구'로 규정하였다. 그는 진리를 발견했다고 성급하게 가정하지도 않고, 진리를 발견할 수 없다고 단정하지도 않았다. 오히려 진리에 대한 탐구 가능성을 믿고, 그것을 탐구하

참고하라.

고자 하였다. 모든 사태에 대한 판단유보와, 그것에 근거한 마음의 평화가 그가 줄곧 강조하였던 개념들이었던 것이다.

둘째, 중세 시대에 고대 회의주의는 망각과 재인식의 역사를 갖는다. 기독교적 신에 대한 믿음과 초월적 실재론으로 인하여, 회의주의는 탐구와 장려의 대상이 되기보다는, 견제와 비판의 대상이 되었다. 그 선봉에 섰던 사람이 바로 아우구스티누스였다. 아카데미 회의주의에 대한 그의 강력한 비판으로 인하여, 서구 사회에서 회의주의는 부정적 인식의 대상이 되었다. 하지만, 12-13세기 아카데미 회의주의의 정신을 재발견한 솔즈베리의 요한네스와 인간 인식에 대한 회의주의적 작업을 시도하였던 겐트의 헨리쿠스의 등장 이후, 서구 사회는 고대 회의주의를 새롭게 인식하기 시작하였다.

셋째, 이탈리아 르네상스에 고대 회의주의는 재발견된다. 14-15세기의 플레톤과 필렐포는 회의주의 연구의 발판을 마련하였으며, 1562년 스테파누스에 의해서 번역된 섹스투스 엠피리쿠스의 『피론주의 개요』는 온전한 의미에서 피론주의 회의주의 연구를 가능하게 하였다. 이러한 번역작업에 힘입어, 몽테뉴는 피론주의 회의주의에 기반을 둔, 자신의 독자적인 철학을 전개하였다. 『수상록』은 그의 걸작이며, 그 책의 제2권 제12장 "레몽 세봉을 위한 변명"은 회의주의적 사변의 결정체이다. 섹스투스 엠피리쿠스의 다음 언급은 이 글의 정신과 정확하게 일치한다.

> "회의주의자도 보이는 것들과 생각하는 것들의 불규칙성을 해소함으로써 마음의 평안을 얻고자 했으나, 이런 목적을 이룰 수 없었으므로 판단을 유보했다. 그런데 회의주의자가 판단을 유보했을 때, 마치 물체에 그림자가 따르듯이, 예기치 않게도 마음의 평안

이 회의주의자에게 생겨났다"(*PH.* Ⅰ. 29).

결론적으로, 철학은 '광기'와 '독단'에 맞서, 인간 정신의 자유와 평화를 지향해야 한다. 고대로부터 현대까지, 고대 회의주의는 철학의 이러한 본질적 가능을 성실히 수행해왔다. 이런 점에서, 21세기에도 고대 회의주의의 유의미성은 지속될 것이다.

참고문헌

제1부 플라톤 철학이란 무엇인가?

제1장 플라톤 철학에서 시란 무엇인가?

Aristophanes, 천병희 역, 『아리스토파네스 희극』, 단국대학교출판부, 2000.

Crombie, I. M., *An Examination of Plato's Doctrines*, vol. 1. Routledge and Kegan Paul, 1962.

Friedländer, Paul, trans. H. Meyerhoff., *Plato.* Vol. 2, Pantheon Books, 1964.

Gordon, G., *Turning Toward Philosophy: Literary Device and Dramatic Structure in Plato's Dialogues,* Pennsylvania State University Press, 1999.

Gosling, J. C. B., *Plato,* Routeldge and Kegan Paul, 1973.

Grant, M.·J. Hazel, 김진욱 역, 『그리스 신화 사전』, 범우사, 1993.

Grimal, Pierre, 최애리·백영숙·이성엽·이창실 역, 『그리스 로마 신화 사전』, 열린 책들, 2003.

Grote, George, *Plato and Other Companions of Socrates,* 3 vols, London, 1985.

Guthrie, W. K. C., *A History of Greek Philosophy*, vol. 4. Cambridge University Press, 1975.

Kahn, Charles H., *Plato and Socratic dialogue: The philosophical use of a literary form,* Cambridge University Press, 1996.

Laertios, Diogenes, 정양범 역, 『그리스 철학자 열전』, 동서문화사, 2008.

Méridier, J., *Platon: Ion*, Budé, vol. v.Ⅰ, Paris, 1931.

Naghtingale, A. W., *Genres in Dialogue: Plato and the Construct of Philosophy*, Cambridge University Press, 2000.

Platon, trans. W. R. M. Lamb, *Plato: Ion,* Loeb Classical Library, 1925.

Platon, 박종현 역, 『국가-政體』, 서광사, 1997a.

Platon, trans. Paul Woodruff, *Ion,* in Plato-Complete works 1. ed M. Cooper, Hackett Publishing Company, 1997b.

Platon, 박종현 역, 『에우티프론·소크라테스의 변론·크리톤·파이돈』, 서광
사, 2003.

Platon, 조대호 역, 『파이드로스』, 문예출판사, 2008.

Platon, 이상인 역, 『메논』, 이제이북스, 2009.

Platon, 강철웅 역, 『향연』, 이제이북스, 2010.

Platon, 장경춘 역, 『쉼포지온』, 안티쿠스, 2011.

Woodruff, Paul, Plato, Two Comic Dialogues, Indianapolis, 1983.

Xenophon, 오유석 역, 『향연·경영론』, 작은 이야기, 2005.

제2장 플라톤 철학에서 명예란 무엇인가?

김영균, 『국가』, 살림출판사, 서울, 2008.

도즈, E. R., 주은영·양호영 역, 『그리스인들과 비이성적인 것』, 서울: 까치,
2002.

딜타이, 빌헬름, 손승남 역, 『고대 그리스와 로마의 교육』, 서울: 지식을 만드
는 지식, 2009.

롱, A. A., 이경직 역, 『헬레니즘 철학』, 서울: 서광사, 2000.

박규철, 『플라톤이 본 소크라테스의 도덕 정치철학』, 고양: 동과서, 2003.

_____, 『소크라테스와 소피스트』, 고양: 동과서, 2009.

_____, 「플라톤 대화편에 나타난 문답법의 윤리적 의미와 '감정'의 문제」, 『동
서철학연구』 제55호, 한국동서철학회, 2010.

베네딕트, R., 김윤식·오인석 역, 『국화와 칼』, 서울: 을유문화사, 2002.

정준영, 「일리아스에서 영웅적 자아의 aidos와 행위패턴」, 『서양고전학 연구』,
서양고전학회, 제33집, 2008.

키토, H. D. F., 박재욱 역, 『고대 그리스, 그리스인들』, 서울: 갈라파고스,
2008.

플라톤, 박종현 역, 『국가·정체』, 서울: 서광사, 1997.

_____, 박희영 역, 『향연』, 서울: 문학과 지성사, 2003.

_____, 박종현 역, 『에우티프론, 소크라테스의 변론, 크리톤, 파이돈』, 서울:
서광사, 2004.

_____, 박종현 역, 『법률』, 서울: 서광사, 2009.

_____, 강철웅 역, 『향연』, 서울: 이제이북스, 2010.

피치노, 마르실리노, 『사랑에 관하여: 플라톤의 『향연』 주해』, 서울: (주)나남,

2011.

Annas, J., *An Introduction to Plato's Republic,* Oxford: Clarenden Press, 1981.

Bloom, A.(trans), *Republic of Plato,* New York: Basic Books, 1968.

Bury, R. G.(trans), *Plato: Laws,* 2 vols. Loeb Classical Library, 1926.

Carins, D. L., *Aidos: The Psychology and Ethics of Honour and Shame in Ancient Greek Literature,* Oxford, 1993.

Cooper, J. M., "Plato's Theory of Human Motivation", *History of Philosophy Quarterly,* 1 (1984).

_____, *Reason and Emotion: Essays on Ancient Moral Pshychology and Ethical Theory,* Princeton: Princeton University Press, 1999.

Cross, R. G, and A. D. Woodzley, *Plato's Republic: A Philosophical Commentary,* London: Macmillan Press, 1964.

Dodds, E. R.(ed.), *Plato: Gorgias,* Oxford: Clarendon Press, 1959.

Ferrari, G. R. F., "Plato on Poitery", in G. A. Kenndy(ed.), *The Cambridge History of Litery Criticism,* Vol. I, Cambridge: Cambridge University Press, 1989.

Fowler, H. N.(trans.), *Plato: Euthyphro, Apology, Crito, Phaedo, Phaedrus,* Loeb Classical Library, 1914.

Guthrie, W. K. C., *History of Greek Philosophy,* Vol. 4, Cambridge: Cambridge University Press, 1975.

Irwin, T. H., *Plato's Ethics,* Oxford: Oxford University Press, 1995.

Kahn, C. H., *Plato and The Socratic Dialogues: The philosophical use of a literary form,* Cambridge: Cambridge Univ. Press, 1996.

Lamb, W. R. M.(trans.), *Plato: Gorgias,* Loeb Classical Library, 1967.

_____.(trans.), *Plato: Lysis, Symposium, Gorgias,* Loeb Classical Library, 1925.

Lycos, Kimon, *Plato and Justice and Power: Reading Book I of Plato's Republic*, London: Macmillan Press, 1987.

Pappas, N., *Plato and the Republic,* London and New York: Routledge, 1995.

Penner, T., "Thought and Desire in Plato", Ed. G. Vlastos. *Plato: A Collection of Critical Essays, ii: Ethics, Politics, and Philosophy of* art and Religion, New York: Anchor Books, 1971.

Robinson, R., "Plato's Separation of Reason from Desire." *Phronesis,* 16(1971).

_____, *Plato's Earlier Dialectic*, Oxford: Clarendon Press, 1980.

Robinson, T. M., *Plato's Psychology,* Phoenix Supplementry Volume 8(1995).

Rosen, Stanley. "The Role of Eros in Plato's Republic", *Review of Metaphysics,* 18:3(1965: Mar.).

Shorey, P.(trans.), *Plato: Republic* Ⅰ,Ⅱ, Loeb Classical Library, 1969.

Stalley, R. F., *An Introduction to Plato's Laws*, Oxford: Basil Blackwell, 1983.

Strauss, Leo, *The Argument and the Action of Plato's Laws*, Chicago and London: The University of Chicago Press, 1975.

Waterfield, R.(trans.), *Plato: Republic,* Oxford: Oxford University Press, 1993.

Woods, Michael, "Plato's Division of the Soul." *Proceedings of the British Academy,* LⅩⅩⅢ, 1987.

제3장 플라톤 철학에서 감정이란 무엇인가?

강성훈, 「국가 4권에서 영혼의 세 부분」, 『서양고전학연구』 제23집, 2005.

강진영, 「플라톤의 『국가』, 『법률』 그리고 『필레보스』에서의 감정 교육」, 『교육연구』 제9권, 2001.12.

김영균, 『국가』, 서울: 살림출판사, 2008.

_____, 「국가편에서 혼의 조화와 이성의 지배에 대한 플라톤의 견해」, 『철학』 제79집, 2004.

김혜경, 「폴리테이아의 영혼분석」, 『철학』 제47집, 1996.

_____, 「레온티우스의 분노-영혼 분석과 아크라시아」, 『철학』 제51집, 1997.

_____, 「욕구와 이성-플라톤의 영혼론 연구」, 철학박사학위논문, 서울대학교 대학원, 1999.

박규철, 『플라톤이 본 소크라테스의 도덕 정치철학』, 고양: 동과서, 2003.

_____, 『플라톤의 국가』, 서울: 삼성출판사, 2009.

아리스토텔레스, 김재홍 역, 『소피스트 논박』, 서울: 한길사, 1999.

플라톤, 박종현 역,『국가 · 정체』, 서울: 서광사, 1997.

_____, 강철웅 역,『뤼시스』, 서울: 이제이북스, 2007.

_____, 이정호 역,『메넥세노스』, 서울: 이제이북스, 2008.

_____, 이상인 역,『메논』, 서울: 이제이북스, 2009.

_____, 박종현 역,『법률』, 서울: 서광사, 2009.

_____, 김태경 역,『소피스테스』, 서울: 한길사, 2000.

_____, 김주일 역,『에우튀데모스』, 서울: 이제이북스, 2009.

_____, 박종현 역,『에우티프론, 소크라테스의 변론, 크리톤, 파이돈』, 서울: 서광사, 2004.

_____, 박종현 · 김영균 역주,『티마이오스』, 서울: 서광사, 2000.

_____, 조대호 역,『파이드로스』, 서울: 문예출판사, 2008.

_____, 박종현 역,『필레보스』, 서울: 서광사, 2004.

_____, 강철웅 역,『향연』, 서울: 이제이북스, 2010.

_____, 박희영 역,『향연』, 서울: 문학과 지성사, 2003.

Blank, David. L., "The Arousal of Emotion in Plato's Dialogues." *The Classical Quarterly*, Vol. 43, No.2(1993).

Cooper, J. M., "Plato's Theory of Human Motivation." *History of Philosophy Quarterly*, 1 (1984).

_____, *Reason and Emotion: Essays on Ancient Moral Pshychology and Ethical Theory*. Princeton: Princeton University Press, 1999.

Fussi, Alessandra, "The Desire for Recognition in Plato's *Symposium*." *Arethusa* 41(2008).

Irwin, T. H., *Plato's Ethics*. Oxford: Oxford University Press, 1995.

Johansen, Thomas Kjeller, "Body, Soul and Tripartition in Plato's *Timaeus*." *Oxford Studies in Ancient Philosophy* XIX (2000).

Kahn, C. H., "Plato's Theory of Desire." *Review of Metaphysics* 41 (1987).

_____, "Drama and Dialectic in Plato's *Gorgias*." *Oxford Studies in Ancient Philosophy* 1, 1983.

_____, "Plato's Theory of Desire." *Review of Metaphysics* 41:1(1987: Sept).

_____, *Plato and The Socratic Dialogues: The philosophical use of a literary form*. Cambridge: Cambridge Univ. Press, 1996.

Mills, Michael J., "'phthonos' and its Related 'pathe' in Plato and Aristotle." *Phronesis*, 30(1985).

Nussbaum, M. C., *The Fragility of Goodness: Luck and Ethics in Greek Tragedy and Philosophy*. Cambridge: Cambridge University Press, 1986.

Penner, T., "Thought and Desire in Plato." Ed. G. Vlastos. *Plato: A Collection of Critical Essays, ii: Ethics, Politics, and Philosophy of art and Religion*. New York: Anchor Books, 1971.

Robinson, R., "Plato's Separation of Reason from Desire." *Phronesis*, 16(1971).

_____, *Plato's Earlier Dialectic*. Oxford: Clarendon Press, 1980.

Robinson, T. M., *Plato's Psychology*. Phoenix Supplementry Volume 8(1995).

Rosen, Stanley, "The Role of Eros in Plato's *Republic*." *Review of Metaphysics*, 18:3(1965: Mar.).

Sandtas, G., *Plato and Freud: Two Theories of Love*. Oxford: Blackwell, 1988.

Woods, Michael, "Plato's Division of the Soul." *Proceedings of the British Academy*, L X X Ⅲ, 1987.

제4장 플라톤 철학에서 영혼이란 무엇인가?

강성훈, 「국가 4권에서 영혼의 세 부분」, 『서양고전학연구』 제23집, 2005.

강진영, 「플라톤의 『국가』, 『법률』 그리고 『필레보스』에서의 감정 교육」, 『교육연구』 제9권, 2001.12.

김영균, 『국가』, 서울: 살림출판사, 2008.

_____, 「국가편에서 혼의 조화와 이성의 지배에 대한 플라톤의 견해」, 『철학』 제79집, 2004.

김혜경, 「폴리테이아의 영혼분석」, 『철학』 제47집, 1996.

_____, 「레온티우스의 분노-영혼 분석과 아크라시아」, 『철학』 제51집, 1997.

_____, 「욕구와 이성-플라톤의 영혼론 연구」, 철학박사학위논문, 서울대학교 대학원, 1999.

박규철, 『플라톤이 본 소크라테스의 도덕 정치철학』, 고양: 동과서, 2003.

_____, 『플라톤의 국가』, 서울: 삼성출판사, 2009.

_____, 「플라톤 대화편에 나타난 문답법의 윤리적 의미와 '감정의 문제'」, 『동서철학연구』 제55호, 2010.

송재범, 『국가』, 서울: 풀빛, 2005.

플라톤, 박종현 역, 『플라톤: 메논, 파이돈, 국가』, 서울: 서울대학교출판부, 1987.

_____, 박종현 역, 『국가·정체』, 서울: 서광사, 1997.

_____, 김태경 역, 『소피스테스』, 서울: 한길사, 2000.

_____, 박종현·김영균 역주, 『티마이오스』, 서울: 서광사, 2000.

_____, 박종현 역, 『필레보스』, 서울: 서광사, 2004.

_____, 조대호 역, 『파이드로스』, 서울: 문예출판사, 2008.

_____, 강철웅·김주일·이정호 역, 『편지들』, 서울: 이제이북스, 2009.

_____, 박종현 역, 『법률』, 서울: 서광사, 2009.

Blank, David. L., "The Arousal of Emotion in Plato's Dialogues." *The Classical Quarterly*, Vol. 43, No.2(1993).

Cooper, J. M., "Plato's Theory of Human Motivation." *History of Philosophy Quarterly*, 1 (1984).

_____, *Reason and Emotion: Essays on Ancient Moral Pshychology and Ethical Theory*. Princeton: Princeton University Press, 1999.

Fussi, Alessandra, "The Desire for Recognition in Plato's *Symposium*." *Arethusa* 41(2008).

Irwin, T. H., *Plato's Ethics*. Oxford: Oxford University Press, 1995.

Johansen, Thomas Kjeller, "Body, Soul and Tripartition in Plato's *Timaeus*." *Oxford Studies in Ancient Philosophy* XIX (2000).

Kahn, C. H., "Plato's Theory of Desire." *Review of Metaphysics* 41 (1987).

_____, "Drama and Dialectic in Plato's *Gorgias*." *Oxford Studies in Ancient Philosophy* 1, 1983.

_____, "Plato's Theory of Desire." *Review of Metaphysics* 41:1(1987: Sept).

_____, *Plato and The Socratic Dialogues: The philosophical use of a literary form*. Cambridge: Cambridge Univ. Press, 1996.

Mills, Michael J., "'phthonos' and its Related 'pathe' in Plato and Aristotle." *Phronesis*, 30(1985).

Nussbaum, M. C., *The Fragility of Goodness: Luck and Ethics in Greek Tragedy and Philosophy*. Cambridge: Cambridge University Press, 1986.

Penner, T., "Thought and Desire in Plato." Ed. G. Vlastos. *Plato: A Collection* of Critical Essays, ii: Ethics, Politics, and Philosophy of art and Religion. New York: Anchor Books, 1971.

Robinson, R., "Plato's Separation of Reason from Desire." *Phronesis*, 16(1971).

_____, *Plato's Earlier Dialectic.* Oxford: Clarendon Press, 1980.

Robinson, T. M., *Plato's Psychology.* Phoenix Supplementry Volume 8(1995).

Rosen, Stanley, "The Role of Eros in Plato's *Republic.*" *Review of Metaphysics*, 18:3(1965: Mar.).

Sandtas, G, *Plato and Freud: Two Theories of Love.* Oxford: Blackwell, 1988.

Woods, Michael, "Plato's Division of the Soul." *Proceedings of the British Academy*, LXXⅢ, 1987.

제2부 회의주의란 무엇인가?

제1장 아르케실라오스 철학에서 회의주의란 무엇인가?

라에르티오스, 디오게네스, 전양범 역, 『철학자 열전』, 동서문화사, 2008.

섹스투스 엠피리쿠스, 오유석 역, 『피론주의 개요』, 지만지고전천줄, 2008.

에반스, 줄스, 서영조 역, 『철학을 권하다』, 더퀘스트, 2012.

오유석, 「회의주의자와 독사: 아르케실라오스와 카르네아데스의 입장」, 『철학』 제83집, 2005.

키케로, 『키케로의 신들의 본성에 대하여』, 나남, 2012.

플라톤, 박종현 역, 『플라톤의 네 대화편: 에우티프론, 소크라테스의 변론, 크리톤, 파이돈』, 서광사, 2003.

헤시오도스, 천병희 역, 『신통기』, 한길사, 2004.

호센펠더, 말테·뢰트, 볼프강, 조규홍 역, 『헬레니즘 철학사』, 한길사, 2011.

Annas, J.·Barnes, J., *Sextus Empiricus, Outlines of Scepticism,* Cambridge University Press, 2000.

Bett, R., "Carneades' Pithanon: A reappraisal of its Role and Status" *Oxford Studies in Ancient Philosophy* 7, 1989.

_____. eds., *The Cambridge Companion to Ancient Scepticism,* Cambridge

University Press, 2010.

Brittain, C., "Arcesilaus" in *Stanford Encyclopedia of Philosophy*, http://plato.stanford.edu/entries/arcesilaus/ 2005.

Cicero, *On Academic Scepticism*, trans. Charles Brittain, Hackett Publishing Company, 2006.

_____, *De Oretore*. trans. H. Rackham. Loeb Classical Librarary, 1968.

Cooper, J., "Arcesilaus: Socratic and Sceptic" in J Cooper, *Knowledge, Nature, and the Good, Essays on Ancient Philosophy*, Princeton University Press, 2004.

Couissin, P., "The Stoicism of the New Academy" in Burnyeat, M. F. ed. 1983 The Skeptical Tradition. Berkeley: University of Callifonia Press, 1983. Translation of "le stoicisme de la nouvelle Academie" Revue d'historie de la philosophie 3(1929), 1983.

Dillon, J., *The Heirs of Plato: A Study of the Old Academy 347-274BC*. Clarenden Press, 2003.

Floridi, Luciano, "The rediscovery and posthumous influence", in *The Cambridge Companion to Ancient Scepticism*, R. Bett ed., 2010, Cambridge University Press, 2010.

_____, *Sextus Empiricus: The Transmission and Recovery of Pyrrhonism*, New York: Oxford University Press, 2002.

Frede, M., "Stoic Epistemology" in Algra, K., Barnes, J., Mansfeld, J., and Schofield, M. eds., The Cambridge History of Hellenistic Philosophy. Cambridge University Press, 1999.

Ioppolo, A. M., "Presentation and Assent: A Physical and Cognitive Problem in Early Stoicism" *Classical Quarterly* 40, 1990.

_____, "Su alcune recenti interpretationi dello scetticismo dell Academia. Plutarch. *Adv. Col.*26, 1121f-1122f: una testimonia su Arcesilao" *Elenchos* 21, 2000.

Kechagia, Eleni, *Plutarch Against Colotes.* Oxford University Press, 2011.

Lee, Mi-Kyoung, "Antecedents in Early Greek Philosophy", in *The Cambridge Companion to Ancient Scepticism,* R. Bett (ed.), 2010, Cambridge University Press, 2010.

Levy, Carlos, "The sceptical Academy: decline and afterlife", in *The Cambridge Companion to Ancient Scepticism,* R. Bett eds., Cambridge

University Press, 2010.

Long, A. A., & Sedley, D. N., *The hellenistic philosophers, volume 1 translations of the principal sources, with philosophical commentary,* Cambridge University Press, 1987.

Machuca, Diego E. ed., *Pyrrhonism in Ancient, Modern, and Contemporary Philosophy,* New York: Springer, 2011.

Popkin, Richard, *The History of Scepticism: From Savonarola to Bayle,* Oxford University Press, 2003.

Schofield, M., "Academic Epistemology" in Algra, K., Barnes, J., Mansfeld, J., and Schofield, M. eds. 1999. *The Cambridge History of Hellenistic Philosophy,* Cambridge University Press, 1999.

Sedley, D. N., "The Motivation of Greek Skepticism" in Burnyeat, M. F. ed. 1983. *The Skeptical Tradition,* University of Califonia Press, 1983.

Sextus Empiricus, *Outlines of Pyrrhonism,* trans. R. G. Bury, Loeb Classical Library.

_____, *Against the Logicians,* trans. R. G. Bury, Loeb Classical Library.

_____, *Against the Physicists,* trans. R. G. Bury, Loeb Classical Library.

_____, *Against the Ethicists,* trans. R. G. Bury, Loeb Classical Library.

_____, *Against the Professors,* trans. E. H. Warmington, Loeb Classical Library.

Striker, G. "Sceptical Strategies" in Schofield, M., Burnyeat, M., and Barnes, J. eds. 1980. *Doubt and Dogmatism: Studies in Hellenistic Epistemology,* Oxford University Press, 1980.

_____, "Über den Unterschied zwischen den Pyrrhoneern und den Akademikern", in *Phroness* 26, 1983.

_____, "Academics Versus Pyrrhonists, Reconsidered" in *The Cambridge Companion to Ancient Scepticism,* R. Bett (ed.), 2010, Cambridge University Press, 2010.

Svavarsson, S. H., "Pyrrho and Early Pyrrhonism", in *The Cambridge Companion to Ancient Scepticism,* R. Bett eds., 2010, Cambridge University Press, 2010.

Thorsrud, H., "Arcesilaus and Carneades", in *The Cambridge Companion to Ancient Scepticism,* R. Bett (ed.), 2010, Cambridge University Press, 2010.

제2장 고대 회의주의는 어떻게 변천해갔는가?

라에르티오스, 디오게네스, 전양범 역, 『철학자 열전』, 동서문화사, 2008.
리젠버그, 클라우스, 이용주 역, 『중세사상사』, 서울: 열린 책들, 2007.
마우러, 아먼드 A., 조흥만 역, 『중세철학』, 서울: 서광사, 2007.
몽테뉴, 권응호 역, 『수상록』, 서울: 홍신문화사, 2008.
버거, 피터ㆍ지저벨트, 안톤, 함규진 역, 『의심에 대한 옹호』, 서울: 웅진씽크
　　빅, 2011.
섹스투스 엠피리쿠스, 오유석 역, 『피론주의 개요』, 서울: 지만지고전천줄, 2008.
스텀프, 새뮤얼 이녹ㆍ피저, 제임스, 이광래 역, 『소크라테스에서 포스트모더
　　니즘까지』, 서울: 열린책들, 2004.
아우구스티누스, 최민순 역, 『고백록』, 서울: 바오로딸, 2004.
오유석, 「적인가 동지인가?: Contra Academicos에 나타난 아우구스티누스의
　　아카데미아학파 이해를 중심으로」, 『철학논집』 제26집, 2011,
　　pp.123-163.
좀머, 안드레아스 우르스, 최철 역, 『의심의 기술』, 서울: 산해, 2006.
질송, 에티엔느, 김기찬 역, 『중세 기독교 철학사, 상, 하』, 서울: 크리스찬 다
　　이제스트, 1995.
코플스톤, F., 박영도 역, 『중세철학사』, 서울: 서광사, 1988.
키케로, 강대진 역, 『키케로의 신들의 본성에 대하여』, 서울: 나남, 2012.
플루타르크, 이성규 역, 『플루타르크 영웅전 전집 Ⅰ, Ⅱ』, 서울: 현대지성사,
　　2000.
헥트, 제니퍼 마이클, 김태철ㆍ이강훈 역, 『의심의 역사』, 서울: 이마고, 2011.
호센펠더, 밀테ㆍ뢰트, 볼프강, 조규홍 역, 『헬레니즘 철학사』, 파주: 한길사,
　　2011.

Annas, J.ㆍBarnes, J., *Sextus Empiricus, Outlines of Scepticism.* Cambridge:
　　Cambridge University Press, 2000.
Bett, R. ed., *The Cambridge Companion to Ancient Scepticism.* Cambridge:
　　Cambridge University Press, 2010.
Cicero, *On Academic Scepticism.* trans. Charles Brittain. Cambridge: Hackett
　　Publishing Company, 2006.
Floridi, Luciano, *Sextus Empiricus: The Transmission and Recovery of
　　Pyrrhonism.* New York: Oxford University Press, 2002.

_____, "The rediscovery and posthumous influence." *The Cambridge Companion to Ancient Scepticism.* Cambridge: Cambridge University Press, 2010, pp.267-287.

Langer, Ullrich, ed., *The Cambridge Companion to Montaigne.* Cambridge: Cambridge University Press, 2005.

Lee, Mi-Kyoung, "Antecedents in Early Greek Philosophy." *The Cambridge Companion to Ancient Scepticism.* Cambridge: Cambridge University Press, 2010, pp.13-35.

Levy, Carlos, "The sceptical Academy: decline and afterlife." *The Cambridge Companion to Ancient Scepticism.* Cambridge: Cambridge University Press, 2010.

Machuca, Diego E. ed., *Pyrrhonism in Ancient, Modern, and Contemporary Philosophy.* New York: Springer, 2011.

Screech, M. A., trans. and ed., *Michel de. Montaigne. The Complete Essays,* London: Penguin Books, 2003.

Popkin, Richard, *The History of Scepticism: From Savonarola to Bayle.* New York: Oxford University Press, 2003.

Sextus Empiricus, Sextus Empiricus. *Against the Professors.* Loeb Classical Library, 1936.

_____, *Against the Logicians.* Loeb Classical Library, 1967.

_____, *Against the Physicists.* Loeb Classical Library, 1968a.

_____, *Against the Ethicists.* Loeb Classical Library, 1968b.

_____, *Outlines of Pyrrhonism.* Loeb Classical Library, 1976.

Striker, G., "Academics Versus Pyrrhonists, Reconsidered." *The Cambridge Companion to Ancient Scepticism.* Cambridge: Cambridge University Press, 2010, pp.195‐207.

Stump, Eleonore · Kretzman, Norman, *The Cambridge Companion to Augustine.* Cambridge: Cambridge University Press, 2001.

Svavarsson, S. H., "Pyrrho and Early Pyrrhonism." *The Cambridge Companion to Ancient Scepticism.* Cambridge: Cambridge University Press, 2010, pp.36‐57.

Thorsrud, H., "Arcesilaus and Carneades." *The Cambridge Companion to Ancient Scepticism.* Cambridge: Cambridge University Press, 2010, pp.58‐80.

박규철

1966년 경남 밀양 출생으로 연세대학교 철학과를 졸업하고 동 대학원에서 플라톤『고르기아스』편 연구로 박사학위를 받았다. 현재는 국민대학교 부교수로 재직 중이며, 한국동서철학회 이사 및 한국중세철학회 편집위원이기도 하다. 연세대학교 인문학연구원 전문연구원, 월간『에머지』및『넥스트』편집장, 아세아연합신학대학교 교수를 지내기도 했다.

저서로는『플라톤의 국가 읽기』(2013),『수사학과 도덕성』(2013) 등이 있고, 역서로는『플라톤과 소크라테스적 대화』(2015)와『포스트모던 시대의 철학과 신학』(2016, 공역) 등이 있으며, 그 외 다수의 논문이 있다. 주된 연구 분야는 소크라테스와 플라톤 철학이며, 그 연장선상에서 플라톤주의와 고대 회의주의를 연구하고 있다. 글쓰기 교육에도 관심이 많아 국민대학교 글쓰기 교재 2권을 공동 집필하기도 하였다. 향후 휴머니즘과 회의주의에 근거한 품격 있는 교양교육 연구에 매진할 생각이다.

플라톤 철학과
회의주의

초판인쇄 2017년 5월 5일
초판발행 2017년 5월 5일

지은이 박규철
펴낸이 채종준
펴낸곳 한국학술정보㈜
주소 경기도 파주시 회동길 230(문발동)
전화 031) 908-3181(대표)
팩스 031) 908-3189
홈페이지 http://ebook.kstudy.com
전자우편 출판사업부 publish@kstudy.com
등록 제일산-115호(2000. 6. 19)

ISBN 978-89-268-7904-7 93160